LA LÉGENDE DORÉE EN CHINE

Scènes de la vie de Mission

MONSEIGNEUR HENRI LÉCROART, S. J.

Vicaire apostolique du Tche-li sud-est

LA
LÉGENDE DORÉE EN CHINE

Scènes de la vie de Mission
au Tche-li sud-est

PAR

LE P. Pierre MERTENS, S. J.

ET PLUSIEURS AUTRES MISSIONNAIRES JÉSUITES FRANÇAIS

SOCIÉTÉ SAINT-AUGUSTIN, DESCLÉE, DE BROUWER & Cie

LILLE — PARIS — MARSEILLE

1920

LA
LÉGENDE DORÉE EN CHINE

Scènes de la vie de Mission
au Tche-li sud-est

PAR

LE P. PIERRE MERTENS, S. J.

ET PLUSIEURS AUTRES MISSIONNAIRES JÉSUITES FRANÇAIS

avec Préface de S. G. Monseigneur LÉCROART

VICAIRE APOSTOLIQUE DU TCHE-LI SUD-EST

SOCIÉTÉ SAINT-AUGUSTIN, DESCLÉE, DE BROUWER & Cie

LILLE | PARIS
41, RUE DU METZ, 41 | 30, RUE SAINT-SULPICE, 30

1920

Ces scènes de la vie de Mission avaient déjà été publiées, pour la plupart :

— dans les *Études* des PP. Jésuites (Paris. 5, pl. S. François Xavier) ;

— dans les *Missions catholiques* (Lyon, 14, rue de la Charité) ;

— dans *Chine, Ceylan, Madagascar* (Lille, 73, rue des Stations).

PRÉFACE

par Mgr Henri LÉCROART, Vicaire apostolique du Tche-li sud-est

LA VOCATION AUX MISSIONS

Ce qu'elle demande ; — ce qu'elle donne.

O vous qui lirez ces récits de missionnaires, vous surtout, jeunes gens, qu'attire déjà peut-être l'apostolat lointain, qui avez entendu au fond du cœur l'appel empoignant et irrésistible du Maître vous montrant ceux qui travaillent pour Lui, et vous disant : « Et toi ?..... » savez-vous ce que c'est, non pas seulement que le décor chatoyant de cette vie exotique, mais ce que c'est, au fond, que la vie d'un apôtre en pays païen (1) ? Je vais vous le dire sans réticence.

La vocation aux Missions étrangères, c'est la vocation à un

---

1. Nous parlons spécialement de la Chine, parce que c'est le pays où nous avons vécu et missionné vingt ans. Mais ce qui est vrai de la Chine, ne l'est-il pas également, — à quelques nuances près, — de toute Mission catholique en pays infidèle ?

sacrifice total, à une donation totale de soi-même à Dieu, dans le détail de la vie quotidienne, jusqu'à la mort.

Voyez plutôt.

Sa famille, *le missionnaire la quitte et ne la reverra plus. Quand il part en Mission, il ne prend pas un billet « d'aller et retour ». C'est pour toute la vie.*

Ses amis, *il recevra d'eux, dans les premiers temps, des lettres qui diront leurs regrets. Puis, peu à peu, le contact se perdra, la correspondance cessera, et ce sera*

« L'oubli, second linceul des morts. »

Sa patrie, *il lui a dit adieu en un moment de brisante émotion, le jour où le paquebot larguait ses amarres ; mais quand, entre le bleu du ciel et celui de la mer, il a vu la côte française s'amincir et se fondre dans la brume, c'est bien la France de son enfance, la France longtemps aimée, qui sombre sous l'horizon pour jamais.*

Sa civilisation, *il s'en défait tous les jours, ne fût-ce qu'en essayant de se plier à une langue comme la langue chinoise, si éloignée du clair génie latin, une langue qu'il ne fera que bégayer toute sa vie, sans jamais pouvoir égaler ses mots à ses pensées ; il s'en défait en s'astreignant aux coutumes et aux mœurs, dans un monde où tous les usages, depuis les raffinements de la politesse jusqu'aux plus humbles détails de costume ou de cuisine, lui paraissent le monde renversé.*

Sa mentalité, *il lui faut la modifier jusqu'en ses profondeurs. Le missionnaire, comme Jésus-Christ son Maître, doit s'assimiler à ceux qu'il veut sauver, et ainsi s'adapter à ces modes ondoyants de pensée et de vouloir, si différents de la netteté européenne du raisonnement, et qui caractérisent l'âme asiatique. Il devra remplacer les décisions rigides par une inlassable et souple patience, réprimer sa « furia francese » et son empressement naturel, ne plus dire : « Je veux ; » mais : « Je voudrais ; » savoir attendre, biaiser, calculer, pour atteindre les âmes fuyantes qu'il convoite, dût-il y émousser la vigueur de sa volonté qu'il tenait de son éducation occidentale.*

C'est donc un monde nouveau que celui où aborde le mission-naire quand il débarque dans sa mission. Dans son pays, il con-naissait d'avance le terrain où devait se mouvoir son apostolat. Ici, langue et littérature, état social et courants d'idées, préjugés populaires ou usages mondains, tout lui est étranger. C'est le pays du mystère.

Et il devra, arrivé à l'âge d'homme, se refaire une vie, reprendre par la base son éducation, reconstruire tout l'édifice de ses con-naissances. Les trésors qu'il avait péniblement amassés, science et style, érudition et histoire, idées et mots, cahiers et notes, rien de tout cela ne lui servira plus. C'est un sacrifice très dur. Mais le missionnaire n'hésite pas : il le fait, et, ce dernier câble une fois tranché, il pourra voguer au large sur l'Océan de l'amour divin.

Ayant ainsi tout quitté, que trouve le missionnaire dans sa nouvelle patrie d'adoption ? Il y trouve le païen. Je ne dis pas le Chinois, ou l'Hindou, ou le Hottentot ; car il n'y a rien, dans aucun peuple, qui s'oppose à la transformation de l'âme par la grâce ; mais je dis le païen tout court sous quelque latitude qu'on le rencontre ; — le païen, c'est-à-dire l'homme déchu, figé, momifié dans ses erreurs ; le païen pour qui justice, pudeur, générosité, sont des mots sonores cherchant à cacher ses vices ; le païen qui a élevé entre lui et Dieu le mur d'airain de sa civilisation malsaine, a pris à l'avance des précautions diaboliques contre les divines conquêtes de la grâce.

Ce païen, il vit dans l'orgueil de son immobilité millénaire, et, — surtout s'il est lettré, — il méprise tout ce qui lui est étranger. Il reste heureusement, à côté de cet esprit intoxiqué et difficilement abordable, il reste le pauvre, le paysan, et l'enfant.

Le pauvre, lui, n'a pas d'orgueil. L'Evangile s'est toujours, dès l'origine, adressé aux humbles. L'âme du pauvre s'y ouvrira facilement.

Le paysan, attaché aux rudes travaux de la terre, semble avoir gardé quelque chose de l'innocence primitive, et n'a point perdu l'affinité naturelle de l'âme pour la vie chrétienne. Dans les campa-

gnes chinoises, en particulier, le niveau de la moralité est nettement supérieur à celui de maints pays d'Europe.

L'enfant enfin, c'est la terre vierge où germera sans obstacle le bon grain qu'on y sème.

C'est dans ces âmes de pauvres, de paysans, d'enfants, que le missionnaire établit principalement le Règne de Dieu. C'est parmi ces humbles qu'il verra s'épanouir les fleurs exquises de pureté, de générosité, de sacrifice, que vous offre ce livre. Et c'est sa joie de penser que, grâce à lui, à son travail, à ses sueurs, le malheureux peuple Chinois aura ses élus, et fournira au Ciel son contingent d'adorateurs au Dieu trois fois saint.

Et néanmoins, tout en se réjouissant de succès très réels, il n'oublie pas qu'au delà de l'horizon trop restreint de son activité, il reste un peuple, un peuple immense toujours ignorant du vrai Dieu. C'est 400 millions d'âmes que compte la Chine, et sur ce nombre 2 millions à peine sont chrétiens. Ces âmes païennes que le missionnaire ne peut atteindre par sa prédication, elles ne peuvent pourtant recevoir le salut que par lui. Il l'a compris ; et alors, en plus de l'apostolat de l'action, l'apostolat du désir s'allume dans son cœur, l'embrase, le dévore tous les jours. Il se demande avec angoisse quand donc ce grand pays qu'il aime, la Chine, deviendra socialement chrétien ? Que lui manque-t-il pour cela ?

Il lui manque l'effusion du Sacerdoce catholique. Le prêtre est, par état, le promulgateur de la vocation de Dieu sur les peuples. Quand le sacerdoce sera assez multiplié pour imprégner la masse, alors les antiques barrières de la civilisation païenne craqueront, et la Chine, en tant que peuple, entrera dans la chrétienté.

De cette vie d'action cachée et d'intenses désirs, quelle est la récompense ? Au vaillant qui a tout quitté pour prêcher Jésus-Christ, que donne Jésus-Christ en retour ?

Il se donne Lui-même.......

Dans ce cœur qui s'est détaché de tout, Il prend la place vide, *toute la place, lui donnant l'Infini à la place du créé, l'Éternel à la place du transitoire, le Ciel à la place de la terre.*

Ce prêtre qui peut-être, en France, eût hésité devant le sacrifice complet, ici, il le fait presque tout naturellement et par la force des choses ; et, dans son âme dégagée des liens terrestres, le mystère béatifiant de l'amitié divine s'épanouit sans obstacle. Tellement qu'il se demande parfois, en se sentant comblé de grâces si douces, si le Maître des vocations, en l'appelant à cet apostolat sanctifiant, n'avait pas surtout en vue de faire de lui un saint.

† Henri LÉCROART, S. J.
évêque d'Anchialos,
Vicaire apostolique du Tche-li- sud-est.

Ta-ming-fou, *fête de l'Épiphanie,* 1920.

La LÉGENDE DORÉE *(Legenda aurea)* est le titre d'un vaste recueil de Vies de Saints, écrit au moyen-âge. — En l'appliquant à des récits édifiants de notre temps, on ne veut pas dire qu'ils soient « légendaires » mais bien qu'ils sont comparables à ceux des anciens âges de foi.

Les auteurs de ces pages, se conformant au décret du Pape Urbain VIII, n'entendent donner aux mots saint, etc., qu'ils emploieraient, aucun sens qui soit de nature à devancer les jugements de la Sainte Église.

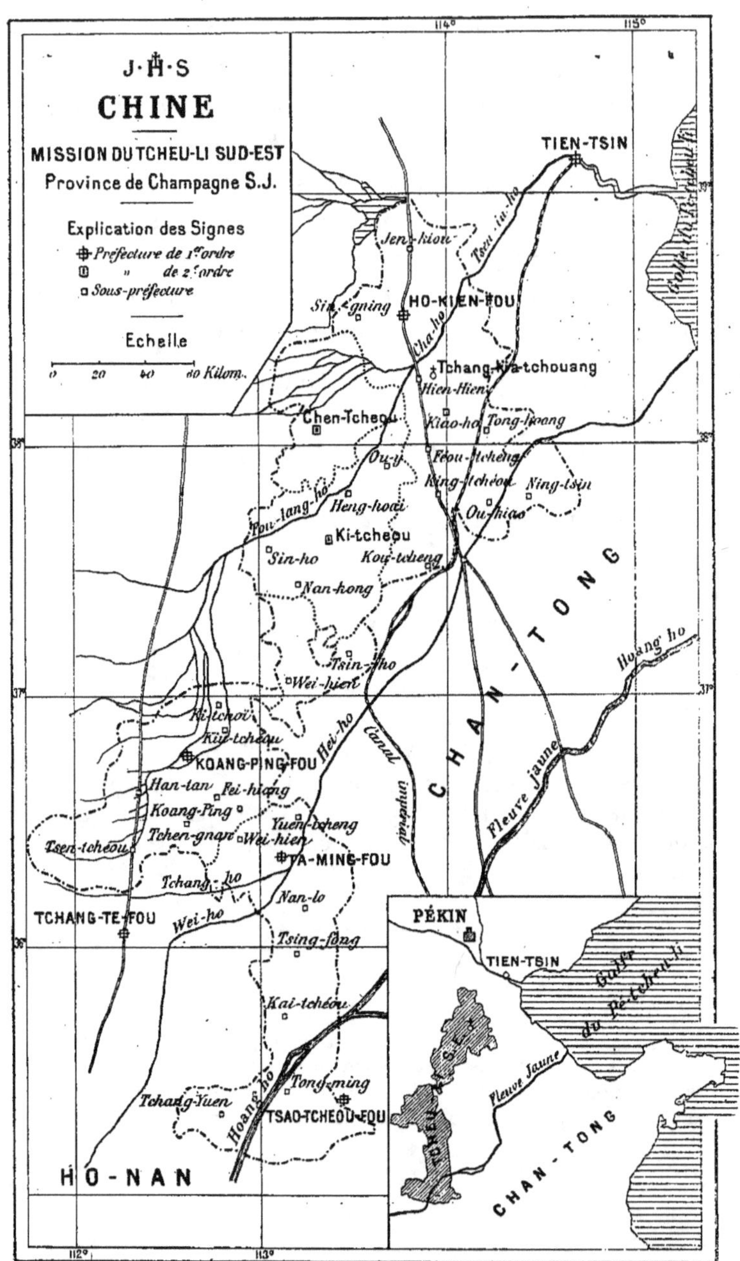

CARTE DE LA MISSION

CHAPITRE I

UNE TRAVERSÉE EN TEMPS DE GUERRE

Par le P. P. MERTENS (1)

I. — LA VIE A BORD D'UN GRAND TRANSPACIFIQUE JAPONAIS

De France au Japon par Honolulu. — La vie à bord d'un grand transpacifique japonais. — La fête du Mikado à bord. — Honolulu et les îles paradisiaques. — On passe le 180° degré ; cas de conscience peu banal. — Au théâtre sur le pont. Séance de *Jiujitsiu*. — « La grande traversée ». — Dans les rues de Tokio. — Mgr Petrelli. — Chez les Dames du Sacré-Cœur ; un pensionnat modèle et cosmopolite. — Les Japonais ont-ils le péché originel ? — Merveilles de la Méditerranée japonaise.

Samedi 26 août 1916. — Vers midi, après une matinée d'activité fébrile, pendant laquelle six grues ont engouffré dans ses flancs des milliers de tonnes de marchandises, le *Tenyo Maru* s'ébranle, quittant San-Francisco pour Yokohama. Tandis que le navire s'éloigne doucement, et que la capitale californienne dans le recul grandissant d'un merveilleux panorama étale ses collines, ses rues montantes et ses hôtels tout blancs, réunis tous quatre sur le pont-arrière, nous récitons l'*Ave maris Stella.*

Encore un coup d'œil sur la ville, sa baie, sa célèbre porte d'or ; et le grand cercle bleu se referme à nouveau, cette fois-ci

---

1. En temps normal, c'est par l'Est qu'on se rend d'Europe en Chine : par Suez et l'Océan Indien ; ou, — quand c'est possible, — par le Transsibérien. L'état de guerre et l'insécurité de la Méditerranée avaient contraint le P. Mertens (dont nous donnons ici le journal de voyage) et trois autres missionnaires, de passer par l'Angleterre, l'Atlantique, le Canada, les Etats-Unis, le Japon. Ils étaient partis de Paris le 27 Juillet 1916. Le récit commence après la traversée du continent américain, au départ de San-Francisco. (Note de l'Ed.)

pour dix-huit jours. Nous n'arriverons en effet, à Yokohama que le 12 septembre ; unique et courte escale à Honolulu vers le 1er, nous dit-on.

Dimanche 27 août. — On a mis à notre disposition, pour la messe dominicale, le grand salon des premières, aux boiseries, tapisseries, peintures et paravents japonais fort riches et curieux. Peu d'assistants, mais recueillis.

Nous sommes aux antipodes du théâtre de la guerre. La différence, certes, se fait sentir si l'on compare avec les mers anglaises. Ici, ni torpilleurs comme au sortir de la mer d'Irlande ; ni luxe de radeaux, chaloupes et ceintures comme sur le *Sicilian*, notre transatlantique ; ni affiches peu rassurantes dans les salons pour enjoindre de ne quitter la ceinture de sauvetage ni jour ni nuit, affiches qui s'étaient faites plus impératives dans les parages où fut coulé le *Lusitania*.

Entre le *Tenyo* et le *Sicilian*, il reste pourtant cette similitude que tous deux sont porteurs de munitions de guerre en abondance.

A Québec, je n'avais pas été peu étonné de voir sortir du *Sicilian* des centaines de caisses de munitions marquées : *Moscow via Japan* ou *Petrograd via Japan*. De Liverpool à Moscou ! en traversant tout l'Atlantique, toute l'Amérique, tout le Pacifique et tout le transsibérien, voilà certes un joli détour, et inattendu ! Le *Tenyo*, lui aussi, porte des munitions, les unes pour Honolulu, d'autres pour le Japon ; mais la plus grande partie est également pour la Russie, — quatre cent six grandes caisses, me dit mystérieusement un jeune officier japonais, chargé du service postal à bord, et qui désire parler français.

Lundi 28 août. — Visite détaillée du navire, fort intéressante.

Le *Tenyo-Maru* — *Tenyo* (1) veut dire mouton du ciel ; *Maru* est l'appellatif générique de tous les vapeurs japonais, — est un beau transpacifique de 22.000 tonnes, construit au Japon, et appartient à la *Toyo Kisen Kaisha*, la plus puissante entre

---

1. On surprend encore dans ce mot la parenté de plus en plus effacée du japonais et du chinois. En chinois, mouton se dit « yang » et ciel se dit « Tien ».

les compagnies japonaises de navigation après la *Nippon Yusen Kaisha.*

Le commandant, le *purser* (commissaire), le *sous-purser,* et le barbier, qui est en même temps le directeur du bazar du bord, sont Américains ; tout le reste du personnel est japonais, sauf quelques manœuvres chinois.

Quoique en deuxième classe, nous sommes commodément installés ; tous les jours, à condition de nous lever tôt, nous pouvons dire nos messes dans le petit salon désert, tandis que les passagers dorment encore et que l'équipage lave le pont. Tous les services semblent organisés au mieux pour tromper l'ennui de notre long isolement, et la faim des nouvelles de la guerre. Quasi tous les jours paraît le journal imprimé à bord, donnant les dépêches de la télégraphie sans fil. Dans le vestibule du *purser* sont affichées toutes les indications qui peuvent nous intéresser sur la marche du navire : longitude, latitude, distance parcourue de midi à midi, distance qui reste à parcourir avant Honolulu, plus une belle carte du Pacifique devant laquelle messieurs et dames, au sortir des salles à manger, s'arrêtent pour constater nos progrès, tracés jour par jour, à travers le grand océan.

Le navire est bondé : neuf cent quatre-vingt-quinze passagers (sans compter l'équipage). Grand nombre de pasteurs protestants qui rentrent au Japon ou en Chine, après les vacances passées dans leur famille en Amérique.

Ces messieurs, leurs femmes et leurs enfants sont installés en première classe, et nous n'avons aucun rapport avec eux. En tout, il y a à bord quatre-vingt-six pasteurs et pastoresses pour l'Extrême-Orient. Nous songeons tristement que, pour la même région, sur ce même bateau, nous ne sommes que quatre missionnaires catholiques ; et nous répétons le *Mitte operarios in messem tuam.*

Mardi 29 août. — Je visite la salle des machines ; c'est vaste, reluisant de propreté, bien aéré et pas trop chaud. Nous marchons au pétrole et non au charbon ; ce qui est un appoint incalculable pour la propreté.

Jeudi 31 *août*. — Il est trois heures de l'après-midi ; nous sortons de table pour ainsi dire, et pourtant les garçons circulent nous invitant à passer à la salle à manger. Qu'est-ce ? Suivant la foule des passagers, nous descendons un peu intrigués ; nous trouvons la salle ornée et on nous annonce qu'on va fêter l'anniversaire de la naissance du Mikado par un repas supplémentaire. Devant chaque convive est placée sur une large assiette aux couleurs criardes, une miniature de Fudjiyama en comestibles, où s'assemblent savamment quelques mets nationaux du Japon. La montagne est de riz ; la base verdoie sous un tapis d'épinards ; des coulées de pâte blanche descendent du sommet en cascades neigeuses, et, sur la cime, des râpures multicolores veulent imiter, je suppose, les teintes pourpres et violacées du crépuscule. C'est joli à voir et détestable à manger, du moins à mon goût ; car Japonais, Chinois et même Américains travaillent consciencieusement des bâtonnets en l'honneur de Sa Majesté nipponne.

II. — Honolulu et les iles paradisiaques.

Vendredi, 1ᵉʳ *septembre*.

Dès le matin, j'entrevois par le hublot une procession de belles montagnes qui défilent, nimbées des irradiations du soleil levant. Messe dite et action de grâces terminée, vite sur le pont pour admirer l'œuvre de Dieu.

C'est Molokai avec ses vals verdoyants au pied de falaises gigantesques. Là le P. Damien a recueilli ses chers lépreux, là il est mort, lépreux lui-même. Je revois en esprit, dans le parc Saint-Donat à Louvain, la statue de l'héroïque missionnaire et le prie de bénir mon apostolat. Mais voici que nous entrons dans la baie de l'île Oahu, la plus riche, la plus peuplée, la plus belle (mais non la plus vaste) des Hawaii.

Tandis que le médecin américain, bel homme de 6 pieds, passe la revue des passagers, fait tirer les langues, examine les mains, je contemple Honolulu, cette ville lointaine, dont le nom exotique m'apparaissait dans ma petite enfance, quand j'apprenais la géographie chez les Sœurs, comme le symbole de ce qu'il y a de plus mystérieux et de plus inaccessible au monde. Et j'y suis, et nous traversons la place du port, dans le joyeux brouhaha de la foule accourue !

Nous trouvons bien vite la maison — le cottage à larges vérandas — des Pères de Picpus, qui nous accueillent avec une charité toute catholique, — « avec mille caresses », aurait dit le délicieux P. de Rhodes. Les causeries fraternelles commencent ; il leur est si doux d'entendre parler de la patrie lointaine et toujours aimée ; il nous est si agréable d'apprendre les grands progrès du catholicisme dans les îles : les Pères sont seuls à les évangéliser, avec les Frères Maristes qui dirigent un collège de six cents élèves ; et malgré leur petit nombre, ils ont élevé partout églises et écoles. Honolulu compte vingt mille catholiques sur soixante mille habitants ; la dévotion au Sacré-Cœur et la communion fréquente y sont en honneur. Aujourd'hui, premier vendredi du mois, le saint Sacrement est exposé dans la cathédrale, et nous y voyons un groupe nombreux d'adorateurs de toutes races, dans les costumes les plus bigarrés. Près du chœur, sur deux prie-Dieu de velours, deux dames canaques drapées dans l'ample manteau rouge des sœurs picputiennes. Il paraît que les coquettes du pays aspirent à se revêtir de ce manteau, et se feraient catholiques rien que pour cela. O pureté d'intention !

Il y a dix-huit ans, les îles se sont vendues aux États-Unis ; pour les vieux Canaques, l'anniversaire de la fête de l'indépendance reste un jour de mélancolie Mais c'était, dit-on, le seul moyen d'échapper aux serres de l'aigle japonais ; d'ailleurs, les Américains ont donné au pays un essor agricole, industriel et commercial, que jamais il n'eût atteint. Ils ont multiplié les routes, créé des chemins de fer, approfondi le port, amené des capitaux, rendu méthodique l'exploitation des ananas et des cannes, bâti des écoles (et aussi des chapelles appartenant à plus de cent dénominations protestantes). D'ailleurs, ils laissent aux habitants une large liberté ; et démocrates et républicains peuvent se livrer sans entraves une lutte acharnée, sous l'œil indifférent des gouverneurs que leur envoie la Maison Blanche.

Les conversations sont interrompues par le ronflement de

l'auto des Pères qui nous attend. En route pour le Pali ! On traverse la ville, où c'est décidément le mélange le plus déconcertant de tous les types d'humanité : Canaques, Portugais, Philippins, Porto-Ricains, Japonais, Chinois, Malais, Hindous, Nègres, Américains. Puis, on commence à gravir des lacets montants : à chaque détour, la ville apparaît chaque fois plus étendue, plus enchanteresse, plus lointaine. La route monte entre deux hautes pentes abruptes, couronnées de couconiers et ruisselantes de cascades ; ces pentes s'élèvent de plus en plus et se rapprochent peu à peu, on dirait qu'elles veulent se joindre sur les hauteurs et vous voiler le dernier ruban de ciel bleu. Puis, tout à coup, à un détour, elles s'écartent, l'horizon s'ouvre, une bouffée d'air vif fouette le visage ; quelques tours de roues encore, et nous pénétrons sur une large plate-forme, où souffle un vent terrible. C'est le célèbre Pali, endroit historique et merveilleux point de vue. Là, le roi Kamehameka Ier, il y a cent vingt ans, précipita dans le vide l'armée de son rival, et cette victoire le rendit maître de toutes les îles.

Nous nous penchons sur le bord de l'abîme : à nos pieds, tout au fond, comme perdus dans un lointain fantastique, des villages lilliputiens sèment leurs maisonnettes blanches sur le fond vert de la plaine : on dirait de ces fermes de bois que les enfants rangent sur le tapis vert de la table de famille un soir de Saint-Nicolas ; à droite et à gauche, des collines rosées, et, comme fond de tableau, l'océan majestueux, sans limite, idéalement bleu, semé de quelques volcans roussis.

Infatigable, notre Père chauffeur nous mène ensuite à *Pacific Heights* : là, nous jouissons du panorama de presque tout Oahu. A gauche, le *Punch Bowe*, petit volcan éteint dont la garde civique d'Honolulu a fait son champ de tir. Plus loin, le *Diamond Head*, autre volcan beaucoup plus vaste, où les États-Unis installent leurs gros canons et préparent fébrilement la défense d'Honolulu pour leur inévitable guerre avec le Japon. En face, de nouveau, toute la ville, avec son beau port en forme d'S, où fume notre *Tenyo*. Les admirables poncianas étalent leurs bouquets aux chaudes couleurs, jaunes, ou rouges, ou bleus ; la ville en est parée comme un soir de bataille de fleurs ; les cocotiers, les dattiers de toute espèce, et surtout les magnifiques palmiers royaux agitent leurs panaches de palmes au-dessus des bungalows et des palais, et de cette ville-jardin montent des parfums d'Éden qui vous enchantent. A gauche, à perte de vue, des étendues d'un beau vert tendre : ce sont les fameuses plantations de cannes à sucre, la grande richesse des Hawaïens.

Toujours emportés par notre auto, et charmés par nos aimables guides, nous parcourons comme dans un rêve le paradis terrestre retrouvé : tantôt ce sont d'admirables vallées, que l'auto « fait » d'un bout à l'autre en quelques minutes, — tantôt des ruisseaux et des gazons plantés de toutes les essences tropicales, — tantôt c'est le bord de la mer que domine le front sourcilleux du *Diamond Head*. Voici Wai-kihi (l'eau qui coule), le Trouville d'Honolulu, avec ses villas séduisantes, que caresse à leur base le grand océan tiède. Voici le fameux aquarium peuplé des poissons les plus invraisemblables comme formes et comme teintes. Et partout des papaias, des arbres à pain, d'amples banians, et surtout ces incroyables poncianas que je ne me lasse pas d'admirer.

Enfin, après avoir passé devant le palais des anciens rois, les yeux remplis de visions paradisiaques, nous rentrons à la mission...

Le soir, les Pères nous offrent à notre grande joie une nouvelle tournée en auto. D'abord, visite rapide d'une fabrique de préparation et cuisson d'ananas. De tous les points de l'île, les beaux fruits juteux arrivent par millions. Japonaises et Chinoises les disposent sur la machine qui les emporte, les coupe, les emboîte, les cuit, soude les couvercles, colle les étiquettes et livre les boîtes métalliques aux manœuvres qui les chargent sur les wagons du port. Nous circulons entre ces rigoles, ces mécanismes et ces courroies, sur le parquet tout inondé de ruisseaux d'un jus succulent. (Nos gamins de Montmartre ne se mettraient-ils pas à genoux pour lécher le pavement, se croyant transportés dans le palais de la fée Carabosse ?) Ici, comme en Europe : triomphe de l'ingéniosité dans le machinisme : mille ouvriers seulement pour une fabrique qui expédie chaque semaine des quantités fabuleuses d'ananas à l'Europe et à l'Amérique.

Encore une heure de course, et voici *Pearls Harbour* : c'est le port de guerre des Américains qui l'achèvent en hâte à force de dollars, malgré les sources souterraines dont la pression a déjà détruit leurs travaux. Machines énormes, grues, dragueurs, vastes hangars, où les marteaux font rage, où bouillonne l'acier en fusion, où flamboient les forges dans un tapage infernal. Camps, canons, forts, fourmillent de soldats, revolver à la ceinture. Quelle amertume de voir sur ces terres que leur éloignement devrait protéger, sur ces îles fleuries, bercées par les flots lumineux d'une mer pacifique, de voir se dresser ainsi le spectre de la guerre. Silencieux et mélancoliques, nous quittons le camp américain.

L'après-midi s'avance, et nous ne sommes pas sans quelque crainte de manquer notre bateau. Au loin au-dessus des cannes, à travers un rideau de dattiers, nous voyons les hautes cheminées du *Tenyo* qui lancent dans l'air des volutes d'épaisse fumée noire, la sirène jette ses stridents appels, et notre auto, à travers les forêts et les plantations, file éperdument, cinglé par les feuilles de cannes et des palmiers.

Enfin nous débouchons sur le môle, les passerelles sont encore posées. Une foule affairée encombre la place ; les trams bondés débarquent les curieux, les autos ramènent les passagers retardataires. Marchands et marchandes vendent à profusion les traditionnels colliers de fleurs que tous achètent joyeusement. Quant à nous, nous nous séparons, non sans regrets, de ces excellents Pères auxquels nous devons la plus belle, la plus élevante excursion de notre vie.

Une demi-heure après, les passerelles se lèvent, une dernière et déchirante clameur de sirène, et le *Tenyo*, lentement, majestueusement, tiré par ses remorqueurs, s'éloigne du quai. Ces départs — c'est le troisième auquel j'assiste — ont quelque chose d'impressionnant. Mais celui-ci est certainement le plus poétique, le plus extraordinaire auquel j'assisterai jamais.

Sur le navire, tout est fleuri, messieurs et dames, pasteurs et diaconesses, garçons et matelots. Colliers de fleurs, ceintures de fleurs, couronnes de fleurs, traînes de fleurs, et quelles fleurs ! Les plus veloutées, les plus chatoyantes, les plus délicieusement capiteuses que la terre produise pour l'enchantement de son hôte humain.

Sur tous les visages, le sourire, exquisement nuancé de cette gravité qu'impose tout grand départ. Rumeur joyeuse et confuse, parfois traversée, comme d'un éclair, par la roulade argentine d'un rire d'enfant, parfois dominée par les ordres brefs donnés au porte-voix.

Sur le môle, foule immense, fleurie et chantante, elle aussi : les Canaques en longues rangées, assis sur le mur du bassin, les jambes nues pendantes au-dessus de l'eau ; bataillons de fillettes en blanc comme pour une procession ; parasols bleus, parasols roses ; Américains qui, de la terre, photographient l'ami qui s'en va, et se font photographier par lui.

De nos trois ponts superposés, des deux étages du môle, les mains enguirlandées, les chapeaux et les ombrelles fleuries, les drapeaux américains ou japonais s'agitent sans fin. Des yoles circulent autour du *Tenyo* qui s'éloigne, la multitude des jeunes nageurs hawaïens nous suit, plongeant à la poursuite des sous qu'on lui jette. Quels beaux gars, au visage énergique et intelligent, aux muscles souples, aux yeux extraordinairement vifs ; et comme d'un coup de tête gracieux et décidé, en émergeant de l'eau, la joue gonflée de monnaie, ils rejettent en arrière leur chevelure ruisselante !

Derrière, au-dessus du port, au-dessus de la ville, c'est le cirque merveilleux des collines. La petite pluie fine du soir y tombe, et deux arcs-en-ciel les font rutiler des jeux de lumière les plus étonnants.

Que c'est beau ! Tandis que le *Tenyo* s'éloigne tout vibrant des formidables pulsations de sa machine, je reste au bastingage à contempler. Mais tout à coup la nuit tombe ; nous sommes près de l'équateur, et il n'y a guère de crépuscule.

Le *Diamond Head* continue encore quelque temps à profiler sa tête arrogante sur l'horizon rougeâtre. Mais bientôt tout s'efface, et de cette journée inoubliable au paradis hawaïen, il ne nous reste plus que les traînées de lumière du phare dans le sillage du navire, et quelques effluves parfumés, que la brise nous amène encore de ces rives enchantées.

Samedi 2 septembre. — Les îles élyséennes ont fui sous l'horizon, et nous voici de nouveau en face de l'océan sans limites, idéalement bleu.

Ce matin, messe en première intention pour les Pères d'Honolulu qui se sont montrés si charitables.

Notre cabine a fait l'acquisition d'un nègre du plus beau noir. Il semble passionné pour la musique et ne quitte pas sa mandoline. D'ailleurs, poli, propre, bien vêtu.

Le bulletin affiché à midi annonce que nous ne sommes plus qu'à 3097 milles de Yokohama.

Dimanche 3 septembre. — J'ai encore dit la messe pour la mission d'Hawaï. A huit heures et demie, messe publique du Père D.... au salon des premières.

Dans l'assistance peu nombreuse, deux religieuses protestantes, bure bleue, croix d'argent sur la poitrine, voile sur la tête. Elles sont « épiscopaliennes » et se disent « catholiques », mais non « romaines ».

Notre nègre est, paraît-il, un personnage. Il fait partie d'une société américaine nègre pour l'instruction et l'éducation de sa race, et il part en Abyssinie, chargé d'y étudier la fondation d'une Université pour les noirs. Il porte à la boutonnière un petit blason avec l'équerre et le compas maçonnique. Il joue de sa mandoline sur le pont, au salon, dans la salle à manger, dans notre cabine, partout et à toute heure ; nous le lui pardonnons en considération de son exquise propreté ; le matin, il prend pour lui toute l'eau de notre unique réservoir, et se lave à tour de bras, vêtu d'un costume sommaire.

Voici le bulletin d'aujourd'hui, toujours signé de notre commandant américain Smith : latitude 26° ; longitude 168° ; distance parcourue de midi à midi : 396 milles. Nous ne sommes plus qu'à 2701 milles de Yokohoma.

Tous les matins, il nous faut retarder nos montres d'une demi-heure, qui représente le temps gagné par notre course vers l'occident à la poursuite du soleil.

Lundi 4 septembre. — Une affiche annonce que la nuit prochaine, nous passerons le 180e degré, et que, par conséquent, demain sera le mercredi 6 septembre, le mardi 5 tombant à l'eau. Discussion peu banale à ce propos. Nous allons réciter notre bréviaire, quel office faut-il dire ?

Le mardi 5, c'est la fête de saint Laurent Justinien, et le mercredi 6, celle de nos martyrs japonais. On tombe vite d'accord qu'il faut omettre les matines de saint Laurent, et dire celles des martyrs ; car suivant la coutume générale, nous anticipons dans la soirée l'office que les moines disent juste après minuit ; or, après minuit, il sera mercredi et non mardi. Mais pour les vêpres de ce soir, la divergence subsiste entre nous : Les Pères D... et B... récitent les premières vêpres de nos martyrs, disant que ce soir, c'est la *veille* du mercredi 6, fête de ces mêmes martyrs. Le Père T... et moi nous ripostons que le lundi 4 n'est pas avant tout la veille du mercredi 6 ; mais qu'il est *d'abord* lui-même, c'est-à-dire le lundi 4. Or, l'*Ordo* indique que, le soir du lundi 4, il faut dire les vêpres de saint Laurent ; ce sont donc ses vêpres que nous disons. Nos prières finies, la discussion reprend de plus belle. Nous examinons quelques cas de conscience qu'on ne trouve point dans les manuels de morale, cas vécus pourtant : Si le jour omis était un dimanche, pourrait-on rester quinze jours sans entendre la messe ? Et quand les voyageurs, allant de l'ouest à l'est, redoublent le vendredi, doivent-ils faire maigre deux fois ? Si c'est le dimanche qui est redoublé, sont-ils tenus à la messe dominicale, le lendemain du jour où ils l'ont entendue ? Etc.

Voici deux navires qui quittent Bordeaux le même jour, et y rentrent le même jour, ayant fait tous deux le tour du monde, l'un par l'est, l'autre par l'ouest ; chaque matelot a reçu sa paye chaque soir, 10 francs par jour ; est-il bien sûr que ceux qui ont fait le tour par la voie Est ont finalement en poche 20 francs de plus que les autres ? Quel avantage pour le marin de faire le tour du monde par l'est ! Quelle perte pour les compagnies quand l'équipage est nombreux !

Une longue affiche explique cette question des fuseaux horaires et, en la lisant, on s'aperçoit qu'elle n'est point si simple qu'on la croyait au premier abord.

Mercredi 6 septembre. — Exercice d'incendie. L'eau coule à flots. Nous fuyons vers l'arrière ; puis, gagnés par les flammes fictives et l'inondation trop réelle, nous abandonnons le pont et rentrons au fumoir.

Jeudi 7 septembre. — Séance de *jiujitsiu* sur le pont. Ces bons matelots japonais s'amusent comme des enfants ; les vaincus mettent leur point d'honneur à paraître aussi satisfaits que les vainqueurs.

Vendredi 8 septembre. — Encore des amusements. Cette fois-ci, c'est le jeu classique de la corde. Matelots et passagers de troisième classe en deux longues files qui occupent tout le pont arrière, s'y livrent au milieu de joyeux éclats de rire, mais sans disputes, sans cris bruyants.

Les Américains taciturnes contemplent la fête du haut de leur pont de première classe. Quels sont les plus heureux, des riches ou des pauvres ? Impossible de prendre ma leçon de chinois.

Demain, ce sera mieux encore : on prépare une pièce.

Samedi 9 septembre. — De grand matin, le théâtre se dresse en plein air ! Haute et large estrade sur tonneaux; décor de velours noir et or ; rideau fort riche de soie blanche, sur laquelle une tapisserie multicolore représente un paysage japonais fantastique.

Des gongs annoncent le drame à tous les carrefours de la ville flottante. Finalement il y a plusieurs centaines d'assistants ; foule immense si l'on songe que nous sommes sur un navire au milieu de l'océan. Je vois sortir des profondeurs du *Tenyo* des visages que je n'avais jamais vus depuis quatorze jours que je l'habite. Étalage étonnamment pittoresque des costumes les plus exotiques, des types d'humanité les plus divers ; grappes de matelots dans les vergues. Quelques collégiens américains commencent, dans les cordages au-dessus de la foule, des exercices de folle acrobatie, que leurs parents ne tardent pas à réprimer.

La pièce commence ; mais tout à coup une ondée arrive qui la supprime ; c'est une débandade drolatique.

Dimanche 10 septembre. — J'ai passé une heure sur la proue. Il fallait, pour y aller, traverser le pont des troisièmes : Japonais accroupis qui jouent ; Chinois qui semblent méditer ; Nippones qui n'en finissent pas de flairer une fleur. Que de corps étendus il m'a fallu enjamber ; et respirer d'odeurs nauséabondes ; et frôler de misères physiques et morales ! Enfin je parviens à l'avant, tout à l'avant, et m'installe au-dessus du vide, bercé par la proue qui domine les flots.

Demain très tôt, m'a-t-on dit, nous arriverons à Yokohama ; peut-être apercevrai-je de loin la cime du Fudji. Mais j'interroge en vain l'horizon ; la ligne phosphorescente qui là-bas sépare le bleu pâli et rosé du ciel, d'avec le bleu sombre de la mer, développe sans coupure son cercle majestueux, pour notre œil limite du monde. Pas une côte, pas un navire, pas un oiseau. C'est bien l'isolement complet et le silence impressionnant du grand désert liquide. Et c'est ainsi depuis dix jours ; depuis dix jours que nous entendons les pulsations puissantes, régulières, inlassables de la machine, sourds battements de cœur du géant.

Pour changer de paysage, voici dix jours que l'effort de nos puissantes turbines reste inutile : qu'il a donc fallu de persévérance à Magellan sur son petit voilier !...

Les lames arrivent de l'ouest, larges, épatées, peu hautes ; calmes et mathématiquement parallèles, arrondissant leur surface luisante à peine frangée d'un ourlet d'écume. L'eau reste immobile ; les ondulations seules voyagent. Et elles vont ainsi, depuis longtemps peut-être, paresseuses et comme endormies sous l'amollissant soleil des tropiques... Tout à coup, d'un choc inattendu, la proue du *Tenyo* les coupe en deux, rejette à droite et à gauche les tronçons qui bouillonnent, et enfonce brutalement dans la mer sa masse énorme.

A chaque balancement du navire, l'océan comme réveillé bondit sous le tranchant de l'acier, il s'élève en lames bruyantes, il secoue sa chevelure d'écume, et bat comme un bélier les flancs du monstre transpacifique. Mais la muraille de fer reste infrangible ; la lame désagrégée retombe en pluie d'argent où se joue la lumière, les milliards de gouttes d'eau fuient en tournoyant le long des parois, et la ville flottante avance, avance toujours.

Ceux qu'elle porte mangent, causent, jouent, lisent, traînent leur spleen du salon à la chaise-longue ; elle avance toujours, même quand ils n'y pensent pas, même quand ils dorment. Peu importe qu'ils y pensent ! Demain les montagnes japonaises se dresseront devant eux, et le port s'ouvrira tout prêt pour les recevoir.

Et dans quelques années, dans quelques jours, — plus tôt qu'ils ne pensent, en tout cas — pour tous ces embarqués dans la vie, ce seront les portes de la .seconde existence qui s'ouvriront ; et leur esquif entrera dans les eaux de l'éternité... qu'ils le veuillent ou ne le veuillent pas, qu'ils y pensent ou non ; qu'ils soient millionnaires ou misérables ; qu'ils pèchent ou méritent ; qu'ils aiment ou haïssent la vie ; — mécaniquement.

Lundi 11 *septembre* 1916. — Au réveil, nous sommes en vue du Fudjiyama, qui émerge au loin d'un chaos de nuages éblouissants.

A neuf heures, nous voici dans le large chenal qui mène à la baie de Tokio ; à gauche, blotti au fond de sa crique, Yokosuka, le grand port de guerre du Japon (l'arsenal a été fondé en 1868 par des ingénieurs français). Quelques croiseurs dernier modèle et de nombreux torpilleurs circulent surveillant le détroit.

Peu après nous avons à bâbord la célèbre Mississipi-Baie, et Yokohama commence à se montrer au milieu d'un nuage de fumée. Visite médicale, atterrissage interminable, il pleut.

Nous sommes maintenant bien près du quai, mais il faudra encore une heure avant que les passerelles soient placées.

Entre deux averses, le soleil se dévoile, et chaque fois c'est un étonnant changement à vue : Yokohama maussade et banale, vaguement dessinée dans l'ombre, apparaît tout à coup merveilleuse de netteté et de coloris dans la splendeur de la lumière orientale, d'autant plus chatoyante qu'elle se joue sur des surfaces fraîchement lavées. Alors les amis ou parents des arrivants accourent des hangars, et ceux-ci penchés au bastingage se mettent à causer avec bonheur, après vingt-deux jours de réclusion sur l'océan. Nous reconnaissons le Père B... qui a bien voulu venir de Tokio nous recevoir.

Les coolies vont et viennent, vêtus de leur pittoresque costume de hérauts moyenâgeux. Sur une sorte d'étole bleue, de grandes lettres blanches indiquent leurs noms, profession et numéro, lettres non moins décoratives, me semble-t-il, que les lettres arabes. Enfin, vers midi, nous mettons pied à terre. Promenade sur le *Bund*, tandis que le Père D... se dévoue pour nous trouver une place à Kobé sur un navire allant à Changhaï, car de Kobé le *Tenyo Maru* filera directement sur Hongkong.

Vue d'ensemble sur la baie de Yokohama ; c'est là qu'eut lieu la fameuse revue des flottes américaines et japonaises réunies dans une fête fraternelle. Les méchantes langues disaient alors que les Japonais profiteraient de l'occasion pour anéantir la puissance navale de leurs rivaux, et que cette baie serait le tombeau de la flotte des États-Unis. Il n'en fut rien ; elle revint saine et sauve à San-Francisco. Espérons que l'animosité actuelle entre les deux puissants États riverains du Pacifique n'est aussi que l'effet passager de déclamations inconsidérées.

La pluie menaçant de nouveau, nous louons des *rickshaws* qui au petit trot nous mènent à la gare. Légères, silencieuses, caoutchoutées, elles constituent un mode de locomotion fort agréable, n'était cette pensée qui toujours nous taquine, d'être tiré par un homme, faisant office de bête de trait. Une heure de train électrique et nous débarquons à Shimbashi, une des gares de Tokio. Rues propres, bariolées d'enseignes à caractères or et rouge, bazars immenses, riches magasins de bijoutiers en *shakudo*, abus de l'affichage non moins criant qu'en Europe, nombreux tramways, foule grouillante et affairée. On regarde les Européens, mais avec une sorte de timidité, une peur d'être pris en faute.

« L'empereur, explique le Père B..., vient de faire un édit dont voici la substance : Ne dévisagez donc pas ainsi les Européens comme des bêtes curieuses ; vous vous rendez ridicules. » La police est chargée de faire observer ce règlement, et intervient, paraît-il, effectivement. Voilà donc le peuple japonais condamné à la modestie des yeux sous peine d'amende. Saint Ignace fut moins exigeant que Sa Majesté l'Empereur du Japon.

Nos pousse-pousse passent devant le palais impérial, —

vaste parc et bâtiments au centre de Tokio, entourés de fossés
verdoyants et de remparts plantés de pins. C'est là, dans la
somptueuse salle du Phénix, que le 3 février dernier, le Mikado,
— rentré le matin même à cet effet de sa villégiature de Hayama,
— reçut Mgr Petrelli, délégué de Sa Sainteté Benoit XV, pour
le féliciter de son avènement à l'empire. Nous entrons dans le
quartier central et bien aéré de Kojimachi et descendons à
la *Jochi Daigaku*, traduisez : école supérieure de sciences. C'est
l'Université fondée par les Pères Jésuites, il y a huit ans, et qui
compte déjà quatre-vingts étudiants, répartis en trois catégories :
droit, commerce, lettres-philosophie. Les Pères sont en même
temps professeurs de langues européennes à l'Université impériale. On devine la charité qui nous accueille ; l'accolade fraternelle, si loin de tous ceux qu'on a quittés, a des charmes
tout nouveaux.

Mardi 12 septembre. — Messe dans la jolie chapelle de la
Daigaku, puis départ en tram électrique pour le grand pensionnat *Seishin gakuin* que dirigent les Dames du Sacré-Cœur
à Toyamabashi. Cette banlieue de Tokio est accidentée, fleurie ;
innombrables bourgs très vivants, mais tous déparés par les
poteaux télégraphiques à demi-couchés par les secousses sis-
miques, qui occupent presque toutes les rues. Nombreuses indications aux carrefours.

Le Père Chinois qui m'accompagne, sans connaître un mot
de japonais, nous dirige sûrement à travers ce dédale, grâce
à l'identité des caractères dans les deux langues.

La *Seishin gakuin* occupe une ravissante situation sur une
colline qui domine les environs de la capitale.

Il y a en réalité deux pensionnats tout à fait séparés. Dans
l'un les Européennes : quelle bigarrure de noms anglais, français,
mexicains, portugais, espagnols, allemands, et russes ! Les
Russes surtout sont nombreuses : en tout, quinze nationalités
sont représentées. La langue de l'enseignement est l'anglais.
Mais le pensionnat japonais est autrement intéressant ; nous
assistons à la leçon de caractères ; les fillettes aux robes multicolores, penchées sur le grand papier soyeux, peignent les lettres,

— peindre est le mot juste, — et aux corrections en rouge faites par le maître on voit de suite que c'est un art délicat que de peindre un caractère japonais. Nous passons par l'école enfantine, où les charmantes bambines jouent au « jeu de caractères ». Beaucoup ont leurs mamans dans la classe supérieure, car on se marie si jeune au Japon que la mère étudie encore quand sa fille arrive au pensionnat. Ces dames se distinguent des demoiselles par le riche coussinet, — pur ornement, inutile et gênant, — qu'elles portent en bas du dos, retenu par une ceinture de soie. Elles font un salut fort gracieux, en posant les deux mains sur les genoux et en inclinant tout le buste.

Leur vêtement est des plus bigarrés : de grosses fleurs pourpres, oranges, jaunes, s'étalent sur des fonds violets ou verts d'une richesse de tons inouïe. Ces vives couleurs, qui seraient criardes sous le ciel européen, s'harmonisent au mieux avec le splendide rayonnement du soleil oriental ; la vue s'y accoutume, le goût se modifie ; et bientôt à nos yeux inondés de lumière, les teintes discrètes du vieil Occident paraissent passées et pâlies.

Les noms de toutes ces petites pensionnaires ne sont pas moins inaccoutumés que leurs costumes ; et pour nos bouches européennes, c'est tout une gymnastique que de les répéter. Voici une bambine qui me salue. « Dis ton nom au Père, lui dit la religieuse. — Je m'appelle Shiziuko Maki », chante la petite d'une voix flutée.

L'œuvre de christianisation avance, Dieu merci, dans ce monde de l'aristocratie de Tokio ; nous ne sommes plus au temps où les Mères n'osaient mettre des statues de la Vierge dans leurs corridors ni des christs dans leurs classes. L'art religieux d'Europe est représenté ici par de belles reproductions. On voit des élèves, mêmes païennes, saluer de leur salut japonais la mère de Jésus ; les conversions se multiplient au point que les religieuses vont être obligées d'agrandir leur chapelle. Le grand obstacle, c'est toujours l'orgueil ou plutôt la vanité de la race. « Si Dieu s'est fait homme, pourquoi ne s'est-il pas fait Japonais ? » Telle est la phrase révélatrice qu'on cueille, paraît-il, sur ces petites lèvres roses. — Et que dites-vous de cette autre réponse : « Je veux bien admettre le péché originel pour les Européens, mais pas pour les Japonais ! »

Durant toute l'après-midi, visite des principaux temples shintoïstes et bouddhistes de Tokio ; intéressante au premier chef, certes ; mais attristante, car nous y pûmes constater la vitalité de l'idolâtrie multiforme dans cette grande capitale civilisée.

Les temples shintos sont plus simples, plus austères, moins vivants et moins fréquentés que les temples bouddhistes. Les fidèles, arrivés dans la cour, se purifient les mains dans de grandes vasques de pierre, jettent quelques graines aux colombes sacrées, font une prière devant la façade du temple, parfois même montent les degrés, mais ne pénètrent guère à l'intérieur ; — ces dieux-là sont farouches et n'admettent point les familiarités. *A fortiori* n'est-il permis à l'étranger que de jeter un regard furtif sur cet intérieur mystérieux. Les seuls objets qu'on aperçoive sont le plus souvent la grosse boule argentée et le miroir, dont le culte — on le sait — est lié aux mythes solaires les plus extravagants.

Les signes distinctifs des temples et monastères shintos, ce sont les bâtonnets de bois blanc et les chiffons de papier qu'on voit appendus à leurs portes ; telle est la proverbiale simplicité du *shinto*, — la route, c'est-à-dire la doctrine des esprits.

Le bouddhisme marque un progrès sur le shintoïsme, puisqu'il admet une vie future, une moralité. A noter pourtant que la seule règle de cette moralité, pour les Japonais bouddhistes, comme pour tous les autres, c'est la volonté de l'empereur, fils du ciel.

Le bouddhisme est aussi plus accueillant ; dans ses temples nous pourrons pénétrer, examiner.

Il faudra pourtant se garder d'approcher trop près les idoles, d'observer avec une attention trop visible les orants ; nous verrions de suite leur mécontentement se peindre sur leur visage, et ils ne tarderaient pas à le traduire par des injures ou même des voies de fait.

Tous ces temples se ressemblent, je me bornerai à dire un mot de « Sensoji temple », le plus fréquenté de Tokio. Situé dans l'arrondissement fort populeux d'Asakusa, au milieu d'un agréable jardin public, il constitue pour les petites gens un but de pèlerinage et à la fois de promenade.

La foule arrive des bazars, nombreuse, peu bruyante, peu pressée, dans un murmure confus. Traînant ses espadrilles

VILLAGE CHINOIS

ou faisant claquer ses *guetas* (1) de bois à double talon sur la cour dallée, elle s'avance comme un flot lent vers le temple entre les délicieux pylônes ouvragés où logent les colombes cultuelles.

Le temple lui-même est un vaste rectangle ouvert de trois côtés sous un toit monumental, écrasant. Dans le fond très sombre, on entrevoit les linéaments d'une idole dorée à visage grimaçant, grandeur naturelle. Derrière et sur les côtés,

---

1. Je tiens ce terme exotique du policier japonais dont je vais parler. Les talons sont plus ou moins hauts suivant qu'il y a de la boue ou non.

quelques bonzes accroupis, recueillis, songeurs. Devant, une caisse cubant bien 3 mètres où le peuple jette des *sens* (1).

Les fidèles montent les degrés, arrivent devant l'idole, tapent un coup sec dans les mains pour attirer l'attention du dieu ou le réveiller s'il dort ; puis ils ôtent leur coiffure, s'inclinent profondément, les mains sur les genoux, et font leur prière.

Rarement elle dure plus de deux minutes. Ils se redressent, remettent leur chapeau, claquent de nouveau des mains pour graver dans l'esprit du dieu le souvenir de leurs demandes, et s'en vont satisfaits.

A droite et à gauche, il y a des idoles secondaires que les fidèles peuvent approcher et toucher. Je vois avec un étonnement navré une pauvre petite maman tenant sur le bras gauche son bébé malade. De la main droite, elle frotte le nez de l'idole, puis le nez de l'enfant ; le front de l'idole, le front de l'enfant ; de même pour les oreilles, les joues, la poitrine. Devant d'autres divinités pendent des gongs métalliques, avec une corde terminée par un bourrelet ; des femmes, des enfants, des hommes frappent le gong de la corde, afin de réveiller le dieu qui oublie de les secourir.

Le parc est agréable, bien tracé à l'anglaise, plein de fontaines et aussi de hideux poussas. Dans les coins, sous les arbres, quelques devins accroupis tirent l'horoscope des naïfs, moyennant finance. Mais ce sont des devins de quatrième ordre, ladres et faméliques, que le métier nourrit mal. Les grands devins de Tokio, — ils sont nombreux — ont pignon sur rue et publient leurs élucubrations, comme ce fameux *Takashima Kaemon* que les plus hauts personnages officiels consultent, et qui a édité en 1906 le dix-huitième volume de ses divinations par diagrammes.

C'est dans ce parc d'Asakusa que je vis pour la première fois la plus répugnante des idolâtries, s'exerçant au grand jour, en plein Tokio. Devant la grossière idole, nombreux dévots à genoux, bougies rouges allumées, parfums qu'on brûle, encens

---

1. L'unité monétaire est le *yen* qui normalement vaut 2 fr. 50, et le *sen* en est la centième partie.

qui monte des cassolettes... Mon Dieu ! ce grand peuple intelligent, docile, travailleur, ne connaîtra-t-il donc de l'Europe que sa civilisation matérielle, sans jamais vivre ces vérités qui ont fait la grandeur morale des nations chrétiennes ?

Au retour, coup d'œil sur l'Université impériale, où nos Pères ont leurs entrées libres, à titre de professeurs officiels. Comme situation et arrangement des bâtiments, c'est bien la conception américaine, plutôt que la française ; d'ailleurs il faut reconnaître qu'à Paris le manque de place ne permettrait pas cet éparpillement de petits palais scolaires dans un grand parc : cette disposition n'en reste pas moins la meilleure et la plus agréable aux maîtres et aux disciples, que l'on voit, l'encrier ou l'éventail pendant à la ceinture, se promener en discutant dans les allées, ou s'asseoir sur les bancs parmi les fleurs, au sortir même du cours. Les étudiants portent une robe rayée de couleur sombre appelée *tsutsusodé* et une sorte de tablier, la *hacama*, qui est leur signe distinctif. La tsutsusodé s'ouvrant sans cesse sur le devant d'une façon peu modeste, nos Pères ont obligé aussi leurs propres étudiants à porter la hacama.

Au milieu de ces bâtiments, sans signe distinctif, se trouve le cabinet du docteur Omori, le modeste savant qui est à présent le premier sismologue du monde.

On sait que le docteur Omori a tenu à expliquer lui-même ses instruments sismographiques à Mgr Petrelli, lorsque celui-ci, conduit par le recteur, M. Murakami, visita l'Université de Tokio, le 5 février dernier.

Devant la gare centrale, la statue de Chilossé, le héros de Port-Arthur, qui, au prix de sa vie, en coulant son navire, embouteilla la flotte russe dans la baie et assura le triomphe de sa patrie : ce n'est pas trop dire qu'il est devenu le dieu de la marine japonaise.

Mercredi 13 *septembre.* — Au petit jour, départ de Tokio, puis de Yokohama sur le *Tenyo Maru*. Le Fudjiyama ne se montre que quelques minutes, majestueux, serein par-dessus les nuages, tout blanc de neige ; jamais je n'ai vu de montagne d'une architecture à la fois plus simple et plus sublime (1). Puis la pluie nous enveloppe définitivement ; impossible de rien voir. Le *Tenyo* est désert et triste ; il a perdu les trois quarts de ses passagers ; les garçons, désœuvrés, flânent dans les corridors et sur le pont. Mais le navire est encore très enfoncé dans les flots ; ce n'est que demain, à Kobé, qu'il s'allégera des pesantes et mystérieuses charges qu'il amène d'Amérique à la Russie.

Jeudi 14 septembre. — A huit heures, par un temps radieux, le *Tenyo* fait son entrée dans la baie de Kobé. Le soleil verse à flots la lumière sur les moindres détails du paysage, et nous pouvons admirer tout à notre aise la ville en amphithéâtre, le cirque de ses gracieuses montagnes, et surtout la baie spacieuse et miroitante, cinglée d'innombrables petits vapeurs et voiliers, et où sont ancrés vingt-deux navires de grande taille.

Vendredi 15 septembre. — Nous faisons nos adieux au *Tenyo Maru*, qui file directement sur Hongkong, et profitons de la gracieuse hospitalité offerte par M. l'abbé F..., des Missions étrangères de Paris, curé de Kobé. L'après-midi, visite d'Osaka, grande ville industrielle des plus banales. Mais le retour par tram électrique entre la baie et les montagnes est fort beau.

Samedi 16 septembre. — Nous nous installons sur le *Hakuai*, navire de moyenne grandeur de la *Nippon Yusen Kaisha*, la plus puissante compagnie de navigation du Japon. Ici, tout est exclusivement japonais : capitaine, purser, matelots, sauf quelques domestiques chinois et la cuisine qui, heureusement, est quasi française. Tandis que le *Hakuai* complète son chargement, nous pouvons observer d'assez près la construction de deux puissants cuirassés, que le gouvernement poursuit activement. A dix heures, départ ; et aussitôt ce sont les merveilles

---

1. Le Fudji est le mont national, le centre de l'empire, et comme la personnification du Japon. Lorsque le 4 février dernier, le président du conseil municipal de Tokio reçut officiellement Mgr Petrelli, il ne trouva point de meilleur cadeau à lui faire qu'un magnifique paravent, sur lequel était brodé le Fudji.

de l'*Inland Sea*, la célèbre Méditerranée japonaise, qui commencent à se dérouler sous nos yeux : délicieux villages, îlots minuscules portant un ou deux pins qui trempent leurs aiguilles vertes dans les flots ; rochers que surmonte un phare ; montagnes aux contours fantastiques. Je renonce à décrire. En regardant jadis des paravents japonais, je me disais : « Ce n'est pas vrai ; c'est un paysage de convention ; la nature n'est pas ainsi. » Elle est ainsi ; mais le réel ici est voisin de l'idéal.

Des centaines d'îles semées comme des perles d'émeraude dans les flots lumineux, forment autour du navire en marche un cercle de verdure qui ne s'ouvre que pour se refermer plus loin et l'on croit sans cesse que le navire s'engage dans un golfe sans issue ; puis, tout à coup, une passe se creuse entre deux montagnes, et l'on continue à filer doucement sur la mer sans vagues, comme sur un long Bosphore, à quelques mètres de deux rives fleuries.

La nuit tombée, le spectacle devint plus merveilleux encore, quand des phares sans nombre, rouges, bleus, verts, tantôt le long des côtes, tantôt perchés sur une falaise, tantôt surgissant d'un petit rocher à fleur d'eau, se mirent à verser leurs traînées de lumière intermittente sur les flots endormis.

CHAPITRE II

AUX MAINS DE LA POLICE JAPONAISE

Par le P. P. Mertens

Mon imprudence. — Apparition du policeman. — En route pour le « Central police ». — Les mystérieuses fortifications du Fudetateyama. — Que pense-t-on de nous en France ? — Interrogatoire tragi-comique. — L'interprète Zendji Wada. — Notre-Dame de la Paix. — Méditation le long de la baie d'Omura. — Les vieux chrétiens de saint François Xavier. — Trois caractéristiques du prêtre catholique. — L'âme japonaise. — Au loin... *la côte de Chine* !

Dimanche 17 septembre 1916. — Au réveil, la *Hakuai* est arrêté. Nous disons successivement nos quatre messes dans la salle à manger déserte. Puis nous montons sur le pont : nous sommes dans la baie de Shimonoseki, l'une des plus ravissantes de tout le Japon.

Resserrée entre Nippon, Kyushiu et la minuscule Hikoshima, elle semble être un lac suisse sans issue, le mont Fudetateyama voilant la passe du nord-est ; et celle du sud paraissant fermée par les pentes de Kodura.

A tribord, nous avons Shimonoseki, célèbre par le traité sino-japonais qu'y signa Li-houng-tchang, le 17 avril 1895. A babord, à quelques encablures, c'est Moji, qui s'étale dans un cirque de collines boisées, et dont les ruelles à balcons grimpent à l'assaut du Misumiyama (1) ; entre les deux villes, intense circulation de belles voiles blanches et de bateaux-mouches automobiles aux cuivres reluisants. Leurs multiples sillages entre-croisés gondolent la surface huilée des molles eaux bleues et la revêtent de miroitements métalliques.

Au revers d'une carte de Moji, je dessine innocemment la

---

1. *Yama* veut dire montagne.

silhouette de ce panorama unique, et, sur mon croquis, j'indique d'une flèche la passe nord-est par laquelle nous sommes entrés. Témérité funeste que je vais payer cher, ou plutôt heureuse faute qui me vaudra de faire connaissance avec la très civile police japonaise. A mon insu, il y a dans les salons du Hakuai une affiche, — entre beaucoup d'autres, — qui est ainsi conçue : « Le Code japonais, titre *n*, article *x*, interdit de photographier ou de dessiner les endroits fortifiés, dans tout le territoire de l'Empire. » Or, juste en dessous de ma fatale flèche, se trouvent — je vais l'apprendre à mes dépens — des ouvrages militaires de première importance. Enfouis sournoisement dans les flancs du Fudetateyama, ils défendent l'accès de l'*Inland Sea* vers Kobé et Tokio.

J'empochais mon croquis quand on annonce que le *Hakuai* fera du charbon jusqu'à trois heures ; je décide aussitôt d'aller à terre contempler, d'un de ces monts fleuris, la merveilleuse baie japonaise ; et, jouant décidément de malheur, je jette mon dévolu sur ce même Fudetateyama, comme étant peu élevé, tout proche et, semble-t-il, très accessible.

A neuf heures et demie, le *launch* du *Hakuai* me débarque seul, mes trois compagnons ayant préféré rester à bord.

Faut-il embaucher un guide ? Dépense par trop inutile, vraiment. Le Fudetate n'est-il point là, au bout de la grande artère, déployant entre de grands pins colonnaires ses tapis de mousse verte qui m'induisent en tentation ? A mi-côte, un cimetière, d'où l'on doit savourer la plus belle vision de paysage qu'on puisse jamais rêver.

Je gravis les premières pentes, par des ruelles d'un pittoresque achevé : balcons et terrasses parfumés de fleurs, grouillement de bambins aux robes pourpres, vertes, violettes ; va-et-vient de porteurs chantants ; quelques vieux, accroupis sur les *tatamis*, fument la pipe les yeux mi-clos, comme gagnés déjà par le *nirvâna* bienheureux, que leur religion assigne comme but à la vie ; boutiques bariolées, débits de bâtons d'encens, de senteurs, de formules précatoires et de papiers parfumés pour idoles ; voire une salle d'escrime, grande ouverte, où deux écoliers croisent le fer en cadence sous l'œil du maître qui compte.

Quoique en laïque, je suis fort regardé ; Moji n'est pas aussi accoutumé que Tokio à voir les Siangkoïze (diables d'Occident).

Enfin mon chemin sort du faubourg et gravit la montagne ; malheureusement, il s'écarte vers la droite, m'éloignant des pins et du cimetière visés, et se faisant de plus en plus étroit. Aussi je ne tarde pas à l'abandonner et m'engage témérairement à travers une plantation de tabac, puis des arbres, puis des roseaux ; malgré ces efforts je ne puis rejoindre le cimetière, et, jugeant mon expédition à demi manquée, je contemple quelques instants du haut d'une clairière la ville avec ses fumées violettes, et le lac cinglé de voiles, puis je commence à rebrousser chemin. Je n'avais pas descendu 20 mètres, que j'aperçois montant vers moi un *policeman*, suivi d'un ouvrier, — qui sans doute l'avait averti de mon passage. Je vais à lui, mais impossible de s'expliquer ; à nous deux, nous ne savons pas cent mots d'anglais ; et quant au français, il l'ignore aussi parfaitement que moi le japonais. Je continue à descendre, il me suit ; je rentre en ville, il se place poliment à ma gauche un demi-pas en arrière. Veut-il simplement regagner son poste, ou croit-il avoir trouvé bon gibier de salle de police ? Pour m'en assurer, je m'arrête à une boutique et achète un fruit ; il s'arrête ; je repars, il suit. Cela devient sérieux, comment se dégager ? J'aperçois un bungalow européen où flotte le drapeau britannique ; je me dirige de ce côté. Bonheur ! C'est un vice-consulat : je vais enfin trouver à qui parler et pouvoir expliquer mon cas. Suivi de mon policier, j'entre. Le vice-consul paraît, grand Anglais flegmatique, les yeux embusqués derrière ses lunettes d'or. J'exhibe aussitôt mon passeport français parfaitement en règle et commence une explication ; mais il regarde à peine, et fort peu soucieux d'aider le sujet allié qui passe, s'en va d'un pas grave sans avoir soufflé mot. Le commis m'ouvre la porte avec un grand salut et me voilà de nouveau sur la rue, toujours flanqué de mon fidèle gardien. Je me dirige vers le port ; au moment d'y arriver, je me trouve subitement devant un petit poste de police ; l'agent, d'un geste impératif, m'invite à entrer. Je m'exécute de bonne grâce, et trouve un jeune officier décoré, la mine éveillée, qui se lève, s'incline, me fait asseoir ; par quelques mots d'anglais, et force gestes sur ma carte, j'explique que je me suis perdu dans la montagne. L'officier comprend, esquisse un haussement d'épaules libérateur, et murmure un mot demi-mécontent au policier trop défiant. Déjà celui-ci avait pendu sa casquette et accrochait son sabre, quand tout à coup l'officier aperçoit au verso de ma carte que je repliais, mon croquis illégal. Ce fut ma perte. Vivement il redemande la carte, considère le verso, reconnaît le Fudeta-teyama, remarque la flèche indiquant les forts ; en trois secondes mon cas est jugé : un ordre sec, l'agent reprend son coupe-chou, et en route pour la « Central police ». D'ailleurs, le Japon connaît son monde ; on m'y conduit gratis en tramway. J'arrive ; grand hall plein de bureaux, d'employés, d'agents ; courbettes, courtoisie, curiosité intense mais qui se réprime (l'édit impérial ne commande-t-il pas la garde des yeux !) ; on dirait des no-vices en rupture de modestie. On m'apporte un fauteuil. Longue narration de mon policier au chef ; celui-ci demande la carte, la médite, et comprend toute l'importance de la flèche. Qui sait ? un officier allemand en tournée d'espionnage en vue de la reprise de Tsing-tao ?

Il se met à téléphoner.

Cependant l'agent interprète de Moji, mandé en hâte, entre dans la salle, et je commence à pouvoir m'expliquer. Je dois de la reconnaissance à cet officier véritablement poli et distingué, qui — on le verra — m'a rendu plus d'un service. Je sus ensuite qu'il s'appelait Zendji Wada, avait vingt-huit ans, s'intéressait aux problèmes religieux. Je remarquai aussitôt qu'il parlait parfaitement le français.

Par ses soins j'envoie un billet à mes compagnons pour les rassurer sur mon retard, sans l'être encore moi-même, je l'avoue.

Enfin le chef policier, après avoir téléphoné avec rage pendant plus d'une demi-heure, me fait dire que le procureur public juge l'affaire assez importante pour venir lui-même cet après-midi m'interroger

En attendant, on va me conduire sur le bateau chercher mon bagage, et puis on m'installera à terre. Ainsi fut fait ;

j'entrevois un instant mes compagnons qui, plus au courant des usages orientaux, m'affirment que l'affaire tournera au comique et non au tragique.

Je rentre à Moji un peu tranquillisé.

Là l'interprète m'invite à dîner aux frais de la police, mais j'avais à peine commandé le menu qu'on accourt de la police : « M. le Procureur public vient d'arriver et serait heureux de vous saluer au plus tôt. »

Désireux avant tout de reprendre le *Hakuai* à trois heures, je laisse ce dîner et nous rentrons à la police centrale.

« Monsieur, l'interrogatoire aura lieu dans la salle haute ; M. le Procureur public vous y attend. »

Je monte, et la scène commence, véritablement homérique ; depuis que j'en suis hors, je ne me tiens pas de rire quand j'y repense.

Décor austère : vaste salle aux murs nus ; dans un coin, des instruments d'anthropométrie ; derrière une vitrine, quelques bocaux de pharmacie ; au milieu, grande table de bois sans tapis. Par les fenêtres sans rideaux, j'aperçois le beau lac bleu, ses voiles voyageuses et tout au loin les cheminées jaunes du *Hakuai*.

Le procureur est plutôt jeune ; front carré, cheveux en brosse, grosses lèvres retroussées, mais la physionomie n'est pas sans finesse ; veston européen de toile blanche, opulente chaîne d'or, boutons de nacre sertis dans le cuivre. Il me reçoit debout, salue, m'invite à m'asseoir, s'enfonce lui-même dans son moelleux fauteuil de velours rouge et m'offre le thé qu'un *boy* apporte.

Après ce prélude aimable, la politesse rentre dans les coulisses, et la tragi-comédie commence. Le procureur et moi, nous sommes vis-à-vis, séparés par la table. A sa gauche, un petit homme noir à mine chafouine, les yeux méchants, les lèvres pincées, qui louche sans cesse pour me regarder, et contemple le mur chaque fois que je tourne les yeux vers lui. A droite du procureur est assis le scribe, personnage typique, qui vaut son coup de crayon : il porte l'ample robe japonaise appelée *kitoyemono* (1), largement ouverte en haut, et laissant voir une poitrine osseuse de vieillard ; les pieds sont nus sur les guétas de bois ; tête rasée ; au menton quelques longs poils droits et durs lui font une barbiche de bouc. De ses larges manches sortent de maigres poignets ; ses mains sont décharnées et terminées par des ongles démesurément longs : ceux des petits doigts n'ont pas moins de 4 centimètres. Placide, béat, sans regard et comme perdu dans un rêve, il use d'un geste machinal son bâton d'encre de Chine sur l'écritoire humecté, attendant le moment d'écrire. Devant lui, une demi-douzaine de pinceaux divers et une liasse de papier soyeux ligné de bas en haut.

A ma droite l'interprète ; à ma gauche, le chef de la police locale, prenant des notes sur calepin ; derrière moi enfin, le policier qui m'a capturé, justement triomphant.

L'interrogatoire fut minutieux, interminable : « Où avez-vous fait vos études ? — La Sorbonne… c'est une Université ? — Vous êtes docteur ? — Pourquoi quitter la France, juste pendant la guerre ? — Êtes-vous militaire ? Avez-vous une décoration ? — Vous dites que vous venez de Hollande : où est le Nord-Brabant ? — Pourquoi allez-vous en Chine ? Quel traitement y recevez-vous ? Où est le Tchély ? — Pourquoi n'êtes-vous point passé par la mer Rouge ? — Que pensez-vous de l'Amérique ? Qu'est-ce qu'on y dit du Japon ? — Êtes-vous marié ? Tenez-vous une pension ? Mais qu'est-ce qui vous pousse à aller en Chine, si vous n'y recevez pas de traitement ? N'aviez-vous pas l'intention, une fois parvenu au Japon, d'y rester ? — Combien de nuits passées à Tokio ? — A quelle date le *Tenyo Maru* a-t-il quitté San-Francisco, Honolulu, Yokohama ? A quelle heure est-il arrivé à Kobé ? Beaucoup de monde ? Le nom du capitaine, du *purser*, etc. » — A jeun, fatigué, peu à l'aise, je tends toutes les forces de ma mémoire pour ne pas me perdre dans ce labyrinthe de questions ; c'est qu'il ne s'agit pas de me couper ; le procureur a sous les yeux toutes les heures de départ et d'arrivée de mes bateaux, et le téléphone à sa disposition pour vérifier mes dires.

---

1. C'est-à-dire : habit simple. Quand elle est blanche, on l'appelle *yucata*.

Après une heure de cet exercice, le chafouin somnole, le chef de police n'écrit plus, mon cher policier est parti dîner ; mais le procureur interroge toujours, l'interprète traduit d'une voix de phonographe, et le pinceau du scribe avec une légèreté ravissante dessine infatigablement les *tzeulls* japonais sur la douzième grande page. Vers deux heures et demie, le procureur déploie ma carte, la pièce à conviction ; mouvement général d'attention.

« Pourquoi avez-vous dessiné le Fudetateyama ? — C'est une belle montagne. — Vous saviez qu'il y avait des fortifications ? — Monsieur le Procureur, c'est vous qui me l'apprenez. — Pourquoi y êtes-vous allé sans guide ? — J'ai jugé cette dépense inutile. — C'est très curieux... » Long moment d'attente, d'hésitation ; tous ont les yeux fixés sur la flèche qui montre le site des forts.

Le procureur fait apporter le Code japonais et me montre un article que l'interprète me traduit : « Toute personne qui photographie ou dessine des postes fortifiés est passible d'un emprisonnement de un jour à six mois, et d'une amende de 1 à 200 yens. » Je proteste de nouveau que j'ignorais l'existence de ces fortifications, que d'ailleurs mon dessin reproduit seulement le profil des montagnes, et ne porte pas trace de croquis de forts. « Mais pourquoi cette flèche juste au-dessus des forts, insiste le procureur ? — C'était pour me rappeler l'endroit de la passe par laquelle mon navire était entré dans la baie. » Nouveau et long moment d'hésitation. Enfin, après quelques mots à l'interprète, le procureur se lève et s'en va.

« M. le Procureur, me dit l'interprète, se retire dans ses appartements pour réfléchir sur la sentence qu'il doit porter. »

Il est trois heures moins le quart. Par la fenêtre je vois le *Hakuai* qui projette dans le ciel deux épais panaches de fumée noire, et l'appel de ses sirènes retentit dans toute la baie. Bientôt mon juge reparaît et l'interprète proclame sa sentence : « Monsieur, selon la loi vous devriez être puni ; mais puisque c'est la première fois, M. le Procureur a décidé de permuter. » Je comprends que l'affaire est enterrée, et je signe l'interrogatoire.

« M. le Procureur, ajoute M. Zendji Wada, multipliant les formules de politesse, vous demande d'avoir la bonté de vouloir bien lui faire cadeau de votre carte. — Je la lui donne, dis-je, pressé d'en finir. — M. le Procureur serait heureux que vous veuillez lui donner votre carte », reprend l'interprète très obséquieux. La carte était étalée sur la table, le procureur n'avait qu'à allonger la main pour la prendre. « Je vous dis que je la lui donne, répétai-je. — M. le Procureur, répète une troisième fois l'interprète à mi-voix, vous prie de vouloir bien lui faire ce cadeau. » Je comprends enfin qu'on souhaite une donation manifestement spontanée. Je me lève, prends la carte, la plie, et la remets au procureur.

Dès lors, tous les assistants se dérident ; on dirait des acteurs qui rentrent dans la coulisse, ou des officiers allemands qui ont cessé d'être de service commandé. On apporte un second thé ; le procureur, déboutonné, me l'offre avec son meilleur sourire, et se déclare enchanté d'avoir passé une heure avec moi. Trépignant d'impatience à chaque sifflement du *Hakuai*, je tâche d'opposer sourire à sourire, courbette à courbette, et souhait à souhait.

Dans la conversation, je surprends de nouveau le souci qui hante ces âmes japonaises : « Que pense-t-on de nous en Europe ? me dit un des assistants », et un autre, quelques minutes après: « Mais quelle critique fait-on du Japon en France ? »

Enfin, enfin, à trois heures sonnées on lève la séance, et le procureur me dit qu'il met à ma disposition le *launch* de la police maritime pour regagner mon bateau. Dernières courbettes de tous les employés ; je gage que Louis XIV à Versailles ne fut point salué plus bas ; et vite au port ! Hélas, le pilote déclare que le *Hakuai* étant déjà en mouvement, il lui serait impossible de le rattraper ; et M. Zendji Wada, fort confus, me ramène au restaurant. On me sert un dîner gratis ; on m'apporte des photographies du Japon, on m'offre le prix de mon billet de chemin de fer jusqu'à Nagasaki où je rejoindrai mon navire ; M. Zendji Wada m'informe qu'il est mis à ma disposition pour me faire visiter Moji et les environs aux frais de la police. Bref, on se montre aussi désireux que possible d'effacer ma désagréable impression, et de me laisser un bon souvenir du Japon. Songez donc ! Si j'allais narrer ma mésaventure dans quelque revue parisienne !

En retard pour mon bréviaire, je refuse de visiter et demande à rester seul . On m'installe alors dans un belvédère, dominant le cottage que la police maritime possède tout près de la baie ; situation ravissante, où je trouve cette vue d'ensemble que j'ai en vain cherchée sur le Fudetateyama.

A la tombée du soir, je terminai mon bréviaire et m'assis au balcon dominant la surface polie du lac où se mirait le soleil couchant. J'ai joui là vraiment d'un spectacle d'extase qui défierait les meilleures plumes ! J'ai vu sans doute en Syrie et en Suisse d'étonnants couchers de soleil, jamais pourtant je n'en ai goûté d'aussi coloré, d'aussi féerique, d'aussi fait pour un monde de rêve que celui de ce soir inoubliable, au milieu de ce fin paysage japonais, dans ce ciel d'une pureté unique, quand les deux énormes globes rouges marchant l'un vers l'autre regardaient les collines empourprées comme deux yeux de flammes. Le soleil disparaissait derrière la rive bleuâtre de Shimonoseki quand M. Zendji Wada rentra et vint s'accouder au balcon près de moi. Il avait échangé le vêtement carcan d'Europe contre l'ample *haori* nationale à l'aise, la journée finie, toute corvée oubliée, il se montra d'une simplicité et d'une candeur d'âme qui amena vite un entretien intime. Mon bréviaire l'intriguait ; je le lui tendis, il l'ouvrit juste à l'endroit où se trouvait une image de Notre-Dame de la Paix, et s'arrêta ému de la douceur des traits : « Que c'est beau ! Qu'est-ce donc ? » demanda-t-il en me fixant avec une étrange insistance. J'étais donc mis en demeure, à brûle-pourpoint, d'expliquer pour la première fois à un païen, à un Asiatique absolument étranger à nos habitudes de pensée et à nos formules philosophiques, le plus affolant de charité divine parmi les mystères catholiques. Regardant Notre-Dame de la Paix, et non sans émotion, je commençai à lui dire : « Nous autres catholiques, nous savons et nous croyons que le Dieu qui a tout créé est venu sur terre pour consoler les hommes et pour leur enseigner la vérité et la route du bonheur... Il n'a pas eu de père sur la terre ; mais il a eu une mère, une mère-vierge ; et c'est cette Vierge-mère que représente l'image ; et l'enfant qu'elle tient dans ses bras, c'est Dieu fait homme. » Il ne fut nullement choqué, et me dit doucement : « Expliquez-moi encore, car je n'ai pas bien saisi... Mes parents sont bouddhistes ; moi je cherche la vérité... J'ai lu quelque chose sur la doctrine catholique, et je voudrais bien la connaître. »

Mon express ne partant qu'à dix heures du soir, j'eus le temps de lui révéler quelque chose du dogme et de l'apologétique. Était-ce finesse d'esprit, droiture d'âme bien conservée, secours spécial de la grâce ou simple curiosité de dilettante, il s'intéressait, comprenait, questionnait, buvait mes paroles. Peu à peu l'entretien devint tout à fait confidentiel...

Ce que nous nous sommes dit alors, tandis que les étoiles s'allumaient une à une, ce qu'il continue à m'écrire depuis deux ans que je l'ai quitté, je n'ai pas à le redire ; mais si de fait son âme est en route vers la vérité, si un jour il doit aboutir, comment pourrais-je regretter ma mésaventure et n'y point voir le doigt de la Providence ?

En tout cas, — je m'en souviens, — j'admirais, tout en causant, ce concours de circonstances disparates et invraisemblablement multiples qu'il avait fallu pour que nous fussions ainsi côte à côte, — jésuite français et policier du Japon, — penchés sur le lac argenté en ce soir de septembre 1916, parlant sans fin de Jésus-Christ et de sa Mère sur ce belvédère de la police maritime de Moji.

Qui aurait prévu il y a deux mois que j'irais en Chine ; et qu'allant en Chine je prendrais la voie inaccoutumée de l'ouest, et qu'enfin, prenant la voie ouest, une aventure insolite me retiendrait une soirée dans ce port où un jeune policier japonais désirait entendre parler de Jésus-Christ ?

A dix heures, ce furent les adieux ; il me conduisit à la gare, et l'express de nuit m'emporta à toute vitesse vers Nagasaki. (1)

---

1. 13 *mars* 1920. — Trois ans et demi se sont écoulés depuis cette entrevue de Moji. Plus d'un lecteur des *Etudes*, où j'avais d'abord publié ce récit, m'a écrit pour avoir des nouvelles du policier Zendji Wada, et promettre pour lui des prières. Ces prières sont aujourd'hui exaucées. M. Zendji Wada, converti, se prépare au baptême. Hélas ! il est mourant. Il m'écrivait le 19 janvier :

«... J'ai bien souvent pensé à vous. Je sais bien que je suis en état grave. Je suis un petit bateau sur la mer agitée. Mais ce n'est pas l'important pour moi. Pour l'homme, l'important n'est pas tant de vivre longtemps sur cette terre, que d'assurer son salut éternel. La vie ou la mort, cela m'est égal. J'aperçois une lumière d'espoir quand je pense à Dieu. Je me suis jeté tout entier dans les mains de Dieu. »

D'autre part, le Père C., missionnaire catholique à Shimonoseki, m'écrivait également :

« Jusqu'au mois de mars, époque où il tomba malade, M. Zendji Wada a

Lundi 18 septembre. — Cinq heures du matin, tout dort encore dans le wagon, le train d'un souffle régulier court le long de la baie d'Omura (1) ; une rougeur monte lentement de l'est, sur laquelle se détache le profil capricieux des monts ; de petits villages sont accrochés aux pentes ; une brume blanche et ouatée s'élève des combles : un vrai paysage d'éventail japonais... Je fais ma méditation en pensant à nos héroïques premiers Pères qui ont évangélisé ces vallées, qui ont été crucifiés sur ces collines ; et les noms exotiques que le bréviaire m'a appris depuis des années, je les lis maintenant non sans émotion sur les poteaux des gares que nous traversons.

Six heures vingt, Nagasaki. Par un pont très arqué sur l'Oura chargée de péniches, une rikshaw me mène à la cathédrale. Accueil tout simple et tout fraternel des Pères des Missions étrangères. Comme ils sont heureux de recevoir des nouvelles de France, directes, et par un Français ! Messe devant la *Vierge de la Trouvaille* ; on nomme ainsi la statue, grâce à laquelle les vieux chrétiens, fils de ceux du dix-septième siècle, ont reconnu les missionnaires catholiques du dix-neuvième. Après mon action de grâces, Mgr Combaz, le vénérable évêque de Nagasaki, veut bien me narrer et avec des détails inédits l'émouvante histoire. C'est le 17 mars 1865 qu'eut lieu cet événement providentiel, dont on vient de célébrer le cinquantenaire. Peu auparavant, un pasteur protestant s'était installé à Nagasaki. Les anciens chrétiens, voyant la croix, étaient accourus, avaient visité la chapelle, écouté le pasteur ; mais ils restaient dans le doute, refusaient de donner leurs noms. Enfin, le pasteur les congédia en disant : « Revenez

---

suivi le cours de français que je donne à Shimonoseki. De plus, le dimanche, il assistait très régulièrement aux offices. Je lui écris presque toutes les semaines et lui envoie des livres de religion. Il est préparé au baptême et décidé à le recevoir. Il demande seulement que je n'aille pas chez lui, ses parents étant des bouddhistes fanatiques. Et, croyant aller mieux (illusion de malade !), il formule l'espoir de venir se faire baptiser chez moi, à Shimonoseki. A mon tour, je lui ai proposé de lui envoyer un catéchiste qu'il connaît, et qui pourrait sans crainte d'éveiller des soupçons, le baptiser chez lui. Il a accepté, mais ne se presse pas d'appeler le catéchiste. Nous en sommes là. »

Espérons, ajouterai-je, que Notre-Dame de la Paix achèvera son œuvre ; et merci à tous ceux qui ont prié pour le policier de Moji.

1. Omura fut longtemps la résidence du provincial des Jésuites au Japon.

une autre fois, et amenez-moi vos femmes ; je vous présenterai
aussi la mienne ! »

Ce dernier mot mit fin à toutes les hésitations : les chrétiens
ne revinrent pas ; il manquait au protestant un des trois signes
que nos Pères, deux siècles plus tôt, avant de regagner Macao ou
de périr dans les supplices, avaient donnés à leurs ancêtres comme
marques distinctives du vrai prêtre de Jésus-Christ : virginité
sacerdotale, culte de Marie, obéissance au pape.

CHAR CHINOIS

Or donc, le vendredi 17 mars 1865 vers midi et demi, une quin-
zaine de personnes arrivaient à l'entrée de la petite église catholique, inaugurée le mois précédent par les Pères des Missions
étrangères de Paris. Ces pauvres gens semblaient perplexes, regardaient la croix, désiraient voir l'intérieur. M. Petitjean, le
futur premier évêque de Nagasaki, leur ouvrit la porte, les laissa
entrer, et alla s'agenouiller devant le tabernacle. Il n'avait pas dit
un *Pater*, que trois vieilles venaient s'agenouiller près de lui, et
l'une d'elles, la main sur la poitrine lui dit : « Notre cœur est le
même que le vôtre. — Vraiment, répondit le prêtre, mais d'où

êtes-vous donc ? — Nous venons d'Urakami (1). A Urakami, presque tous ont le même cœur que nous. » Puis, elle ajouta cette question dont les syllabes méritent d'être répétées sans aucune altération : « *Santa Maria no go zo wa doko* ? où est l'image de sainte Marie ? » Le missionnaire étonné, maîtrisant à grand peine son émotion et sa joie, les conduisit en face de la statue devant laquelle je viens de célébrer. Les pèlerins la reconnaissent aussitôt et, ravis, ils tombent à genoux en murmurant : «*Santa Maria*! *Ou Ko Jesus Sama* Sainte Marie ! Son vénérable fils Jésus ! »

« N'est-ce pas, mon Père, me dit le vieil évêque en terminant son récit; n'est-ce pas, quelle touchante vérification, par les faits, de la croyance à la maternité de grâce de la sainte Vierge ! C'est elle qui a fait reconnaître Jésus à ces abandonnés : *ad Jesum par Mariam.* »

Mgr Combaz me fait aussi remarquer ce détail fort intéressant : « Les deux autres signes donnés par les derniers survivants d'entre nos Pères, n'ont pas été inutiles. — Pour l'obéissance au Pape, voici, en propres termes, la question que posèrent à M. Petitjean les notables de la chrétienté de Shitsiu : « Votre royaume et celui « de Rome ont-ils le même cœur ? Celui qui vous envoie, est-ce « le grand chef du royaume de Rome ? »

Quant au célibat ecclésiastique, deux chrétiens vinrent de Kaminoshima qui demandèrent : « N'avez-vous point d'enfants ? » La réponse les combla de joie : « *Birgen de gozaru* ! s'écrièrent-ils. *O arigato* ! *o arigato* ! Ils sont vierges ! Merci, merci ! »

Parmi ces trois signes pourtant, il semble que le culte de Marie ait gardé une priorité, et qu'il ait été la barrière la plus efficace contre les entreprises hollandaises et anglaises pour assimiler ces antiques chrétientés. En tout cas, c'est ce signe qui a ramené dans le sein de la véritable Église le principal groupe de chrétiens, celui de l'île de Goto, presque entièrement catholique. En mai 1865, Gaspard Yosaku arrive de Goto, voit la statue de Marie, et retourne dans son île annonçant partout : « Des prêtres *kirishitan* (chrétiens) sont arrivés. »

---

1. Avec l'île de Goto, l'un des principaux centres de vieux chrétiens; quand Mgr Petrelli visita Urakami la veille de son départ du Japon, dimanche 27 février 1916, plus de sept mille chrétiens l'entouraient.

Pour le moment, il reste encore une ombre à tout ce beau tableau : quelques rares chrétientés refusent jusqu'ici de reconnaître la chaîne de la tradition catholique qui relie les missionnaires du vingtième siècle aux premiers évangélisateurs du Japon. Elles ont leurs *mizukata* (baptiseur), et la formule est parfaitement correcte, et l'on ne peut douter de la validité de ce baptême ; elles récitent le *Pater*, l'*Ave*, le *Credo*, le *Salve Regina* ; elles disent au chevet des mourants les prières du rituel, traduites en japonais dans un livre intitulé : *Contriçan* (contrition). Mais, terrorisées par la vaine crainte de ne pas rentrer dans l'Église de Xavier et de Jean de Goto, elles forment une *petite église* schismatique toujours dans l'attente, comme des juifs qui soupirent après un Messie déjà venu. Pauvres chrétientés en deuil ; pauvres âmes affamées du pain eucharistique ! Que Marie achève son œuvre en les menant aussi à l'Église de leurs apôtres et de leurs martyrs !

Cependant le *Hakuai*, après avoir longé toute la nuit la côte ouest de Kyushiu, fait son entrée dans la baie ; vers dix heures mes compagnons arrivent, et nous passons une journée toute française avec nos frères de la rue du Bac.

Les missionnaires ne manquent point de nous narrer la récente visite de Mgr Petrelli. L'empereur, paraît-il, a dit au légat devant toute l'assistance ces paroles inattendues dans la bouche d'un chef d'État païen : « Le Pape est le souverain qui a le plus d'autorité au monde. »

Mes compagnons visitent la montagne de nos martyrs située à l'est de la baie. Fatigué, je renonce à les accompagner. A quatre heures, remontés sur le *Hakuai*, nous commençons à voguer vers la Chine. Dernier et ravissant coup d'œil sur Nagasaki ; à mi-côte l'église catholique, à gauche au sommet d'une autre colline, le beau collège des FF. Marianites (quatre cent quarante cinq élèves) (1). De l'autre côté de la rade, les puissants ateliers de constructions navales de la Compagnie *Mitsubishi*, où s'achève encore un grand cuirassé. Bientôt, nous sortons de la baie ; à gauche, une route où des chars attelés de buffles roulent en gémissant vers la ville ; à droite, des falaises sauvages qui surplombent,

---

1. A Tokio, ils en ont mille (École de *L'Étoile du matin*), et à Osaka, sept cent soixante (École de *l'Étoile brillante*).

puis des îles chrétiennes dont on aperçoit les églises ; puis d'innombrables rochers où s'accrochent quelques pins. Mais peu à peu tout s'éloigne, tout s'efface, et le merveilleux Japon a fui sous l'horizon.

Sur le gaillard d'arrière, tandis que les dernières îles, au sud-ouest de Sasebo, se dissolvent lentement dans la brume lumineuse, je tâche de condenser mes petites observations, et surtout mes conversations avec ceux qui pratiquent le Japon depuis des années, en un jugement sur ce peuple énigmatique, longtemps à peine connu, et qui, brusquement, vient de faire son entrée sur la scène de l'histoire générale.

Somme toute, mon impression est plutôt favorable. Il est évident que le Japonais possède bien des qualités naturelles : docilité, politesse, courage, endurance, talent merveilleux d'assimilation ; il est travailleur, patient, gai, point disputeur. Le physique n'est pas pour déplaire : le plus souvent, front carré, peau très lisse, yeux mobiles et vifs, petites mains féminines d'une finesse et d'une souplesse remarquables ; généralement, la lèvre supérieure un peu retroussée laisse voir les dents, ce qui contribue encore à lui garder longtemps une physionomie d'enfant. On parle de son immoralité. Que le peuple qui est sans péché lui jette la première pierre ! Et d'ailleurs, pouvons-nous attendre de cette nation restée païenne la même résistance aux tentations charnelles que des consciences virilisées par le christianisme ? Ce qu'il y a de certain, c'est que les règlements antipornographiques sont sévères et observés. « On peut entrer en toute sécurité dans n'importe quel cinéma, me disait le Père B... ; on n'y verra aucune indécence. S'il s'en montrait, la police ferait aussitôt fermer l'établissement. » — Dans quel pays la force publique prête-t-elle à la moralité un appui plus pratique ?

Quel avantage pour le Japon, surtout en face de son rival transpacifique, les États-Unis, où 35 p. 100 des films sont immoraux ; et, alors que la famille américaine n'a guère d'enfants, la famille japonaise ne doit-elle point en partie à ces lois préservatrices la conservation de sa prolificité ?

Ajoutons un dernier éloge : ici l'autorité se laisse moins discuter qu'en Europe. Quelques anarchistes, récemment, avaient levé la tête ; on la leur coupa : ils s'assagirent.

Il reste pourtant un défaut évident, qui pourrait amener les malheurs les plus graves chez ce peuple sémillant et sympathique qu'on a nommé les Français de l'Extrême-Orient : une vanité dévergondée. Je ne veux point incriminer cette fierté nationale et quelque peu naïve, que les récents succès n'ont pas manqué d'enfler : « Nous avons vaincu la Russie, entend-on dans les conversations particulières ; nous avons vaincu la Chine ; nous avons vaincu l'Allemagne ; nous vaincrons l'Amérique ; et après l'on verra. » Encore faudrait-il éviter certaines paroles inconsidérées qui, en faisant croire que le Japon a des vues sur l'Indo-Chine, éveilleraient des défiances, funestes aux deux intéressés. — Je vise surtout cette mégalomanie des particuliers qui fait des ravages terribles dans le monde des étudiants et des jeunes officiers. Des projets extravagants s'emparent vite de ces natures impulsives et y exercent la tyrannie d'une idée fixe : le « carabin » se croira facilement appelé à devenir un Pasteur ; l'enseigne de vaisseau, un Nelson ; le sous-lieutenant, un Napoléon ; et comme ils sont pratiques, comme ils ne peuvent se contenter de rêver leurs futures grandeurs, ils risquent tout, lâchent la proie pour l'ombre, et se jettent à corps perdu sur des routes impraticables. De là des désillusions insupportables, et par suite des suicides nombreux.

Qu'un jour, le catholicisme (1) vienne à donner à ce peuple continence et pondération, et il n'aura point, semble-t-il, d'avenir grandiose qui lui soit fermé.

Mardi 19 *septembre*. — En pleine mer orientale ; soleil radieux, ciel sans nuages ; mais la mer est tout agitée et bruissante de

---

1. Voici quelques chiffres qui donneront une idée de l'état actuel du catholicisme au Japon. (Septembre 1916.) — Il y a dans l'empire japonais quatre diocèses : Tokio, Nagasaki, Osaka et Hakodaté ; deux vicariats apostoliques : Corée et Tai-kou ; le tout confié aux Missions étrangères de Paris. Il faut ajouter quatre préfectures apostoliques : Formose et Shikoku confiées aux Dominicains ; Sapporo aux Franciscains ; et Niigata aux missionnaires de Steyl ; en tout 287 prêtres et 166.910 catholiques. (Chiffres officiels: *Annuaire de Zi-ka-wei pour 1919*.) Notez bien que je parle ici de tout l'empire du Mikado, y compris la Corée qui compte 58.000 catholiques. Dans le Japon proprement dit, le diocèse de Nagasaki vient en première ligne avec 54.541 chrétiens, sur 8.250.000 habitants. L'archidiocèse de Tokio ne possède encore que 10.327 catholiques.

mille sonorités confuses. A perte de vue, sur la grande plaine liquide, c'est une mouvante chevauchée de vagues aux crinières blanches, qui accourent de l'ouest au grand galop, bondissent, écument, et caracolent autour de nous en folle cavalcade ; puis s'enfuient, fouettées par le vent, vers l'est, dans les solitudes immenses du Pacifique.

Malgré ce vent et cette cavalerie hostiles, le *Hakuai* marche bon train. Demain, — enfin, enfin ! — après quarante-sept jours de voyage, 8.000 kilomètres en chemin de fer, et 22.000 kilomètres en bateau, je verrai la Chine pour laquelle j'ai tout quitté.

Mercredi 20 *septembre.* — Une date qui marquera dans ma vie. Trois heures du matin ; on stoppe quelques quarts d'heure, dans la nuit, pour ravitailler un cuirassé japonais, qui croise à l'entrée Yang-tsé-kiang.

Cinq heures, nous sommes en rade de Ou-i. On attend longtemps ; visite médicale superficielle. Le jour se lève lentement, solennellement ; et mes yeux écarquillés interrogent l'ouest — avec quelle ferveur ! — cherchant à deviner la terre promise à mon apostolat ; dans la fatigue de l'attente et le mystère de l'heure matinale, ils construisent mille dessins fantaisistes sur le fond violacé de l'occident. Tout à coup, je m'aperçois que je regarde — et depuis longtemps sans le voir — un petit liseré jaunâtre, diffus, rectiligne, du nord au sud barrant l'horizon, — faible ourlet de terre basse et sablonneuse qui commence à diviser le bleu du ciel d'avec le bleu de la mer. « C'est la Chine », me disent mes compagnons qui viennent de boucler leur tour du monde... Inutile de dire que notre heure de méditation se passe à prier pour elle, pour cette immensité fermée de paganisme, de superstitions et de misères, que nous voulons ouvrir à Jésus-Christ... pour elle et pour la France aussi qu'elle nous a fait quitter de corps, mais dont nos cœurs ne pourront jamais s'arracher, et que nous entendons bien servir ici certes, par la prière et par l'action, non moins efficacement que si nous y étions restés

Tandis que le soleil levant me révèle peu à peu la platitude de ces paysages dans lesquels je vais vivre désormais, je rapproche, dans mon esprit, mon premier regard sur la Chine d'avec mon dernier regard sur la France de mon enfance et de ma jeunesse. Je rentrais de Calais, les adieux finis à mon frère soldat, le dernier câble rompu qui m'attachait à l'Europe. Avant Boulogne, l'ex-

CAVALIER CHINOIS

press s'arrêta, et voilà que la douce petite vallée de jadis vint poser sous mes yeux, avec son Wimereux d'argent, mille fois plus enchanteresse encore, me sembla-t-il, qu'il y a vingt ans. Elle m'attendait au passage, séduisante comme une tentation, pour me retenir et m'inviter à revivre le passé. Les souvenirs se réveillaient en foule en face de ces belles collines arrondies, où jadis nous courions les buissons à la cueillette des mûres dans l'insouciant bonheur de l'enfance ; Wimille groupait ses gracieuses maisonnettes autour de son clocher octogone ; et les prairies, et les vallons et les vieilles fermes paisibles, tout flattait le regard et enlaçait le cœur.

Puis ce fut la Liane, avec ses pleins champs de fleurs, et ses prés aux vaches rousses, et ses grands joncs qui chantaient doucement sous la brise. Une légère buée blanchâtre ouatait de ses flocons les combles et les clairières ; heureusement, entre les deux collines, elle s'ouvrait et me laissait voir Boulogne, étagé sur la croupe du Mont Lambert ; tout au-dessus, bien haut dans l'air doré du soir, la basilique Notre-Dame dressait fièrement son dôme et sa lanterne si fine dont la statue bénit ; et tandis que l'express, d'un halètement rythmé, inexorable, m'emportait vers Paris, je regardais ce dôme éblouissant qui, comme un doigt d'argent, me montrait le ciel ; et je comprenais bien que c'était tout un passé de bonheur qui, pour jamais, descendait sous l'horizon.

La France et la Chine ! Je comparais ces deux visions si opposées en arpentant le pont du *Hakuai*, et je repensais, avec une consolation toute renouvelée, ce dogme sublime de la Communion des Saints, qui me tient uni à vous, chers amis d'autrefois, malgré la distance ; qui nous libère tous, nous catholiques, du cadre spatial de la vie, et confère au moindre de nos actes un retentissement universel, une saveur d'éternité.

Cependant le *Hakuai* se remet en marche et remonte lentement le Wang-po. A droite et à gauche, quelques clochers dressent la croix au-dessus des berges ; cette partie est déjà fort christianisée ; puis l'estuaire s'anime, les côtes se peuplent de maisons; de grandes usines fumeuses apparaissent ; au loin, une sorte de chandelier monumental portant une boule et des drapeaux se dessine au sein des fumées de multiples navires. C'est la célèbre tour du quai de France à Changhai d'où nos Pères de l'observatoire de Zi-ka-wei annoncent les typhons.

Nous sommes rendus ; des rikshaws nous emportent à la rési

dence de Yang-king-pang et je dis ma première messe sur la terre
de Chine.

Exquise joie de retrouver une maison de la Compagnie : tellement la même, la charité ; tellement les mêmes, les usages, et
les coups de cloches, et le règlement, et les vieux cadres, et la simplicité des chambres, qu'aussitôt l'on se sent chez soi, et on oublie
délicieusement qu'on est à 4.000 lieues de la France.

CHAPITRE III

UNE OASIS DE LA CHARITÉ CATHOLIQUE

Par le P. P. Mertens

Visite au jardin de la Ste Mère. — Zi-ka-wei. — Chez les Auxiliatrices du Purgatoire. — Les doigts de fée des Chinoises. — Éphémère royauté de la pauvre orpheline. — Petits voleurs de paradis. — L'infanticide. — Prédiction du sorcier bouddhiste : «Si elle vit, elle te mangera ». — La chambre des bébés agonisants. — Incroyables odyssées d'orphelines. — La crainte salutaire des Zimbous. — Les bonnes Moumous à l'infirmerie. — Histoire de la petite lépreuse. — Une bretonne bienheureuse en Chine. — Héroïque tous les jours !

A une lieue de Changhai, à l'extrémité de la concession française, se trouve le bourg bien connu de Zi-ka-wei. C'est l'aboutissement de la grande *avenue Joffre* (autrefois avenue Brunat) qui, continuée par la *route Prosper-Paris* (1), traverse de l'est à l'ouest toute la concession, et sur laquelle circule un tramway électrique. Une autre route plus méridionale, française aussi et délicieusement ombragée, arrive à Zi-ka-wei, venant du *boulevard des Deux Républiques* (2). Une troisième vient du Nan-yang, la grande Université chinoise du Sud. Sur un canal qui relie au port les rizières de l'intérieur, glissent des centaines de barques, chargées de moissons. Le bourg est pittoresque et fort animé. Entre les boutiques et les tavernes largement ouvertes, les enseignes de soie, à caractères rouge et or, se balancent au-dessus des rikshaws, des chars à buffles, des voitures européennes et des innombrables porteurs aux poitrines bronzées qui vont et viennent, chargés de deux énormes corbeilles aux extrémités d'un bambou, et s'encourageant par des monosyllabes cadencés.

---

1. L'évêque actuel du Kiang-nan.

2. Ce boulevard a remplacé le rempart qui, sous l'Empire, séparait la ville chinoise de la concession française.

La police annamite et la police chinoise se partagent la surveillance de cette intéressante population. Un trottoir de pierre marque la limite de leurs domaines respectifs. Dès qu'un escroc atteint ce trottoir, il échappe aux prises du consulat français et retombe sous la juridiction chinoise, généralement plus indulgente.

Combien d'infortunes, combien de déchéances, combien de misères de corps et d'âme, passent où aboutissent à ce carrefour, à cette porte de la grande cité sino-européenne, il est facile de le soupçonner.

Or, c'est là que l'Église catholique, par l'argent et le dévouement français, a installé une de ces grandes institutions charitables, étonnantes hôtelleries de toutes les misères, dont elle a le secret.

Passez ce petit pont de pierre, et voyez cette série de bâtisses point luxueuses, mais bien construites ; franchissez cette grande porte que surmonte la croix et, aux jours d'émeute, le drapeau français : vous êtes au Sen-mou-yeu, *le jardin de la sainte Mère.*

C'est la principale maison des Religieuses Auxiliatrices venues de Paris à Changhai.

Avec quelle intense et délicieuse joie, avec quel frisson de fierté, à peine débarqué en Chine j'y retrouve notre France toujours elle-même, avec son activité ingénieuse et gaie, sa pitié pour tous, son prosélytisme catholique, et son dévouement qu'elle prodigue à autrui, au moment même où il semblerait si légitime qu'elle ne panse plus que ses propres blessures !

Pénétrons dans le « jardin de la sainte Mère », et surtout essayons, autant que possible, de forcer les portes que garde l'humilité. C'est le seul moyen d'entrevoir quelque chose du plus beau.

Voici d'abord *l'ouvroir.* Dans les immenses salles, les brodeuses et les dentellières, simplement mais proprement vêtues, sont penchées sur les métiers-tambours ou sur des coussinets. Il sort de ces petites mains chinoises de vraies merveilles. Broderie blanche, broderie de couleur, broderie sur canevas, elles font de tout. Elles excellent dans la broderie en reprise et la broderie au plumetis, qui exigent, paraît-il, tant de souplesse dans les doigts.

Tandis que j'admire une chasuble, un coup de clochette retentit et un tiers des travailleuses se lèvent, rangent vivement leurs objets et montent à l'étage : « Ce sont les jeunes mamans, me dit la religieuse surveillante, qui vont allaiter leurs bébés... Vous comprenez, mon Père, que si nous avions pris les femmes sans les enfants, l'ouvroir aurait tout simplement désorganisé les familles. Aussi les mères peuvent-elles entrer ici avec leurs enfants, tous leurs enfants, sauf les garçons au-dessus de sept ans. Comme les familles sont nombreuses en Chine, vous pouvez voir, vers huit heures du matin à l'ouverture des ouvroirs, la belle procession de jeunes mamans qui nous arrivent ! Les têtes des bébés se balancent sur le dos des mères ; quelques-unes en tiennent un second dans les bras, et il y a encore souvent deux ou trois bambins qui trottinent derrière, accrochés au jupon. Qu'ils sont charmants ces pauvres petits, et quel bonheur pour nous d'aimer et de soigner en eux l'enfant Jésus ! — Mais, ma Mère, durant la journée, que faites-vous donc de toute cette marmaille ? — Mon Père, si vous voulez me suivre, vous allez voir que la Providence a su caser tout le monde. »

Je traverse une allée de bananiers, et l'on m'introduit dans une vaste salle toute retentissante de cris joyeux : des bancs minuscules, quelques nattes, et de plain-pied avec la classe, une véranda et une jolie cour ombragée. Une centaine de mioches grassouillets accourent : « *Chen-fou, chen-fou* ! le Père, le Père ! » — « C'est ici la crèche, me dit la religieuse cicerone. Pendant que leur mère travaille, les garçonnets et les fillettes jouent, font la sieste, apprennent les prières et chantent à tue-tête quelques rudiments de catéchisme. » Cependant la gent trotte-menu est vite retournée dans la cour ; j'en remarque pourtant qui sont allés s'agenouiller aux pieds d'une Vierge devant laquelle brûlent de petites bougies roses. « Mon Père, m'explique-t-on, vous vous demandez pourquoi ces bougies sont allumées, et pourquoi ces enfants prient avec tant de ferveur. C'est que la gardienne ordinaire de la crèche est à l'agonie. C'était la Mère Madeleine, notre doyenne : soixante-seize ans d'âge, plus de quarante ans de Chine. C'est elle qui, depuis dix-huit ans, apprenait aux bébés à prier. Voyez maintenant comme ils le lui rendent. »

De fait, ne sont-ils pas délicieux, ces chers innocents, avec leur cou mignon tendu vers l'image, leur tête naïvement penchée, leurs menottes jointes élevées vers le ciel ? Et n'étaient leurs jolis yeux en amande, ne les prendrait-on pas pour des angelots italiens agenouillés au coin d'une toile du Pérugin ?

Je m'éloigne, enviant cette agonie bercée par la prière des favoris de Dieu. Heureuse missionnaire, à qui les portes du ciel vont être ouvertes par ces mains enfantines, qu'elle a jointes si souvent pour la prière !

Nous passons devant la salle des berceaux, sans entrer, car les

UNE RUE EN CHINE

petites mamans sont là religieusement occupées à nourrir leur dernier-né.

« Voici l'école des filles, me dit mon guide, en ouvrant une salle bourdonnante. »

A ma vue, on se lève ; signal, salut. Les visages sont épanouis ; pas de timidité, on est flatté de la visite du Père français. Sur un signe de la maîtresse, la première de la classe saute au tableau et, hissée sur un tabouret, barbouille de sa gentille menotte jaune quelques caractères chinois qu'on me traduit : « Le Père vient de France pour nous aider à sauver nos âmes. Nous remercions le

Père. Nous félicitons le Père. Nous prions pour la France. »

Dans une salle adjacente, je vois une douzaine de fillettes causant et ravaudant. Ce sont les tout à fait pauvres qui doivent au plus tôt commencer à gagner. Grâce à la porte toujours ouverte, tout en travaillant de leurs mains, elles glanent quelques bribes de savoir. Quant aux garçons, dès l'âge de six à sept ans, ils quittent le *Sen-mou-yeu* et entrent à l'école externe dirigée par les Pères du collège Saint-Ignace.

L'instruction une fois achevée, les jeunes filles les plus adroites montent à la broderie. Les autres sont occupées à la confection, à la buanderie, au repassage, au raccommodage ou même au jardin. Je demande à la Mère Auxiliatrice si toutes leurs protégées sont catholiques. « Mon Père, si elles ne le sont pas, elles le deviennent. Nos chères Chinoises ne résistent presque jamais à l'apostolat de la charité. Tenez, l'autre jour, une païenne demandait le baptême. Mère Supérieure lui dit : « Pourquoi veux-tu entrer dans la religion catholique ? — Parce que cela vous rend toutes trop bonnes pour moi ; alors c'est impossible que ce ne soit pas bon. »

Un certain nombre de ces jeunes filles entrent même en religion, chez les Auxiliatrices, chez les Présentandines, les Petites Sœurs des Pauvres, les Sœurs de Saint-Vincent-de-Paul, les Franciscaines, missionnaires de Marie, ou les Carmélites (1). Pour les

---

1. Cette seule énumération des communautés de femmes montre l'intensité de la vie religieuse à Changhai. — Les Petites Sœurs des Pauvres tiennent l'hôpital de Tong-ka-dou (faubourg sud-est) : 300 vieillards, 5 novices chinoises. Les Franciscaines de Marie dirigent l'hôpital européen : 1.495 malades. Sous la direction des Sœurs de Saint-Vincent de Paul, on compte l'hôpital Sainte-Marie, près de l'Université française *l'Aurore* (210 Européens, 2.696 Chinois) ; un autre hôpital pour les Chinois pauvres (905 malades) ; deux dispensaires en ville (295.963 consultations gratuites) ; un autre dispensaire près des filatures du P'ou-tong, sur l'autre rive du Wang-po (51.045 consultations gratuites), et surtout l'hospice Saint-Joseph (450 vieux, 50 fous, 30 folles, 340 enfants, etc. : 1.200 personnes en tout). Les Mères Auxiliatrices ont quatre grandes maisons : à Yang-king-pang, sur la concession française, l'Institution Saint-Joseph pour l'éducation des Européennes (333 élèves) et l'école de la Providence pour les orphelines européennes et eurasiennes (142 orphelines) ; à Hong-k'eu, sur la concession américaine, l'externat de la Sainte-Famille (365 Européennes, 215 Chinoises) ; enfin le *Sen-mou-yeu* (280 pensionnaires chinoises chrétiennes, 174 pensionnaires païennes, 770 orphelines ; école de sourds-muets, cinq ouvroirs, un dispensaire, dix novices chinoises). Les Présentandines sont une congrégation

autres, on tâche de trouver un bon mari parmi les orphelins de Tou-sé-wé.

Les Mères donnent au mariage de leurs protégées toute la solennité possible. Jour unique et merveilleux qui émerge seul, tout splendide de gloire, du sein de ces monotones existences. On me montre les très riches robes de soie rose, les colliers de perles, les bracelets d'argent, qui ornent la fiancée. Une chaise à porteurs, toute dorée, la mène en triomphe à l'église au son des gongs et des flûtes nasillardes. Toute la maison, tout le bourg lui fait fête. Mais ces parures ne sont que prêtées ; le lendemain, robes et bijoux sont rentrés dans les armoires pour y attendre le mariage suivant, et la reine d'hier revient à pied, dans ses pauvres vêtements, reprendre à l'ouvroir son travail à peine interrompu. Ainsi, on accumule, en un seul jour, autour de l'ouvrière tout ce que ce monde a de richesses, d'honneurs et d'encens ; puis tout s'envole et, de tout cela, il ne reste à l'humble fille que le bien solide et doux dont elle a toujours joui : l'affection des Mères et des compagnes, avec les joies du devoir accompli.

« Ces brusques contrastes, me dit la Mère Auxiliatrice, sont pour nos enfants comme une preuve vivante de la vanité de ces richesses qu'elles ne peuvent atteindre. Et ainsi elles se persuadent que, long ou court, le bonheur mondain finit, et elles ne visent plus qu'à s'acquérir les mérites de la vie sérieuse. »

Il paraît que les débuts de ces ouvroirs si prospères et socialement si bienfaisants, ont été fort laborieux.

Les religieuses donnaient de l'ouvrage, mais cet ouvrage ne se vendait pas ; un trou effrayant allait se creusant peu à peu dans le budget de la maison. De plus, les premières travailleuses avaient apporté du dehors des habitudes de laisser-aller : les conversations étaient bruyantes et même malséantes. Les Mères cherchaient en

---

exclusivement chinoise, très prospère et très utile pour les écoles de filles à l'intérieur. Elles ont 28 novices dont la formation est confiée à une Mère Auxiliatrice. Enfin, le monastère des Carmélites est attenant au *Sen-mou-yeu*. La communauté, fort nombreuse, est en partie française, en partie chinoise.

vain à obtenir le silence, sans lequel leur apostolat était impossible. Imaginez, si vous le pouvez, la désillusion amère et désolante qui envahit alors ces femmes généreuses venues du bout du monde avec au cœur un beau rêve d'apostolat, et ne trouvant qu'impossibilité et incompréhension : A quoi bon avoir tout quitté ? — C'était l'épreuve qui ouvre la voix aux grâces de choix.

« Nous recourûmes aux grands moyens, me dit simplement la religieuse, aux surnaturels. On installa la statue de l'Enfant-Jésus de Prague dans la principale salle de travail, et toute la maison se mit en neuvaine pour obtenir les deux choses qui man-quaient : clientèle et silence. »

Or, voici qu'à la fin de la neuvaine, une dame européenne se présente : « Pouvez-vous me faire un col de dentelle semblable à celui-ci ? » On fut obligé d'avouer qu'aucune ouvrière, aucune religieuse ne connaissait ce genre de travail. « Je vais vous le montrer », reprend la dame charitable. Elle s'assied et travaille devant les ouvrières, leur expliquant le détail et les secrets du métier de dentellière. Après quelques leçons, une orpheline, plus adroite que les autres, parvient à imiter la dame, elle se perfectionne et initie à son tour toutes les autres. Les petites mains de fée des Chinoises firent le reste ; et, depuis, les dentelles du *Sen-mou-yeu* sont renommées ; les commandes affluent surtout d'A-mérique.

La deuxième grâce fut obtenue comme la première : le silence est aussi bien gardé ici que dans les plus ferventes communautés. Les visages et les mains sont penchés sur les ouvrages, mais les cœurs sont en haut : on prie, on écoute la lecture, le catéchisme ou l'histoire, on chante des cantiques. Quand l'heure sonne, vous voyez les mains s'arrêter un instant, les visages se lever vers la statue de l'Enfant-Jésus de Prague, et toutes ensemble, à voix haute, récitent l'offrande de la nouvelle heure de travail qui com-mence. Quelle paix, quelle joie sereine et calme, le christianisme n'a-t-il pas répandues sur ces vies, vouées sans lui à toutes les dégradations et à toutes les brutalités !

Les bébés des mamans brodeuses ne sont pas les seuls au *Sen-mou-yeu*. Il y en a d'autres, beaucoup d'autres, plus tristement intéressants, et dont les vraies mères sont en France. C'est ici, entre autres demeures, que la Sainte-Enfance les recueille, les baptise, les nourrit, les soigne et leur ouvre le ciel par les mains des Mères Auxiliatrices. Car, à vrai dire, la plupart n'entrent dans cette maison, que pour y voler le paradis : quand ils arrivent, ils ont déjà trop souffert, et il n'y en a pas deux sur cent qui survivent. Je parcours avec émotion ces dortoirs de mourants, de petits

DORTOIR DE L'ORPHELINAT

mourants de deux ou trois jours : murs nus et tristes, pavés de dalles bleues, rangées monotones de minuscules berceaux de fer, morne silence traversé de vagissements exténués... Mais pour qui a la foi, comme tout s'illumine ! Ce n'est ici en somme qu'un vestibule du paradis, où passent tous les ans quatre ou cinq cents élus de Dieu. Les anges de ces petits planent sur ces couchettes mortuaires, et des auréoles éternelles vont couronner ces fronts que l'eau du baptême a lavés ou lavera bientôt.

Sur des cartons appendus aux tringles, sont inscrites quelques indications pour le prêtre baptiseur : « à baptiser ; — ondoyé ; — baptisé ; — confirmé ; — baptisé par des protestants, etc. ». De plus, quand c'est possible, un mot sur la provenance ; et après le baptême, le prénom qu'on a donné.

La Mère écarte doucement les moustiquaires et me montre ses chéris ; pauvres poupons, qu'ils sont mignons et douloureux ! Tous les berceaux sont occupés, et souvent sous la même couverture deux petits corps sont couchés côte à côte, les pieds de l'un près de la tête de l'autre. Ils sont si menus, si fluets, et déjà si glacés qu'ils ne se gênent nullement l'un l'autre. Quelques-uns pourtant semblent viables. Les phalanges étalées sur le couvre-lit propret, le biberon aux lèvres, la médaille de la Vierge au cou, les yeux demi-clos, ils dorment de tout leur cœur, les lèvres souriantes de bien-être...

— Illusion, hélas ! murmure leur Mère. Mes chérubins me seront enlevés avant huit jours ; presque tous, mon Père, nous viennent avec le cœur ou la poitrine mal conformés.

— Et comment vous arrivent-ils ?

— Oh ! de vingt façons diverses : le plus souvent, on sonne, c'est un chrétien portant un panier : une ou deux petites têtes soulèvent les couvercles ; voilà mes enfants qui m'arrivent. Parfois c'est une femme, une fillette, un policeman qui m'en apporte un, à peine enveloppé dans un journal. Il y a des jours où un seul homme m'en amène cinq ou six dans les corbeilles de son bambou.

Il paraît qu'ils sont tout noirs, les malheureux petits, quand ils arrivent, car ils naissent sur de la cendre de paille brûlée, et les parents ne prennent même pas la peine de les laver avant de les envoyer au *Sen-mou-yeu*.

Nous touchons ici à un point très pénible de notre sujet : D'où viennent ces enfants ?

Voilà une question sur laquelle le missionnaire qui aime sa Chine et ses Chinois voudrait se taire à jamais. Mais l'intérêt même des petits Chinois exige qu'on ne passe pas toujours à côté de ces tristes vérités sans les dire.

En France, même là où la foi est morte, on est si accoutumé à la douceur des mœurs chrétiennes, et notre éducation classique a tellement tiré les voiles sur les turpitudes de la civilisation gréco-romaine, qu'on ne soupçonne aucunement l'abîme de dureté sauvage où le paganisme plonge les peuples même les plus doux de tempérament.

De plus, des erreurs circulent qui menacent l'œuvre indispensable de la Sainte-Enfance, réduite aux abois par la guerre.

Francisque Sarcey et le journal *le XIXe Siècle*, dans lequel il publia ses viles attaques, sont morts. Mais les préjugés par eux répandus leur ont survécu. Des commerçants, des pasteurs, des employés consulaires, retour de Chine, affirment *ore rotundo* que l'infanticide en Chine et l'exposition des enfants sont des fables inventées par les missionnaires. Quand donc cessera-t-on de se fier à ceux qui n'ont jamais quitté leurs bungalows confortables près des chemins de fer, ou leurs bureaux européens dans les villes côtières, pour écouter ceux qui ont vécu quarante ans dans la brousse côte à côte avec le peuple ? Qu'on en croie du moins le livre si documenté du docteur Matignon, longtemps médecin de la légation française à Pékin : *Superstition, Crime et Misère en Chine* (1).

Sa conclusion (p. 151) est que l'infanticide est fréquent en Chine, au moins dans le Sud et le Centre (2). C'est contre ce terrible mal que lutte la Sainte-Enfance.

Une des premières causes qui en recrute les *nurseries*, et en particulier celle du *Sen-mou-yeu*, c'est le mépris païen pour la femme

On n'a pas idée des fureurs dans lesquelles entre ordinairement le Chinois païen quand il constate que son nouveau-né est une

---

1. Paris, 1902.

2. Le livre le plus tristement suggestif sur la question est celui du P. Gabriel Palâtre : *l'Infanticide et l'Œuvre de la Sainte-Enfance* imprimé à Tou-sé-wé. La première partie : preuves historiques de la fréquence de l'infanticide, est une accumulation écrasante de décrets des gouvernements central et provinciaux, d'articles de journaux chinois, d'images populaires, d'aveux d'écrivains bouddhistes et confucianistes, qui révèlent les pratiques monstrueuses de leurs compatriotes. — 16 *juillet* 1919 : Près de trois ans se sont écoulés depuis que j'ai écrit cette page. Hélas, l'infanticide, que de fois je l'ai constaté de mes yeux ! Hier, j'ai encore baptisé un pauvre bébé qui agonisait au pied des remparts de Ta-ming-fou.

fille : la fille en Chine, c'est l'enfant improductif, qui longtemps ne peut servir qu'à porter son frère puîné. Sans doute, on pourra la vendre en mariage, pour 20, 30, parfois 50 piastres. Mais son entretien jusqu'à l'âge nubile coûte plus. Donc pas de proportion entre ce qu'elle dépense et ce qu'elle rapporte. Alors que se passe-t-il ? Parfois, l'assassinat immédiat. Plus souvent, l'intruse est jetée vivante à la fosse d'aisances, au buisson, à l'égout. Mais si le *Sen-mou-yeu* est connu, voilà le port du salut pour la petite condamnée à mort ! Son père l'enveloppe dans un vieux pantalon de la maman (1), la jette comme un colis dans une barque qui passe, et les bateliers la portent au *Sen-mou-yeu* où on leur donne quelques sapèques. La scène revêt aussi d'autres formes cachant toujours le même égoïsme : à la naissance de sa fille, le père tempête, jure, se met à la battre, à la brûler, à déclarer à grands cris et porte ouverte qu'il la tuera. Des chrétiens accourent, et s'offrent à faire nourrir l'innocente créature. « Faites-en ce que vous voudrez », répond le père. S'il hésite, s'il fait le difficile, on lui montre 1 ou 2 piastres, et le païen ne résiste guère à leur miroitement.

Alors bien vite les chrétiens se hâtent vers le *Sen-mou-yeu* cachant leur précieux butin. Que de fois il est grand temps, et la petite martyre meurt entre les bras de la Mère qui vient de la baptiser !

Parfois, hélas ! il est trop tard ; et la Mère m'apprend, les larmes aux yeux, que la veille, une domestique ayant apporté deux petites jumelles dans une corbeille, elle n'en avait trouvé qu'une seule vivante.

Un autre excellent recruteur des dortoirs où l'on vole le ciel, c'est la superstition, tant il est vrai que la Providence tire le bien du mal. Le mioche a telle marque sur le front, sur la joue, sur la poitrine ; cette marque est le symbole du poignard par lequel il tuera son père ou sa mère : on le supprime. Ou bien on a tiré l'horoscope, et le sorcier a prédit que ce garçon porterait malheur à la famille. On le tue ; ou du moins on l'éloigne. Un jour, une pauvresse de Changhai arrive au *Sen-mou-yeu,* apportant une bambine

---

1. On sait qu'en Chine ce sont les femmes qui portent les pantalons ; et les hommes, les robes.

dè trois mois : « *Moumou* (1), je vous la donne ; gardez-la bien ; ne la laissez jamais sortir. Je lui donnais le sein sur le pas de ma porte ; le sorcier de notre quartier est passé, il l'a regardée, et il m'a dit à l'oreille : « Si elle vit, elle te mangera. » — N'est-il pas invraisemblable, cet empire que garde la superstition sur cette race, malgré sa civilisation millénaire ? Pourtant de pareils faits sont innombrables, et on ne peut aucunement les révoquer en doute (2).

Indiquons encore une cause de l'exposition des enfants et du recrutement du *Sen-mou-yeu* : la tyrannie des belles-mères. La mère du mari jouit en Chine d'un pouvoir discrétionnaire au foyer de son fils. Même quand les parents veulent garder leur progéniture, il suffit du *veto* de cette marâtre pour que le nouveau-né perde le droit à l'existence. Alors ce sont les parents eux-mêmes qui, subrepticement, le font disparaître et l'envoient chez les Mères.

J'allais m'éloigner quand la religieuse me dit timidement : « Mon Père, voulez-vous jeter un coup d'œil sur la salle réservée où nous mettons ceux qui sont en train de mourir ou attendent qu'on les enterre... Je vous préviens que c'est affreux ». J'entre un instant, c'est horrible, en effet.

Pauvres petits yeux chavirés, pauvres lèvres exsangues, pauvres visages blêmis, pauvres fronts verdâtres !

On ne peut se permettre une description si triste. Ils sont là sept moribonds de quelques jours à peine, et un cadavre. A travers la gaze d'une moustiquaire j'entrevois un petit bras maigrelet qui se lève, et deux beaux yeux noirs qui supplient. Mais il n'y a pas moyen de rester : c'est trop pénible d'être impuissant, trop déchirant d'entendre le hoquet faible et régulier qui secoue ces poitrines de bébés, et qui semble scander les pas de la mort. La religieuse et moi, nous jetons un regard et une invocation au

---

1. *Moumou*, c'est-à-dire maman, est l'appellatif que les gens du peuple donnent aux religieuses.

2. Qu'on lise, si l'on veut être renseigné sur ce sujet, les très curieuses *Recherches sur les superstitions en Chine* du P. H. Doré, 7 volumes. Imprimerie de Tou-sé-wé à Changhaï.

grand Christ très douloureux qui étend ses longs bras décharnés sur ces agonies d'enfants, et je sors bien vite, la gorge serrée d'émotion.

« Les enfants de cette crèche, me dit la religieuse, doivent rester dans la maison, les nourrices n'en voulant pas, à cause de toutes ces misères ; mais nous avons une autre catégorie, enfants relativement bien portants, et que nous mettons en nourrice, au dehors. Parmi ceux-là, un assez grand nombre peuvent vivre. Dans ce cas, on nous les rend à l'âge de deux ans, et nous les installons à l'orphelinat que nous allons visiter à l'instant. »

Nous entrons dans le vaste et joyeux quartier des orphelines. Elles sont cinq cent trente neuf. C'est ici que les odyssées invraisemblables abondent.

Au sortir d'une étude, la Mère me narre celle de la jeune fille qui vient de me lire son devoir. Elle s'en retournait seule, longeant un canal, du champ de riz à la maison ; et voici qu'elle rencontre une bande d'hommes près d'une barque ; un d'eux s'approche brusquement, lui jette au visage une sorte de poudre, lui appuie les deux mains sur les tempes, et lui dit avec autorité :« Suis-moi ». Elle suit passivement. C'était une de ces bandes de voleurs d'enfants, qui pratiquent sur leurs victimes une sorte d'hypnotisme. Ils avisent les filles et les garçons qui leur semblent plus jolis et plus forts, les hypnotisent, les mènent dans leur barque, et vont les vendre à Changhai, comme domestiques, chez les marchands chinois.

Hélas ! combien d'enfants volés, parmi ces charmants petits, qu'on voit, dans les tavernes et les boutiques, servir le thé, attiser le feu, ou épousseter les bibelots ! — Notre fillette est donc déposée à fond de cale avec le reste de la cargaison infantile, et, après un long voyage pendant lequel le bateau s'emplit de plus en plus de marchandise humaine, on arrive à Changhai.

Par bonheur, le consulat français était sur la piste de la bande infernale. A peine la barque était-elle amarrée au quai du Wang-po, qu'une descente de nos policiers annamites y découvre le gibier humain. Hélas ! la pauvre volée ignorait même le nom de sa préfecture, et toutes les recherches furent inutiles pour retrouver son hameau entre des centaines d'autres du même nom. C'est ainsi qu'elle aboutit au *Sen-mou-yeu*, où elle vit heureuse et désire passer sa vie.

Ce calme heureux, cette satisfaction dans la vie sédentaire, sont loin d'être le partage de toutes les orphelines.

Chez beaucoup, leur vie mouvementée, l'habitude de la liberté sans entraves, peut-être un long atavisme, rendent suraigu le désir d'aventures nouvelles.

On devine les soucis que ces gyrovagues causent à leurs mères adoptives.

« Voyez cette petite, me dit la religieuse, je vous raconterai son histoire. » Figure d'ange, longs cheveux de jais, bouche sérieuse et fine, yeux voilés de tristesse ; qui croirait que la passion du vagabondage bouillonne dans ce cerveau de douze ans ?

Quand la porte fut close — car la Mère ne me parle jamais de ses protégées en leur présence : l'enfant devinerait qu'il s'agit d'elle et cela chatouillerait trop dangereusement sa vanité féminine — quand la porte fut close, j'écoutai le récit que je résume. Battue par ses parents, la petite se sauve dans un orphelinat protestant, y vit quelques semaines, apprend des cantiques qu'elle chante à ravir ; puis, un beau jour, punie pour je ne sais quelle fredaine, elle s'échappe, court pendant quatre heures se croyant poursuivie, et arrive épuisée aux portes de Changhai. Là, une païenne la recueille comme domestique. Adroite, diligente, polie, elle réussit, elle plaît. Mais voici qu'elle se met à fredonner ses cantiques. « Une chrétienne dans ma maison, s'écrie la maîtresse superstitieuse ! Quels malheurs ne va-t-elle pas m'attirer ! » Et vite, elle écrit au *Sen-mou-yeu* pour demander une place. « Qu'elle vienne ! » fut la réponse.

« Elle n'est ici que depuis un an, achève la narratrice, et elle s'est déjà enfuie deux fois. La deuxième fois, elle a été recueillie périssant de misère, par les policemen hindous. L'administration anglaise a fait des démarches si pressantes, la petite a témoigné tant de contrition, et nous voyions si bien que, sans nous, elle était perdue corps et âme, que nous nous sommes laissé toucher. Maintenant, elle est sage. S'échappera-t-elle une troisième fois ? »

La superstition, la barbarie, l'égoïsme païen qui peuplent les *nurseries* de la Sainte-Enfance, recrutent aussi son orphelinat. Récemment une femme amène deux petites jumelles de dix ans, charmantes et timides : « Le sorcier a dit qu'elles me mangeraient si je les garde. »

Ou bien c'est une belle-mère qui a décrété qu'elle ne veut plus de telle enfant au foyer de son fils.

Parfois les parents, après avoir décidé de garder leur fille, se ravisent et l'abandonnent ; la police la cueille dans le ruisseau et sait bien où l'envoyer.

Il y a des entrées qui sont le résultat d'infâmes disputes entre le père et la mère : le mari se venge sur sa fille des trahisons de sa femme. Alors, par une aberration curieuse, il ne considère plus l'enfant comme étant sa fille à lui, mais exclusivement comme étant la fille de l'infidèle.

Il se passe aussi des cruautés révoltantes que la délicatesse chrétienne nous oblige à gazer. La femme s'obstine-t-elle à refuser quelque chose au mari, celui-ci trouve des procédés barbares de coercition. Il saisit sa fille, la dépouille, la lie, et se met à la torturer avec des raffinements de sauvage, à la brûler à petit feu, à la déchiqueter, à la battre à coup de trique jusqu'à ce que la mère cède en demandant grâce. C'est après ces scènes abominables qu'un voisin, ou la mère elle-même prend la petite martyre et la sauve au *Sen-mou-yeu*.

Bien des fois aussi, c'est tout simplement la pauvreté qui décide les parents à donner leur fille à l'orphelinat catholique.

Un beau matin, en ouvrant leur porte, les religieuses y trouvent un sac contenant une bambine avec ce billet : « On n'a plus de riz à lui donner. » Il n'est pas rare non plus que les parents aient une arrière-pensée de recouvrer leurs enfants, le jour où ceux-ci pourront leur causer profit et non dépense. Situation bien délicate pour l'administration de l'orphelinat, et qui donne lieu à des tragi-comédies inattendues.

Une femme de Changhai est sur le point de partir pour Canton. Sa fille de quatre ans l'embarrasse, elle veut l'abandonner. « Donne-la-moi, propose une voisine ; je la mènerai chez les Mères. » Ainsi fut fait ; mais, comme d'ordinaire, en apportant l'enfant, on refuse de dire son nom et sa provenance.

Vers la même date, d'autres orphelines du même âge sont amenées. Toutes, on les baptise, on les soigne, on les nourrit, on les élève, elles grandissent, et le moment de les marier approche. Or, voici qu'après douze ans de séjour à Canton, la mère revient, et, prise du désir de revoir sa fille, débarque au *Sen-mou-yeu*. En vain, lui donne-t-on tous les détails dont on peut se souvenir ; en vain lui montre-t-on toutes les orphelines qui ont environ seize ans : elle hésite, elle va de l'une à l'autre. Chaque élève examinée tremble d'être prise pour la fille de cette inconnue. Enfin, elle se décide, elle déclare qu'une telle paraît ressembler à sa fille, et elle veut l'emmener. L'infortunée sur qui elle a jeté son dévolu, proteste, supplie, se jette à genoux comme si on voulait l'enlever à sa famille pour la réduire en esclavage : « Je n'ai pas d'autre mère que la *moumou* du *Sen-mou-yeu* ! » On parlemente ; et heureusement la visiteuse, ne pouvant fournir aucune preuve de l'identité de sa fille, finit par se désister.

Hélas ! l'issue de ces perquisitions n'est pas toujours aussi heureuse. Une jeune païenne, indignement maltraitée par sa mère, parvient à se sauver, accourt au *Sen-mou-yeu*, implore asile et protection. On la reçoit, on la soigne (ce n'était qu'une plaie), on la dorlote, on la guérit. La gaieté revient avec la santé. La petite rescapée s'épanouit dans la joie de vivre. Elle apprend avec facilité le chant, le calcul, la broderie ; et sans perdre sa simplicité, elle devient la première de sa classe. Elle demande et obtient le baptême. Dès lors, ce fut vraiment le pinson du couvent. De religieuse en religieuse, elle allait par la maison, rayonnant sa joie, sa pure affection pour ses chères bienfaitrices, ne songeant plus qu'à devenir elle-même auxiliatrice de toutes les misères.

Les années coulèrent ainsi dans une paix céleste, et l'aurore de l'entrée au noviciat allait se lever quand tout à coup ce bel édifice de bonheur s'écroula.

La mère païenne n'ignorait pas où était venue sa fille ; elle se souvint qu'elle était en âge de se marier, et elle vint la réclamer impérieusement pour un fiancé païen.

Au parloir, voilà la mère et la fille en présence, quel contraste !

— Je suis chrétienne ! Je ne veux pas être livrée à ce païen, proteste la malheureuse enfant.

— Mais il m'a versé 60 piastres pour t'avoir.

— Il faut les lui rendre.

— Elles sont déjà dépensées. Allons ! ne me fais pas perdre mon temps. Tu sais bien que je ne te lâcherai pas.

La religieuse présente intercède.

— Si vous tenez à la garder, dit la marâtre, donnez-moi les 60 piastres !

On comprend sans peine que la maison ne peut se mettre sur le pied d'accepter de telles propositions, surtout par ce temps de guerre où les aumônes ont si lamentablement diminué ! De pareilles demandes se multiplieraient, et ce serait à bref délai la ruine de ces magnifiques œuvres.

— Maman, aie patience quelques mois, supplie la jeune fille : je travaille à la broderie, je te promets de te gagner peu à peu les 60 piastres.

— Il me les faut tout de suite, aboie la païenne.

— Maman, aie pitié ! Tout de suite, c'est impossible.

— Alors viens, ou je te fais enlever d'ici par la police.

Quelle désolation, quelles scènes d'adieux déchirantes quand les Mères sont obligées de rendre au courant meurtrier de la vie païenne leurs chères enfants qu'elles ont nourries, élevées, choyées, christianisées ! Mais aussi quel mâle courage elles savent déployer pour les défendre jusqu'au bout, quand elles sont sûres de leur droit !

Je n'en citerai qu'un trait, car il faut se borner.

Une orpheline élevée au *Sen-mou-yeu*, prise d'une passion aveugle pour un nouveau chrétien de Zi-ka-wei, et d'ailleurs poussée par ses parents, accepta — malgré l'avis des Mères, — de se marier avec lui. Honnête ouvrier assez à l'aise, doux et profondément amoureux de sa fiancée, il fit toutes les promesses demandées et le mariage eut lieu. Quelques mois après, voici qu'un soir d'hiver, une femme affolée se précipite dans la porterie, tombe aux genoux des Mères, et joignant ses mains tout ensanglantées : « *Moumou*, cachez-moi, cachez-moi, crie-t-elle : ma belle-mère me poursuit pour me tuer. »

A la lueur de la lampe, les religieuses stupéfaites reconnaissent leur ancienne orpheline.

Tout à coup le mari entre à son tour, hors de lui : « Mère, je vous en supplie, ne la protégez pas ! Si vous la cachez, maman la tuera, quand on sera revenu à la maison. Livrez-la tout de suite ; elle en sera quitte pour être battue un peu plus, et puis ce sera tout ». Il avait à peine achevé sa phrase que la belle-mère arrive comme une furie. Quelques domestiques armés de bâtons l'accompagnent. Elle insulte son fils et, renversant une chaise, marche la main levée sur sa belle-fille qui se réfugie, en suppliant, derrière la religieuse française. Celle-ci heureusement n'a rien perdu de son sang-froid et d'un mot arrête la scène de violence : « Madame, vous êtes ici dans une maison française ; si vous maltraitez cette jeune fille ici, c'est à la police française que vous aurez affaire. »

En même temps, elle fait un signe au jardinier de la maison, accouru au bruit :

« Joseph, allez chercher les *zimbous*. » A ce mot de *zimbous* (agents de ville), la colère de la marâtre tombe à plat, comme une soupe au lait qu'on enlève du feu.

— Mère, dit-elle, qu'il n'y aille pas. Je pardonne à Marie.

— Promettez-vous de ne lui faire aucun mal quand elle sera rentrée à la maison ?

— Je le promets.

— Alors allez ; mais si vous la battez encore, gare aux *zimbous* !

Il paraît que cette menace énergique a produit son effet : la marâtre insulte encore, mais ne frappe plus.

La salle la plus édifiante de l'orphelinat, c'est l'infirmerie. Elle est rarement vide, hélas ! les malarias et les typhoïdes ont vite fait de désorganiser ces faibles constitutions, et le petit autel du viatique et de l'extrême-onction reste toujours dressé. « Quelles morts confiantes on fait ici, me dit la Mère infirmière ! La mort n'est vraiment pour nos enfants que le retour à la patrie.

« Ces abandonnées, mon Père, jouissent de la bienheureuse incapacité de se faire prendre aux illusions de la vie terrestre : elles n'en ont connu que les misères. Pour elles, il n'y a qu'un bonheur, celui du ciel. Aussi, il faut voir leur impatience de partir :

« Jésus venez vite ! Mère, puis-je espérer partir cette nuit ? »

« Il faut entendre aussi avec quelle assurance de prédestinées elles promettent de remplir toutes les commissions de leurs compagnes pour le ciel : Pauline, obtiens-moi l'entrée au noviciat. — Tu diras à la sainte Vierge de convertir ma mère. — Puisque tu pars avant moi, dis à la sainte Vierge que je désire tant fêter l'Assomption au ciel... »

« Dans les moments de souffrance, c'est le crucifix qui est leur ressource. Elles lui parlent comme à un ami, si familièrement ! « Jésus, tu as tant souffert pour moi, j'accepte de souffrir pour toi! Jésus, j'ai bien mal ; mais tes mains sont clouées, les épines entrent dans ta tête, donne-moi la force ! »

Je termine ma visite par le dispensaire. C'est un tout autre quartier de cette ville de la charité, qui ne compte pas moins de deux mille habitants.

On y accède du village par un pont très arqué sur le canal *Tsao-ka-pang*. Au bout de quelques pas, on franchit la porte hospitalière toujours ouverte. A droite et à gauche, grands bâtiments à vérandas, gais et propres ; entre les deux, un jardin de palmiers au fond duquel se dresse une grotte de Lourdes. Elle est dans la clôture, et une grille interdit l'entrée du jardin. Mais les malades voient de loin la statue de la grande guérisseuse ; et beaucoup lui font, en entrant, de naïves salutations. Puis, ils montent, à droite, le perron du dispensaire, vaste salle carrée, où la belle lumière orientale entre à flots par six larges baies, où l'air circule chassant les miasmes et les odeurs, où chacun entre et sort à sa guise. (Les hommes sont exclus, car on ne soigne que les femmes et les enfants). Pas de recoins obscurs, pas de voiles, pas de cabinets particuliers : précaution bien nécessaire pour écarter les mauvais soupçons parmi des populations qui, livrées au mal, croient si difficilement à la vertu des autres. Il faut que tous puissent regarder ce qui se fait et entendre ce qui se dit. De plus, le Chinois aime à voir d'où sortent les remèdes qu'on lui applique, les bandages qui vont l'envelopper, les vêtements ou le riz qu'on lui donne.

Aussi les bocaux bien rangés et bien étiquetés s'alignent derrière les vitrines, et l'on contemple avec de grands yeux ces remèdes d'Occident. Au milieu, une armoire de vêtements : ils sont faits de bouts d'étoffes recueillis de maison en maison ; on les lave, et les chrétiennes de Zi-ka-wei, sous la direction des Mères, font sortir de ces loques informes, des robes, des vestons, des mantilles, des bonnets qui sont de petits chefs-d'œuvre de grâce et de bon goût.

Au moment où j'arrive, la salle est pleine. Ceux qui attendent sont séparés par une rampe de bois de ceux qu'on est en train de soigner ; sans quoi les Mères et leurs aides, bousculées par la cohue, pressées par les curieux, perdraient la liberté et la sûreté de leurs mouvements. Une portière ouvre et ferme la rampe en temps opportun.

Cette femme a son histoire. Mariée et mère de nombreux enfants, elle vit, il y a quelques années, sa famille assaillie par la dysenterie : on sait combien ce mal est terrible en Chine aux changements de saison. Elle perd son mari et reste criblée de dettes avec quatre enfants malades et la grand'mère de son mari. Dans sa détresse, elle recourt aux Mères. Les enfants sont soignés, guéris ; on trouve un petit emploi à la maman, pendant que les enfants vont à l'école, puis à l'ouvroir. Peu à peu la situation s'améliore, les années passent, les enfants grandissent et commencent à gagner. Et maintenant, vieille avant l'âge, leur mère continue le petit service du dispensaire et des pauvres. Dans son modeste office, elle s'est faite apôtre : elle cause avec ceux qui attendent et glisse à l'occasion la réflexion, l'histoire, l'encouragement qui éveilleront le désir du baptême. Voilà comment cette pauvresse devint la collaboratrice de Dieu dans la plus divine de ses œuvres.

Je regarde ce visage commun et grossier : front bas, crâne chauve, nez épaté, joues qui ballottent, paupières gonflées ; et pourtant il y a dans la physionomie un je ne sais quoi de pur et d'élevé, il y a tant de bonté dans ces grosses lèvres, tant de candeur dans ces pauvres yeux larmoyants, tant de joie surnaturelle dans ce sourire ! C'est la transfiguration qui commence en deçà de la tombe. Et par les mains de cette pauvre vieille, le long courant de misères filtre goutte à goutte vers la guérison. Hélas ! c'est la collection lamentablement variée de toutes les maladies, de toutes les hideurs, de toutes les infirmités de l'humanité déchue. « Chaque mois, me dit la Mère directrice, a sa maladie dominante : pour l'instant, ce sont les terribles dysenteries ; le mois prochain, règneront les malarias qui anémient tant de nos Chinois. Puis viendront les scarlatines, les rougeoles ; puis ce seront les typhoïdes, et ainsi de suite. Quand le cycle est fini, il recommence. »

Tout le long de l'année ; il y a la kyrielle des maux d'intestins, d'estomac, d'œsophage, de gorge, si fréquents et si variés en Extrême-Orient. « Combien de ces petits sont rongés des vers, me dit une sœur ! Un jour, je donne un peu d'huile de ricin à l'un d'eux et j'obtiens l'évacuation d'un vrai paquet de vers, grouillants, verdâtres, horribles à soulever le cœur ; à un autre je donne un peu de santonine, il me vomit un vers long d'un demi-mètre. »

La lèpre fait parfois son apparition. Il y a quelques mois, une petite lépreuse, d'une douzaine d'années, inconnue, sans père ni mère, avait pris l'habitude de venir mendier au *Sen-mou-yeu* et de faire de fréquentes visites au dispensaire ; elle savait qu'elle y recevait toujours quelque soulagement et de petites douceurs. Les Mères, craignant la contagion, commencèrent à lui faire porter sa nourriture tous les jours dans sa maisonnette de bois, au village voisin. C'est alors qu'une chrétienne ambitionna de se substituer aux religieuses : « Mais tu vas te fatiguer ! mais tu n'as pas assez de riz pour toi-même ! mais tu pourrais gagner la peste ! — Ma Mère, je communie tous les jours. Est-ce que je ne risquerai rien pour nourrir Jésus-Christ qui me nourrit tous les jours ? » Devant pareille réponse, on s'inclina ; et la fervente communiante jouit maintenant près de sa chère lépreuse du monopole de la charité.

Voici un petit galeux qui s'avance souriant, délicieux, charmant, sautillant dans les bras de sa mère ; on l'a vite expédié, et il repasse en me saluant de ses mains jointes (pour remercier, en Chine, on joint les mains, et on les remue de haut en bas) et me criant à tue-tête : « *Chen-fou-ho* ! Père de l'âme, soyez heureux ! »

Voici une petite, tombée dans l'eau bouillante et à demi brûlée vive ; en voici une autre dont l'œil, sorti de l'orbite, pend sur la paupière ; voici un visage atrocement tuméfié par les moustiques et la malpropreté. Mais ce sont encore les plaies qui sont les plus affreuses à voir, les plus pénibles à soigner. Beaucoup ne sont pas naturelles : c'est un garçon dont les jambes et les cuisses ont été cruellement tailladées par sa grand'mère ; c'est une fillette battue par son père qui s'est vengé sur elle d'un mauvais procédé de sa femme : ces enfants martyrs sont apportés par une voisine, une parente, chrétienne ou païenne, au sortir des mains de leurs bourreaux.

Quand les parents ne causent pas ces plaies, trop souvent ils les enveniment, par leurs *kaoyas*. Les *kaoyas* sont des emplâtres que l'on met sur les plaies de la tête. Il y en a, paraît-il, d'étonnamment efficaces pour la guérison, mais la plupart ne font qu'empêcher le sang et le pus de sortir ; alors le mal se renferme à l'intérieur, empire, et l'enfant finit par en mourir dans d'atroces douleurs. Quelles peines n'en coûte-t-il point aux Mères pour faire sauter ces maudits emplâtres presque identifiés avec les chairs ! Puis il faut laver ces têtes malpropres qui exhalent d'infectes odeurs et appliquer les véritables onguents ; souvent même, il faut recourir au bistouri pour percer les poches de pus.

J'assiste au traitement d'une pauvre grand'mère qui porte son petit-fils sur le dos. Une large et profonde plaie a gagné la moitié de la jambe gauche. Au centre, les chairs sont rongées jusqu'à l'os ; autour, une vaste surface violacée et purulente ; à la périphérie, peau noire en putréfaction. Et la religieuse s'approche sans dégoût, interroge avec un sourire, se penche longuement sur l'horrible chancre puant. Puis, elle se relève, caresse de sa douce main blanche le vieux visage jauni, va chercher les bocaux et les bandages et revient s'agenouiller pour commencer le traitement avec des précautions infinies.

Et je songe, en voyant, prosternée aux pieds de la miséreuse, cette Française dont tous les gestes portent le cachet de la plus exquise distinction de chez nous ; je songe à tout ce que cette scène suppose de force d'âme, de sacrifices accumulés ; je songe à l'heureuse maison familiale, aux parents, à la France qu'il a fallu quitter pour jamais ; je songe surtout au miracle des miracles : à la continuité, à la monotonie dans l'héroïsme ! L'explication ? Le pourquoi de ce renoncement ? Le comment de cette magnanimité ? Inutile de le demander. Je recevrais la même réponse que Taine. On ouvrirait la chapelle, et on me montrerait la porte dorée du tabernacle.

Vraiment, ceux qui opinent qu'une vulgaire idolâtrie puisse

enfanter de tels prodiges, et si continus, ceux-là font trop bon marché du principe de raison suffisante, base de toute science. Car enfin, d'où vient-il le grand courant de charité qui, depuis dix-neuf siècles, circule à travers les infortunes humaines, et qui pousse jusqu'en Chine ses ondes bienfaisantes ; d'où vient-il, s'il n'a pas pris sa source dans le cœur de Jésus ?

En m'éloignant, je regarde avec émotion le chiffre des entrées : il n'est pas onze heures du matin, et déjà 101 malades ont franchi la rampe de la portière-apôtre. Souvent, il y en a plus de trois cents en un jour ; du 25 juillet au 25 août dernier, il y en a eu 5151 ; au mois de septembre, qui est moins chargé, 3394.

Les Mères pourtant ne se contentent pas d'attendre les malades, elles vont les voir à domicile. Là, comme au dispensaire, il y a des baptêmes, il y a des conversions, il y a parfois des guérisons.

Une fillette païenne se mourait ; la religieuse mandée par les parents accourt. Elle trouve la mère assise sur le lit, et la petite dans ses bras, les jambes déjà froides jusqu'aux genoux. Le cas est désespéré ; il n'y a plus qu'à essayer des moyens surnaturels. Mais la petite a l'âge de raison : il faut qu'elle croie en Dieu et qu'elle consente à être baptisée. « Veux-tu le baptême ? — *Veh yao* (Veux pas) », répond nettement l'enfant. On insiste : toujours refus catégorique. La religieuse ne se décourage pas ; tout en soignant la mourante, elle lui fait boire quelques gouttes d'eau de Lourdes, lui met au cou une médaille de l'Immaculée ; puis, pressant au plus vite le siège de cette âme, car la mort va l'enlever, elle lui parle doucement : « Dis avec moi : sainte Vierge, aidez-moi. » L'enfant répète l'invocation ; alors enfin la religieuse revient à la question de vie ou de mort éternelle : « Veux-tu le baptême ? » Et la réponse est transformée, sans doute par l'intervention de Marie : « Je veux », dit l'enfant sans hésiter. Il était temps, le froid montait, la vie s'échappait. L'enfant est baptisée dans les bras de sa mère qui consent. Une sorte de ralentissement se produit alors dans le progrès du mal. Le lendemain, la malade se trouve mieux. « Elle est sauvée, s'écrie la mère à la religieuse qui entre. — Non, répond celle-ci ; c'est encore grave. Ton enfant est chrétienne, elle appartient à Dieu. Promets-tu de ne pas l'enlever à Dieu après sa guérison ? — Je promets ; elle ira écouter la doctrine. — Alors c'est bien, prie et aie confiance. » La nuit suivante, vers minuit, l'enfant s'écrie : « Maman, maman, je suis guérie ! — Reste au lit, commande la mère, jusqu'à l'arrivée de la Sœur. » Le lendemain, dès que la Mère Auxiliatrice entre : « *Moumou*, je suis guérie ; je veux me lever, je veux manger, je veux jouer ! — Qui t'a guérie ? — Ah ! je sais, c'est la sainte Vierge ! »

Quelques jours après, la mère et la fille se rendaient à l'église, offraient 2 piastres au Père curé pour une messe d'actions de grâces, et l'enfant entrait à l'école externe des Sœurs pour apprendre le catéchisme. Elle y est depuis deux mois ; elle se fait remarquer par sa dévotion à Marie, et raconte à ses petites amies païennes toutes les histoires du catéchisme.

Ce qui se produit en Europe pour la vocation à la vie religieuse se répète ici pour la vocation au baptême ; quand les parents disent non aux appels de la grâce, il n'est pas rare que Dieu prenne l'enfant pour le ciel et laisse les époux égoïstes dans l'isolement forcé.

Une fillette païenne souffrait de boutons à la tête. On la soigne quotidiennement au dispensaire ; mais elle prend l'habitude, après le pansement, de rester là : elle flâne, elle observe, elle cause. Elle vient à remarquer la petite Vierge blanche, pure et modeste, qui domine la salle ; elle se fait expliquer. Or, un jour, elle tombe malade de la typhoïde, et la voilà au plus mal. « *Moumou*, dit-elle à la religieuse que les parents ont fait appeler, quel beau rêve j'ai fait ! — Qu'est-ce que tu as vu ? — J'ai vu une jolie Dame blanche, montée sur un cheval blanc ; elle est passée devant la porte et elle m'a dit : « Je viendrais bien voir ta maladie (*voir la maladie* est « une expression chinoise qui, dans la bouche du médecin, signifie « soigner la maladie) ; mais ta mère ne veut pas. » — Veux-tu le baptême, mon enfant ? interroge la Sœur. — Oh ! oui ! répond la petite avec un désir impétueux dans la voix. — Et moi je ne veux pas, riposte brutalement la mère païenne. » Le lendemain, la mère de l'enfant était absente ; mais son père, plus irréductible encore, tenait la tête de la malade dans ses mains. Impossible de la baptiser, même sous prétexte de lotion. Désolée, la religieuse s'apprêtait à partir, quand le père se lève, lui met la mourante dans les bras et dit : « *Moumou*, je vais profiter de ce que vous êtes là pour aller dîner ; gardez bien la petite jusqu'à mon retour. »

On devine quel regard de joie échangèrent les deux femmes dès que la porte fut fermée. Vite de l'eau et la petite est baptisée dans une extase de bonheur. Pendant le quart d'heure que le père resta dehors, ce fut une conversation de paradis entre la nouvelle fille de Dieu et celle qui venait de l'enfanter à la grâce. Elle vécut encore deux jours, maîtrisant à grand'peine sa joie devant ses pauvres parents, puis elle s'envola, mais son visage, embelli par le baptême, fut jusqu'au bout comme illuminé d'une irradiation céleste.

Il y a des enfants qui exercent sur leurs parents un apostolat posthume. Une femme, baptisée jadis *in articulo mortis*, refusait avec obstination d'apprendre le catéchisme et de fréquenter l'église. « Quand tu seras au ciel, dit la religieuse à la fille mourante, appelle ta mère au catéchisme. » Deux jours après la mort de l'enfant, la religieuse rencontre la mère sur le chemin de l'église : « Où vas-tu ? — Eh ! à l'église, apprendre la doctrine. »

****

Il me faudrait maintenant parler des aveugles, des sourdes-muettes et des idiotes qui, par leur indocilité ou leur entêtement, exercent la patience des Mères ; parler surtout de *l'Étoile du Matin*, magnifique œuvre d'enseignement et d'éducation pour l'aristocratie païenne chinoise (1). Mais cela m'est impossible, sous peine de dépasser par trop les limites d'un chapitre. Terminons donc par un dernier trait d'apostolat populaire.

Mes adieux et remerciements étant faits à la Mère Supérieure, je sortais de la chapelle et partais, quand je rencontrai une vieille sœur coadjutrice. Dieu merci, sa naïve simplicité fut pour moi comme la fissure qui me permit enfin de jeter un regard furtif sur l'intérieur de ces âmes sublimes.

— Ah ! mon Père, fit-elle, quelle grâce le bon Dieu m'a faite ce matin ! Je conduisais les orphelines à l'église ;

---

1. Cent soixante-quatorze pensionnaires païennes. C'est exactement le pendant féminin de l'Université « l'Aurore ». Cet essai d'adaptation de nos méthodes françaises à l'instruction des Chinoises réussit au delà de toute espérance ; et il y a lieu de croire que les petites « étoiles » brilleront un jour dans le monde distingué de Changhai et de la Chine, pour l'honneur de la civilisation chrétienne et française.

tout à coup, une pauvresse se précipite, tenant son bébé sur un bras et de l'autre une cuvette pleine d'eau : « *Moumou,* me crie-t-elle, baptisez-la vite ! Elle meurt ! » Je regarde la petite ; vraiment elle était au dernier soupir ; alors je prends l'eau et la baptise. Quel bonheur, n'est-ce pas, Père ! Aujourd'hui, j'ai fait entrer une âme de plus en paradis !

— Est-ce votre premier baptême, ma bonne Sœur ?

— Oh ! que non ! que non ! Mais je vous assure, mon Père, que, pour un seul, je serais prête à quitter encore ma Bretagne, cent fois s'il le fallait.

— Mais savez-vous bien, ma bonne Sœur, qu'on a peut-être besoin de vous là-bas : en France aussi il y a des païens à baptiser..

— C'est vrai, mon Père, c'est triste. Mais je sais bien que je n'ai pas besoin d'être là pour les convertir : je crois à la Communion des saints... Ah ! si vous entendiez nos Mères : « Il faut absolument obtenir du bon Dieu que tous nos soldats redeviennent chrétiens, disent-elles ; comme ça, on aura la victoire. » Alors, maintenant, il ne s'agit plus de lésiner, il ne s'agit plus de lanterner, il faut aller tout droit au maximum de dévouement et de sacrifice. Aussi je vous assure qu'elles s'en donnent !...

— Et vous aussi, je pense ?

— Je tâche de suivre ; mais en Chine, mon Père, ce n'est pas difficile ; pas moyen de mener la vie doucette ; alors on est bien forcée de se sacrifier tout entière au bon Dieu ; aussi je ne sais pas comment remercier le bon Dieu de ma vocation à la Chine : car ici je sauve à la fois des Chinois et des Français, et plus de Français que si j'étais en France

Heureuses âmes d'habiter ces régions de la foi où l'influence du vouloir humain ne connaît plus les distances, où le moindre des actes acquiert une saveur d'éternité ! Femmes héroïques, qui sont bien de la race de Jeanne d'Arc et de Bernadette, unissant à la piété qui se recueille l'activité qui se donne ! Heureuses Mères surtout qui enfantent tous les jours pour le ciel, et qui vivent à leur insu, aux plus sublimes hauteurs morales, sans vertige, parce que l'héroïsme est devenu pour elles banal comme le devoir quotidien !

CHAPITRE IV

LA DERNIÈRE ÉTAPE

Par le P. P. MERTENS

Les chemins de fer chinois. — Comment on fait dérailler un train. — Réveil au pays des brigands. — Les contrôleurs armés de revolver. — Un officier chinois germanophile. — « Der Weltkrieg ». — Dernier adieu à la civilisation. — Le sol que l'on voudrait baiser. — Une Mission telle qu'on la rêve au jour de sa première communion. — L'enfouissement dans la nuit. — Une voix française !

16 *octobre* 1916. — La dernière étape commence : accompagné d'un jeune missionnaire, je monte dans l'express Changhai-Nankin : ligne bien construite, rapidité très respectable, wagons bien suspendus et aménagés à l'européenne, sauf une petite table immobile et gênante toujours fixée entre les banquettes. Bref, notre premier contact avec le réseau ferré de la Chine nous étonne en bien.

Sur ce réseau lointain, il n'est pas facile en Europe de se donner une vue d'ensemble. Pour que le lecteur en jouisse, il me suffira de lui mettre une carte sous les yeux et de lui rappeler que la Chine possède quatre grands chemins de fer :

1º La ligne *Pékin–Hankeou*, — construction et direction françaises, — qui met la capitale en relation rapide avec le centre du pays, et qu'on veut prolonger jusqu'à Canton ;

2e La ligne *Tsingtao-Tsinanfou*, jadis allemande, maintenant japonaise ;

3º La ligne *Changhai-Nankin* qui est chinoise ;

4º La ligne *Pukow-Tientsin* qui a mis Pékin à trente-six heures de Changhai. (En quittant Changhai à 7 h. 55 du matin, on est à Pékin le lendemain à 19 h. 50.) Exploitation où se mêlent des influences chinoises, japonaises et allemandes. Les Chinois

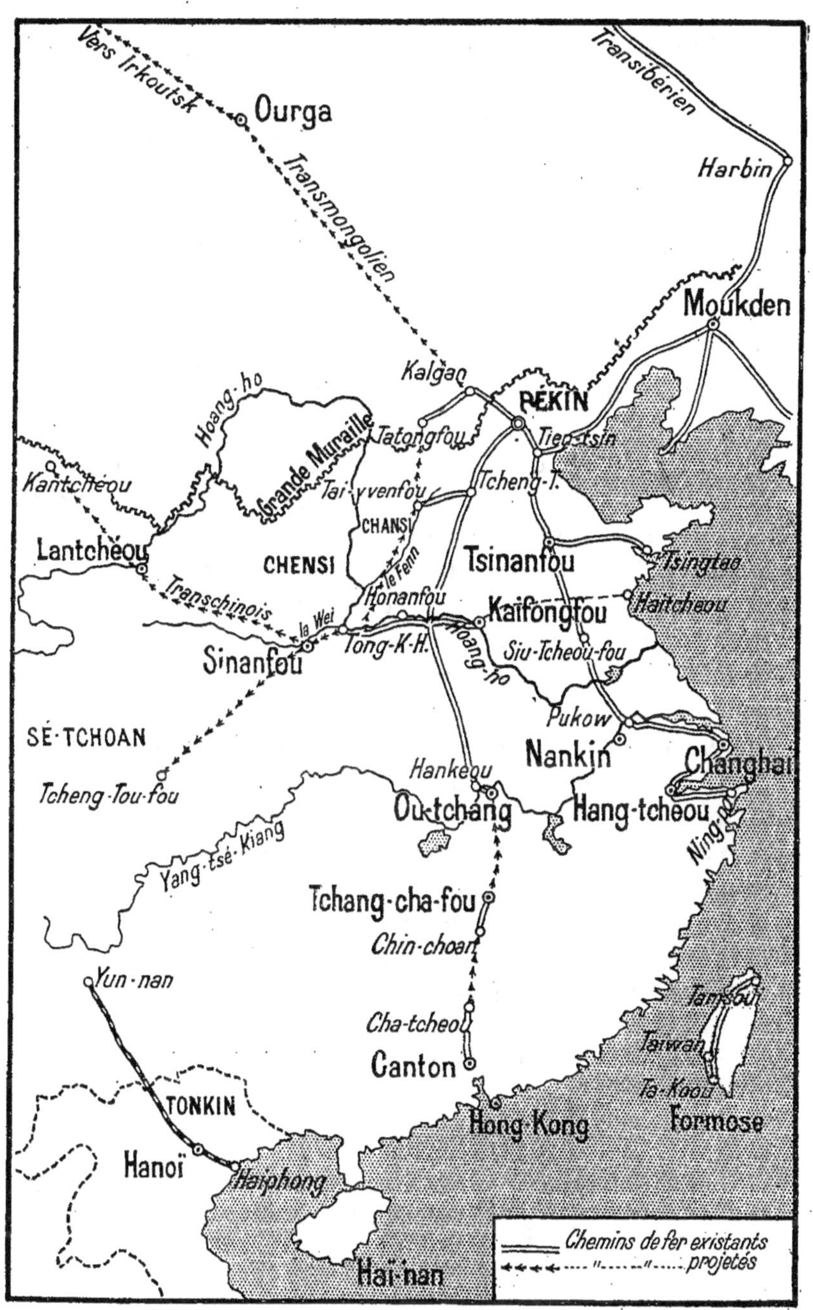

CHEMINS DE FER CHINOIS

La Légende dorée en Chine.   6

dominent dans le Sud, les Japonais dans le Nord. C'est encore un mécanicien allemand qui dirige un express sur deux.

A ces quatre grands chemins de fer, il faut ajouter la voie française du Yunnan, le tronçon français à voie étroite *Tcheng-ting-fou — Taiyuenfou*, quelques autres tronçons plus courts, et surtout deux grandioses projets dont des parties considérables sont déjà exécutées. Suivant le premier (français), le chemin de fer qui va de Pékin à Tatong-fou par Kalgan doit être prolongé jusqu'à Taiyuen-fou, descendre la riche vallée du Fenn, traverser le Hoang-ho à Tongkoang-hien, desservir Si-ngan-fou, l'antique capitale du Chennsi, aussi peuplée que Pékin, et enfin parvenir à Tcheng-tou-fou, au centre du grenier de la Chine, le Sé-Tchoan. Le second projet est dû à Lord Grey : la voie ferrée partirait de la côte à Haitchéou pour s'enfoncer résolument dans le *far-west* ; elle croiserait la voie française à Si-ngan-fou, remonterait la splendide vallée de la Wei, atteindrait enfin Lantchéou, et peut-être un jour parviendrait par le Turkestan, à percer une nouvelle fenêtre sur l'occident. De cet immense transchinois parrallèle au transsibérien, il n'y a encore que le tronçon *Kaifong — Honan-fou* qui soit construit (1). L'administration est franco-belge.

Après six heures de course à travers les rizières sans limites, puis entre les belles montagnes du Kiangsou, nous apercevons de hauts remparts crénelés qui enveloppent dans leurs circonvallations interminables plusieurs montagnes. C'est Nankin, la capitale du Sud, morte et triste, avec son quartier tartare ruiné, ses mornes pagodes silencieuses, ses troupeaux de boucs, paissant en pleine ville, et ses portes monumentales, mélancoliques, témoins des gloires enfouies sous ces ruines

17 *octobre*. — Après une visite sommaire de la ville et une ex-

---

1. On n'a aucune idée en Europe des épreuves auxquelles sont soumis les chemins de fer chinois. Une bande de villageois n'a-t-elle pas imaginé récemment d'enlever en une nuit presque tous les boulons de la voie Tsinan fou—Tientsin, sur une longueur de plusieurs kilomètres ? Le train du matin a déraillé et un Belge a été tué. A un missionnaire qui les sermonnait, ces bons paysans répondirent, superbes d'inconscience : « Que voulez-vous, ce fer est meilleur même que celui du Chansi ! » On a fusillé quatre ou cinq de ces voleurs. Mais comment surveiller des voies qui ont 1400 kilomètres de long ?

cursion aux tombeaux des Ming, nous traversons en barque le Yang-tsé-kiang. Large et majestueux, portant des centaines de voiliers et de vapeurs, navigable jusqu'au Sé-tchoan, il est la grande voie de pénétration vers l'intérieur. Mais ses flots jaunâtres lui enlèvent tout droit à s'appeler le « fleuve bleu ». Sur ses bords, je remarque les vastes installations du *Norddeutscher-Lloyd* fermées ; et je pense à la folie de l'Allemagne qui était en passe d'acquérir, en vingt ans, la maîtrise commerciale de l'Extrême-Orient et qui a fait de ce bel avenir l'enjeu des hasards d'une guerre inexpiable. Nous débarquons à Pukow, faubourg de Nankin, au nord du fleuve. A vrai dire, ce n'est qu'une grande gare, point de départ de la ligne de Tientsin.

C'est là que nous fut donné un des spectacles qu'on ne voit guère qu'en Chine : les soldats du gouvernement fraternisant avec ceux du fameux général Tchang-chun, en révolte contre ce même gouvernement. *Tchang-chun* est un chef condottiere illettré, mais intelligent et hardi qui, après avoir aidé à la fondation de la république, a été nommé chef de corps dans la grande ville de Siu-tchéou-fou, entre Nankin et Tientsin. Par des soldes régulières et abondantes, il s'est attaché ses soldats, a grossi son armée de tous les brigands du Kiangsou, les a disciplinés et se trouve aujourd'hui à la tête de vingt-cinq mille hommes bien exercés, bien armés qui lui sont dévoués jusqu'à la corde. Au mois d'août, le gouvernement central, pour l'éloigner, le nomma préfet du Ngan-hoei. Mais Tchang-chun déclara qu'il restait au milieu de ses troupes ; bien plus, il s'est fédéré avec douze autres généraux, et a fondé avec eux la « ligue des treize provinces ». Ces chefs viennent de se réunir à Siu-tchéou-fou. A l'issue de la conférence, Tchang-chun a envoyé au ministère un manifeste violent, publié par les journaux. Il y déclare que les généraux ligués développeront leur force militaire, réclament la revision de la Constitution et exigent la démission immédiate de Tsang-yao-tseng, ministre de la justice.

Les choses en sont là : Pékin attend, Tchang-chun règne et se fortifie. Situation grosse de péril, qui ailleurs amènerait à bref délai l'écroulement de l'édifice social (supposez en France treize chefs de corps fédérés contre le gouvernement !) et qui laisse debout le massif État vingt fois séculaire. *Mole sua stat.*

Sur les quais de Pukow, ce sont encore les gouvernementaux qui gardent la voie ; les autres soldats ne sont que de simples voyageurs désarmés qui gagnent Siu-tchéou-fou. Mais, à la grande gare suivante, Peng-pou, ce sera l'inverse : nous verrons les soldats du brigand, rangés et armés, surveiller d'un œil fraternel les allées et venues des réguliers. Entre les deux troupes, le contraste est frappant. Robustes gars du Tchély, bâtis à chaux et à sable, les traits rudes, les épaules carrées, les lèvres grosses, les gouvernementaux ont une tenue correcte et presque européenne. La tête est rasée, l'uniforme est jaune. Les hommes de Tchang-chun sont en bleu, casquette à liseré rouge, crasseuse chevelure noire avec queue descendant aux genoux. Les lèvres plus fines, la peau plus lisse, les traits plus féminins rappellent les sudistes de Changhai dont Pékin se défie tant ; mais c'est bien le débraillé, l'impolitesse, la saleté et la brusquerie de vrais bandits.

A quinze heures trente, l'express Pukow — Tientsin s'ébranle. Nous devons être à Siu-tchéou-fou à vingt-trois heures vingt-neuf. Le pays est moins riche. Les gares se succèdent et les heures s'écoulent, monotones. Enfin le soir tombe. Dans le wagon silencieux et à peine éclairé, je m'endors profondément et m'enfonce dans un rêve macabre de brigandage et d'assassins. Vers le milieu de la nuit, réveil en sursaut : une main vigoureuse me secoue. A la lueur d'une lanterne sourde qu'on braque sur mon visage, je distingue un contrôleur galonné jusqu'au coude : c'est tout bonnement la vérification des billets. Mais quelle solennité, quelle défiance les uns des autres, quel luxe de précautions ! Deux soldats bleus pour garder le contrôleur ; deux assesseurs pour contrôler son contrôle ; tous révolver à la ceinture. Je tire ma montre : minuit moins le quart ; je regarde le nom de la gare : *Siu–tchéou-fou*, la capitale de Tchang-chun. Mais bientôt le train repart, et voilà la seule aventure dont j'ai joui en traversant le pays des brigands.

18 *octobre*. — Le lendemain, au réveil, un splendide lever de soleil éclaire un paysage tout nouveau : hautes montagnes bien découpées, torrents et futaies, gaies vallées vertes semées de fermes.

Les soldats bleus se sont évanouis ; les soldats de Pékin étalent,

ÉGLISE DE SIEN-HSIEN

à toutes les gares, leurs uniformes jaunes, leur politesse et leur
propreté. Un petit contrôleur japonais circule seul dans le wagon,

muet et modeste, tiré à quatre épingles, évitant d'ajouter un trou de plus à nos billets qui en sont criblés. C'est le Chantong.

Huit heures. — Tsi–nan-fou, grande ville bien bâtie, destinée, semble-t-il, au plus bel avenir commercial et industriel, car elle est le débouché naturel des bassins de houille chinois les plus vastes du monde, à fleur de terre et jusqu'ici peu exploités. De cette ville, reliée par voie ferrée à Tsing-tao, les Allemands avaient fait comme le quartier général et le centre de leur propagande commerciale. Malgré leur défaite de Tsing-tao, leur influence reste importante dans le pays. En voici un indice suggestif : le train était à peine reparti, que je vis un jeune officier chinois, dernière mode, tirer de sa poche un livre aux couleurs criardes. Je parviens à en lire le titre : *Der Weltkrieg.* Longuement, et de plus en plus enflammé par son sujet, il explique aux soldats qui l'entourent les photographies du volume. C'est là que je me rendis compte pour la première fois de quelle chaleur oratoire sont capables ces Chinois si réservés ; et combien leur langue à demi chantée prête à l'éloquence.

Quand il eut fini, je lui demandai le livre et il me le prêta aimablement : c'était imprimé à Leipzig, en 1916, et en regardant ces photographies, je reconnus la morgue de ces officiers et de ces soldats que j'avais vus à Spa le soir du 4 août 1914 violer le sol de la Belgique neutre (1).

Comment cet ouvrage est-il parvenu là ; comment sont arrivés les journaux, les illustrés, les revues, et les livres allemands qu'on voit à Tokio et à Changhai traîner sur les tables des cafés et dans les antichambres des hôtels ? Sans doute par Bergen et l'Amérique ; peut-être aussi par les paquebots hollandais qui font le service direct entre Rotterdam et New-York. D'ailleurs, il faut reconnaître que la propagande des Alliés en Chine n'est pas moins active, et, pour une brochure allemande, on en trouve souvent deux ou trois françaises ou anglaises.

En tout cas, les deux partis ont parfaitement compris l'importance de l'opinion chinoise, et que, pour les reconstitutions

---

1. Voir « *Impressions de guerre* » réunies par Léonce de Grandmaison. Livre II. L'entrée des Allemands en Belgique par la route Malmédy-Spa-Liége.

d'après-guerre, la Céleste République sera le plus riche grenier à
blé, la mine inépuisable de houille et de fer.

Potowchen. — Nous descendons et le lourd train s'enfuit dans
un nuage de poussière ; avec lui, semble-t-il, c'est le dernier ves-
tige de l'Europe qui s'efface, c'est le dernier contact avec la civilisation qui se perd. Désormais il n'y a plus devant nous que l'indicible bonheur de l'enfouissement dans l'amour de Dieu et l'oubli
du reste... Nous passons le canal impérial et faisons nos premiers
pas sur le sol de la Mission, ce sol bien-aimé que l'on voudrait
baiser. Bientôt nous montons en char chinois et commençons
de rouler sur la plaine sans limite. Il est midi, nous en aurons pour
jusqu'à la nuit tombée avant d'atteindre Sien-hsien.

Le Tchéli-sud-est, en effet, n'est pas encore de ces Missions
modernisées qui ont sous la main téléphone, télégraphe, postes,
automobiles, tramways, chemins de fer, toutes les inventions de
l'Europe ; il reste un peu, — même beaucoup, — la vraie Mission
d'autrefois, la Mission lointaine, perdue, étrange, broussailleuse,
non civilisée que rêve le collégien en lisant Saint François Xavier.
Loin de moi, certes, en écrivant cette phrase, la pensée de déprécier
ces commodités de la civilisation, puisqu'elles sont, dans la pensée
de Dieu, et deviennent, en fait, finalement des routes d'apostolat.
Mais comment me déplairait-il de trouver ma Mission telle que je
l'ai conçue et aimée au jour de ma première communion ?

Sur la piste de terre durcie, les mules trottent à grande allure :
sarabande infernale pour nos pauvres os, inaccoutumés aux
méthodes chinoises de voyager. Quelques chars à bœufs maussades
nous croisent ; petits ânes vifs à grelots, villages poudreux aux
misérables cases de terre, pauvres enfants nus qui accourent voir
passer les diables d'Occident ; et toujours, toujours, la monotone
plaine grise aux glèbes innombrables, chauves de toute végétation.
Les heures coulent, et voici que, silencieusement, la nuit tombe,
une de ces belles, une de ces solennelles nuits d'Orient, au grand
ciel de velours noir, chatoyant, cristallin, mystérieux, profond,
avec la féerie de myriades d'étoiles que la pureté de l'air agrandit,
et qui vous caressent l'œil de leurs rayons d'argent. La lune se
lève, splendide, d'un éclat presque métallique. On dirait une

grosse goutte de mercure en suspension dans un océan d'encre noire.

Sur la solitude sans limite, inondée de ses rayons blafards, plane lourdement le morne silence nocturne ; seul le tintouin à peine perceptible de quelques gongs lointains glisse parfois dans l'air muet comme une ride à la surface de pesantes eaux mortes...

Longue impression d'isolement absolu au milieu de l'immensité chinoise.

Cependant, on approche ; nos chars s'engagent dans un nouveau village : mais cette fois-ci, au bout de la ruelle ténébreuse, un haut rempart sourcilleux se dresse qui monte peu à peu, voilant les étoiles. Ravissants jeux de lune dans ses meurtrières ; cinq minutes encore de tressautement douloureux, appels de voix dans la nuit, aboiements de chiens, quelques monosyllabes rauques de la langue inconnue, bruit de chaînes et de verrous, dernier et formidable soubresaut sur le seuil de pierre ; puis tout à coup, — guérison de tous les maux, oubli de toutes les fatigues, pure joie de l'arrivée, — le son clair d'une voix française et fraternelle : « Cher Père, soyez le bienvenu dans la Mission du Tchély ! »

CHAPITRE V

DANS UNE FERME CHINOISE

Par le P. P. Mertens

Prédiction d'un vétéran. — « Le soutien des nuages ». — Saint Joseph sup-
plante l'idole. — Mon vieux professeur de chinois. — Comment on se con
fesse en Chine. — La « Mère Église ». — Premier sermon. — L'eau
Fleuve Jaune. — « Pour Dieu ! Travaillons ! »

La veille de mon départ de Paris, en juillet 1916, je rencontrai,
chez le commissaire de police de la rue d'Assas, un vénérable missionnaire attendant comme moi un laissez-passer. Tandis que je
contemplais sa majestueuse barbe blanche, il daigna remarquer
les poils hirsutes qui pointaient à mon menton. Nos regards se
rencontrèrent ; nous nous mîmes à rire et il me demanda :

— Vous allez en mission ?

— Oui, en Chine !

— Moi, j'en reviens. Les missions de là-bas sont dures ; vous
verrez ! Mais je puis vous promettre, du moins, cette consolation :
au bout de quatre mois, vous serez capable d'entendre les confessions. »

Prédiction trop belle pour se réaliser à la lettre ; la langue chinoise passe pour si rebelle aux mémoires occidentales.

Pourtant, à un mois près, la promesse du vétéran se trouva
accomplie. Arrivé à Sien-hsien (1), le 18 octobre 1916, je pus confesser et prêcher les 17, 18 et 19 mars 1917. *Deo et Mariæ gratias* !

Et ce que je vous envoie aujourd'hui, ce sont mes premières
impressions d'apostolat, mes débuts dans cette vie de mission-

---

1. *Sien-hsien* ou plutôt le hameau de Tchang-kia-tchoang tout proche,
est la Résidence centrale du Vicariat apostolique du Tché-li Sud-Est.

naire, si ardemment désirée, si longtemps attendue et enfin obtenue grâce à la Reine des apôtres.

*
* *

A douze *lis* (1) à l'est de Sien-hsien, s'élève une colline sablonneuse, plantée de pins sauvages et que les Chinois appellent *Yunn-tai* (*le soutien des nuages*), nom bien solennel pour une taupinière de 20 à 25 mètres d'élévation, mais qui s'explique si l'on songe que c'est l'unique relief du sol à 40 kilomètres à la ronde. Quand nos bons Chinois du Tché-li entendent parler de *montagne*, la seule forme sensible qui puisse se dessiner dans leurs imaginations n'est autre que ce modeste *Yunn-tai*, qu'ils voient si souvent par les temps clairs arrondir au loin sa gibbosité sur l'horizon rectiligne et qui, par les temps couverts, leur semble soutenir la voûte des lourds nuages, comme une massive colonne.

Or, ce *Yunn-tai* n'est qu'un monticule artificiel.

Jadis, — il y a de cela bien des siècles, — il a été construit de main d'homme pour recouvrir la tombe de je ne sais quel mandarin.

Ce grand inconnu était, paraît-il, devenu, après sa mort, *Chenn*, c'est-à-dire un esprit, vaguant de par le monde, protégeant ses dévots, ruinant au contraire et même faisant périr les gens indifférents à sa gloire. Amplifier sa sépulture fut, dès lors, regardé comme une œuvre pie, et les pauvres païens de croire que chaque pelletée de terre, par eux apportée à son tumulus funéraire, leur gagnait une sorte d'indulgence.

Au bout de quelques générations, le *Yunn-tai* acquit une hauteur respectable. Au sommet, s'éleva une petite pagode où s'accomplirent mille superstitions.

Quand nos Pères s'établirent dans le pays, ils résolurent de remplacer le pagodin par un sanctuaire.

En dépit de mille difficultés suscitées par les païens, ils firent

---

1. La valeur moyenne du *li* est de 600 mètres.

l'acquisition du terrain ; la pagode fut abattue, une vaste chapelle s'éleva en bas de la colline, et le doux patriarche de la Sainte Famille supplanta le vieux *chenn* superstitieux.

Yunn-tai devint la montagne Saint-Joseph.

Autour d'elle se groupent maintenant les stèles de nos défunts.

CHAPELLE DE LA MONTAGNE SAINT-JOSEPH

Sur ses flancs verdoient des cultures. Un vignoble nous fournit notre vin de messe, et un potager, nos légumes.

L'ensemble constitue, à la fois, une ferme modèle et un lieu de pèlerinage. De pauvres paysans font fructifier de leur mieux le domaine et c'est à eux que, au mois de mars dernier, je donnai les prémices de mon ministère apostolique.

On m'envoya leur prêcher la fête du grand patron des travailleurs chrétiens.

L'avant-veille de la fête, la samedi 17 mars, je quittai Sien-hsien, sur le classique char chinois, étroit, sans ressorts, accompagné de mon vieux maître de langue, le *Tchao-siencheng* (1).

Le Tchao-siencheng frise la soixantaine ; beau front découvert et grave, barré de trois grandes rides horizontales et comme revêtu de la sérénité d'un sage ; de bons yeux gris, très doux, malicieux et souriants ; une large bouche, admirablement — je puis dire : providentiellement ! — organisée pour articuler à la perfection les syllabes qu'elle doit m'apprendre à prononcer ; petites mains souples et féminines, à l'index calleux à force de montrer les caractères et de manier le pinceau. Enfin, — et c'est ici le signe distinctif, le caractère dominant qui lui a valu son surnom de *tapize*, c'est-à-dire *grand nez*, — un glorieux appendice aquilin, objet des plus rares en ces régions.

Malgré ses yeux malins, ses lèvres fines et son grand front pensif, on le prétend peu intelligent. Les mauvaises langues racontent qu'il s'est présenté neuf fois sans succès au premier degré des premiers examens.

Mais, moi, je l'aime, mon bon vieux maître, pieux, doux, respectueux, docile, serviable, et si patient pour l'Occidental ignare qui, à 36 ans, en est encore au *b, a, ba* ; ne sait ni lire ni écrire et dont il doit corriger cinquante fois les mêmes fautes. Depuis cinq mois, chaque jour, nous restons en tête-à-tête longuement à marteler les syllabes étranges, les sons inouïs, les mots rebelles, les phrases récalcitrantes, les tournures irréductibles. Ah ! que la langue chinoise se défend bien des prises de l'esprit latin !

Après la Sainte Vierge, n'est-ce pas à mon vieux Siencheng que je dois de tenir enfin la victoire ?

Depuis que je sais le *Iaou Malia* (*Ave Maria*), nous le chantons ensemble, à genoux, avant chaque leçon.

Qu'il y a de ferveur dans sa voix et de piété dans son attitude !

---

1. *Tchao* est un nom propre. *Siencheng* était autrefois l'appellatif réservé aux maîtres d'école, aux bacheliers, aux lettrés. Depuis la chute de l'empire, n'importe quel citoyen, depuis le dernier des commis jusqu'au président de la République, a droit à ce titre. Bref, maintenant, il a le même emploi que le mot *monsieur* en France, sauf qu'il se met après le nom propre. On dit le Tchao Siencheng comme on dirait le sieur Un tel. D'ailleurs, le sens étymologique (*cheng*, né ; *sien*, avant) est le même que celui du mot sieur (plus âgé, *senior*).

Parfois je l'ai regardé du coin de l'œil : ses petites mains d'enfant sont jointes ; ses yeux candides se perdent en haut vers mon tableau de la Vierge ; ses lèvres savourent au passage les syllabes saintes des noms *Jesou, Malia.*

J'ai constaté aussi dans cette âme simple un sens du catholicisme et, si j'ose dire, un instinct de l'orthodoxie étonnamment sûr.

Parlant avec lui du purgatoire, de la conscience, du culte des saints, etc., il m'est arrivé d'employer un terme mal choisi, tant soit peu discutable. Cela n'a jamais passé sans protestation.

A peine lâché le mot malencontreux, notre homme, comme piqué par une aiguille, bondissait en arrière, articulant fortement le *Pou toei* (pas juste) de la réprobation. Et je voyais tout de suite à son ton et à ses yeux que là-dessus il n'y avait pas à tergiverser. C'était l'*anathema sit !* sans réplique, la décision irréformable, fulgurée *ex cathedra.* Or, chaque fois que j'ai interrogé le Dictionnaire ou les Pères au courant de la langue, j'ai constaté que son expression était parfaite et la mienne équivoque, que j'avais, par exemple, appliqué au culte des saints une épithète réservée au culte d'hyperdulie, ou nuancé le feu du purgatoire des couleurs de l'enfer.

J'ignore si le Tchao-Siencheng est intelligent ou un *minus habens* ; en tous cas, il a été bien formé, il a compris que, pour le prêtre, une nécessité absolue s'impose de n'apprendre en matière religieuse que des mots et des tournures irréprochablement exacts, orthodoxes, et il veille sur cette orthodoxie avec la sévérité d'un inquisiteur.

Pardonnez-moi de vous avoir arrêté si longtemps devant mon premier ami chinois, remettons-nous vite sur la route du mont St Joseph.

* *
*

Nous roulons, nous dansons, nous tressautons sur la piste durcie et raboteuse au milieu de la grande plaine grise illimitée.

Quelques villages poudreux sont traversés. Plus loin voici une digue de sûreté contre les inondations du Cha-ho (1), la sépulture-pagode du célèbre Hien-Wang, et bientôt la sainte colline se montre avec son clocheton surmonté de la croix et ses tombeaux blancs épars au milieu des pins.

A cinq heures du soir, nous sommes rendus à notre destination

L'administrateur de la propriété me conduit aussitôt à la chapelle.

Dominant l'autel, un tableau venu d'Europe, fort touchant et même artistique, représente le glorieux patron de la bonne mort expirant doucement entre les bras de Jésus et de Marie.

C'est donc bien ici la chapelle de la bonne mort. Le long du mur, le brancard du cimetière attend la dépouille mortelle du prochain défunt, et j'espère bien qu'un jour il me portera à l'une des places encore vides entre les tombes des intrépides missionnaires, *vita juncti*, dont je ne méritais point de partager les couronnes... *Non meis meritis dedit mihi Deus vestris coronis participem fieri.*

La visite à la chapelle terminée, mon aimable introducteur m'installe dans une chambre d'un bâtiment séparé, ordinairement inhabité, à quelque distance de la ferme.

Puis, je récite mon bréviaire et je fais une promenade dans le vignoble, tout en disant de-ci de-là un mot de la fête aux ouvriers que je rencontre.

*
* *

A sept heures et demie, « le Père de l'âme ouvre l'œuvre. » C'est

---

1. Le *Cha-ho* ou fleuve de sable, est une assez grande rivière, sur laquelle circulent, de Tien-tsin à Sien-hsien, un vapeur quotidien et d'innombrables barques à voile. Quand il menace de déborder, les riverains du Sud, pour détourner le fléau, accourent par centaines avec pioches et pelles, montent en barques et tentent d'ouvrir la digue nord. Mais les riverains du Nord en veulent faire autant à la digue sud. De là batailles nautiques, fusillades d'une rive à l'autre, noyades et meurtres, parfois les deux partis l'emportent, l'un en amont, l'autre en aval ; et le fleuve, sans résistance, déverse par les deux ouvertures béantes ses terribles flots sur le pays entier, nord et sud ! Les récoltes sont submergées partout. Il s'ensuit pendant de longs mois la misère et la famine : triste résultat de l'égoïsme païen ! C'est pour écarter ces inondations autant que les brigands, voleurs et Boxeurs, que nous avons dû entourer notre résidence de remparts.

la formule usitée ; elle signifie : « Le prêtre commence à confesser. »
Pour dire « se confesser » nos fidèles disent également : « Exécuter
la sainte œuvre ». La confession est pour eux l'action
spirituelle et sanctifiante par excellence

A L'ENTRÉE DU CIMETIÈRE DE LA MISSION

Et comme, vraiment, ils se confessent de façon touchante !

Le chrétien qui entre dans la chambre du confesseur ferme
d'abord très soigneusement la porte ; puis, à trois pas du prêtre,
il lui fait la grande prostration, le plus respectueux des rites chinois, le fameux *Keue-teou* (frapper le sol de la tête). Se tournant
ensuite vers le crucifix, il lui fait aussi le *Keue-teou*. Puis, toujours

à genoux par terre, il trace lentement, solennellement, sur son corps l'antique signe de croix portugais.

Le *Confiteor* terminé, il se relève, s'agenouille sur l'escabeau, et, la bouche près de l'oreille du prêtre, accuse ses péchés.

La formule finale est toujours :

« Tous les péchés que j'ai commis depuis mon baptême, je supplie le Père de vouloir bien me les pardonner complètement ! »

Pauvres chères âmes, naïves et simples, riches de foi, emprisonnées en des corps boueux, malpropres, grossiers, malodorants, quelles pures joies j'ai goûtées près de vous en cette première soirée d'apostolat, dans cette chambrette chinoise, à peine éclairée d'une faible lampe, à mille lieues de la France et de tous ceux que j'ai quittés pour l'amour de vous !

Quelle merveille que deux hommes qui ne se sont jamais vus, ni parlé, deux hommes séparés par l'abîme sans fond de deux civilisations absolument différentes, de deux races, de deux nationalités, de deux langues, de deux mentalités aux antipodes l'un de l'autre, s'entretenant pour la première fois, se comprennent, et s'aiment, et se confient, et se montrent leurs cœurs, et qu'ils pleurent tous deux de s'être dévoilé l'un à l'autre, l'un son repentir et l'autre sa pitié !

Vraiment l'Église catholique seule peut réaliser ce paradoxe, la « Mère Église » qui presse à la fois sur son cœur ses deux fils si différents et les unit pour le pardon dans un même embrassement !

*
* *

Le matin du lundi 19 mars, il y eut messe communion générale, sermon.

Sermon !... Fut-il compris ? Ne le fut-il pas ? C'est un mystère que je ne percerai que dans l'éternité... malgré les attestations enthousiastes des plus notables auditeurs qui vinrent me féliciter : « Le Père prononce le chinois parfaitement ! Le Père prêche merveilleusement ! Tous les ouvriers ont compris sans difficulté !... etc., etc. » Compliments obligés en pareille occurrence.

Quoi qu'il en soit, une grande joie allait, en cette même matinée, faire oublier tout à fait mon sermon et donner ample pâture aux bavards de la localité.

Les offices terminés, les gens étaient allés à leur besogne coutumière.

Au moment où j'achevais mon déjeuner, j'entendis tout à coup retentir des cris d'allégresse : « Le puits est percé ! le puits est percé ! ! »

Je dois vous dire que notre mission occupe le fond d'une ancienne mer desséchée, jadis prolongement du golfe du Pétchéli.

Sous une couche de limon très fertile amené par les inondations, s'étend un lit très épais de terre sablonneuse et saline. Bien au-dessous filtrent les eaux douces du lointain Hoang-ho (Fleuve Jaune).

Or, depuis de longues semaines, on creusait le sous-sol pour atteindre cette nappe d'eau potable. Et on travaillait en vain. Le puits mesurait déjà 75 mètres de profondeur et les moyens primitifs de nos puisatiers chinois allaient se trouver impuissants, quand, tout à coup, dès les premières minutes du travail, en cette belle matinée de la Saint-Joseph, la poche d'eau creva enfin, et un flot jaillit remplissant tout le fond du puits.

Alors ce furent des cris de joie, une danse folle, puis une activité fébrile : les uns creusent une conduite vers les plantations, d'autres constituent vaille que vaille, au moyen de briques, une sorte de bassin de déversement ; d'autres égalisent le terrain pour la manœuvre des tireurs de corde qui bientôt vont remonter l'eau dans de grands seaux en paille de roseau.

Les plus habiles remplacent la roue perforatrice par deux fortes poulies où circuleront les cordes. En dix minutes, tout est prêt. L'eau arrive, d'abord boueuse, puis courant à pleins bords, bouillonnante et claire, dans les conduites trop étroites.

Deux équipes vont et viennent sans fin, remontant les seaux. Et nos grands enfants courent, sautent, gambadent, tombent, rient, se relèvent et reprennent leur course endiablée, tandis que les longues queues des chevelures et les ceintures aux couleurs criardes volent en l'air et s'entremêlent.

On ne s'aperçoit même pas que je m'apprête à partir. On s'interrompt à peine pour entendre mon mot d'adieu : « Ne travaillez pas comme les païens, leur dis-je ; travaillez pour Dieu ! *Wei Tien-tchou* ! »

Je quitte non sans regret ces heureux travailleurs. Mon char m'emporte au grand trot, tandis que des cris joyeux retentissent derrière moi : « *Wei Tien-tchou* ! *Wei Tien-tchou* ! (Pour Dieu ! pour Dieu, travaillons !) »

CHAPITRE VI

LE VILLAGE QUI COMMUNIE TOUS LES JOURS

Par le P. P. Mertens

Féerie matinale. — Une journée de char. — Village monastique. — La prière chantée. — Peut-on communier les bébés à la mamelle ? — Pie X obéi. — La confession éducatrice du peuple. — Gracieux et souples, les petits chanteurs... — Horribles traits de mœurs païennes. Un parricide. — Les mendiants voleurs. — Une belle poule pour 25 centimes. — « *Le voici l'Agneau si doux* ! » — La dernière communion de deux octogénaires.

Jeudi 29 mars 1917. — Départ à l'aube à peine blanchissante. Il s'agit de parcourir 90 lis (55 kilomètres), non point en wagon certes, pas même en voiture : — une voiture a généralement des ressorts, une banquette, des coussins, — mais en char chinois, c'est à vrai dire dans une haute brouette à deux roues, tirée par une paire de mules en flèche.

Le paysage est d'abord morne, grave, silencieux. La grande plaine déserte étale à perte de vue une nature d'immobilité et de mort.

Mais peu à peu, les dernières étoiles s'effacent.

L'horizon étonnamment net et rapproché se peint d'exquises nuances vertes, or, orangées; sur l'immense et plat Tché-li, qui ne porte pas une colline à 600 kilomètres à la ronde, la coupole rouge du soleil surgit comme une montagne de braise ardente, et ses flèches de lumière dorée parallèles au sol allongent à l'infini l'ombre du char et des mules.

Mais hélas ! la féerie matinale se noie bien vite dans l'incandescence blanche, éblouissante, irradiée d'un long midi, et nous courons sans trêve, des heures et des heures ; et le film ininterrompu des mêmes bouquets de saules, des mêmes villages poudreux, des mêmes champs illimités, circule inexorablement devant les yeux qui papillotent.

Un trajet Bordeaux-Paris en été, quand les minutes sont si lourdes et si semblables, et si lentes à couler, quand on compte les heures avant la sortie du wagon-prison, semble parfois interminable. Que serait-ce donc alors d'une journée de char chinois, sous le ciel chinois, devant le paysage chinois, s'il n'y avait le remède bien connu de tout missionnaire... Je l'emploie aussitôt, et m'en trouve bien, Dieu merci ; car jamais je n'ai si délicieusement prié que pendant cette journée de char.

Vers onze heures, courte diversion ; quelques visions plus variées s'intercalent dans le cinéma monotone : c'est le *Cha-ho*, avec son pont très animé, et ses voiliers chargés de houille qui remontent de Tientsin à Sien-hsien. Nous étanchons notre soif, achetons quelques galettes et repartons au grand trot.

Quelques moments encore, en me retournant vers le sud, je puis apercevoir les ailes des grandes voiles blanches qui planent au-dessus des berges du fleuve ; puis, le cercle de l'horizon se referme, et nous voici de nouveau perdus sur l'immense océan des glèbes blondes.

Vendredi 30 *mars.* — *Fan-kia-kata* (1), — le tertre de la famille Fan, — est un gros village tout chrétien, célèbre par le siège de 1900, durant lequel les Boxeurs faillirent l'affamer. La petite armée chrétienne ne dut son salut qu'à une vigoureuse sortie qui la rendit maîtresse des canons et des provisions ennemis.

Ces canons ornent encore l'entrée du bourg. Sur l'un d'eux, je lis : « *I-Houo-San-Tchoan*, 3ᵉ compagnie de l'armée de la justice. » C'est de ce beau nom que se décoraient ces brigands.

L'église est jolie, profilant sur un ciel d'Italie, d'un bleu profond, une vingtaine de clochetons neigeux. Aux murs de la façade, en grands caractères or sur fond rouge, se déroulent de haut en bas les vers fameux que l'empereur Kang–hi, le Louis XIV de la Chine,

---

1. *Kata*, le tertre, est, avec *Tchoang*, la ferme, *Kiao*, le pont, et *Ts'ounn*, le village, la terminaison courante des noms de lieu au Tché-li. — *Kia*, signifie famille. Le premier nom est toujours un nom d'homme, d'ancêtre. *Tchang-kia-tchoang* n'est autre que « la ferme de la famille Tchang », *Tsang-kia-kiao* est « le pont de la famille Tsang », etc.

composa pour les églises catholiques : *L'Incommencé, l'Infini créa les choses visibles et sonores,...* etc.

Mais l'église matérielle n'est qu'un pâle symbole de la paroisse, l'édifice spirituel, fait de pensées et d'amours, construit, avec des âmes ; et c'est dans ce sanctuaire que le missionnaire, du fait des messes célébrées, des communions données, des confessions entendues, a la joie de pénétrer et d'habiter.

Dès le premier jour, on se sent pris dans l'engrenage de la vie

MARCHANDAGE EN PLEIN AIR

paroissiale. Ce matin, je me suis réveillé aux sonorités graves, douces, vibrantes, d'une grosse cloche de bronze qui, tous les jours avec une régularité monastique, donne le signal du lever pour toutes les familles.

Nos Chinois s'habillent vite, n'ont guère d'objets à ranger, ne se lavent point du tout. Grâce à ces méthodes expéditives, il leur est facile d'être à l'église dix minutes après le lever. Aussi quand j'entre, tout le village est déjà là, réuni pour la prière du matin.

L'aspect est saisissant : la voûte reste encore à demi perdue

dans la nuit. Plus bas, à la hauteur des fenêtres, une aurore dis-
crète de recueillement et de prière envahit peu à peu l'église. En
dessous, flottent mystérieusement mille formes imprécises. Mais
bientôt, çà et là, le soleil commence de filtrer à travers les verrières
aux couleurs criardes, enfonçant au sein des ombres ses pinceaux
de lumière, et j'entrevois, dessinés par eux, quelques rudes profils
de travailleurs, quelques mains jointes tendues, un naïf visage
d'enfant aux grands yeux levés en haut, le tout ignoblement
bariolé de vert, de rouge, de violet brutal.

Toute la foule est à genoux *in plano*, sur de légères nattes de
paille qui recouvrent le sol dallé : à droite, les femmes ; à gauche,
les hommes, non moins nombreux, plus recueillis ; dans le transept
du côté de l'Épître, les filles ; du côté de l'Évangile, les garçons ;
les tout-petits sont accroupis près de l'autel, et parfois d'un pas
velouté trottinent le long du banc de communion. Et l'église est
pleine, et quasi personne n'est resté chez soi, et l'on peut dire que
tout le village est là, depuis les bébés dans le giron des mères,
jusqu'aux plus courbés des vieillards qui sont venus, appuyés
sur leurs petits-fils.

Un second coup de cloche et la prière commence. Lentement,
solennellement, d'un ton faible et bas qui monte peu à peu, le
conducteur de la prière — le *ling-kingti* — chante le grand signe
de croix de Macao : « Par le saint signe de la croix, que Dieu notre
Seigneur nous délivre de nos ennemis ! Au nom du Père, et du
Fils, et du Saint-Esprit. *Amen.* »

Alors, dans l'assistance, c'est un bruissement très doux d'étoffes
frôlées, de voix murmurantes ; toute la foule se signe et accompagne en sourdine.

Puis, le *ling-kingti*, amplifiant la voix, entonne la sublime
prière du matin : « *Tsai T'ien* (1) *neue tang foutchee...* Dans le ciel,
Dieu notre père... », et toute la foule, d'un bourdonnement con-

---

1. *T'ien* signifie *ciel* ; mot fameux, sur lequel on a tant discuté au dix-septième
siècle. Nous faisons tous, en arrivant en Chine, le serment de ne pas l'employer
pour désigner Dieu.

tenu, puissant, imprégné d'infini respect, suit son chef dans sa montée vers Dieu.

Et d'entendre cet antique *Pater*, que vingt siècles de foi ont répété, de l'entendre si loin de chez nous, dans cette langue étrange, chanté par cette foule chinoise, dans ce village perdu d'Extrême-Asie, cela me fait frissonner d'émotion, et je réalise d'une façon nouvelle la grande merveille de la catholicité de l'Église.

Le chant est très solennel, uniforme, posé, s'avançant lentement d'un pas de procession, théorie de longues notes prolongées, chacune savourée à loisir en une sorte de troisième manière de prier(1).

C'est un milieu entre un simple récitatif et notre plain-chant. Le plus souvent les voix se balancent entre deux tonalités, l'une plus élevée, l'autre médiocre, entre deux temps, l'un fort, l'autre faible, avec seulement, çà et là, quelques croches légères qui grimpent prestement, comme par des degrés d'escaliers, de l'étage sonore inférieur au supérieur.

Mais il y a des moments où la musique se mue, se transforme, se surnaturalise en sonorités hautes, pleines, variées, inattendues, sublimes, où passe l'âme du peuple, et aussi en clausules admirables toutes chargées d'implorations, d'espérance, d'amour et de chères pensées ; toutes gonflées des sentiments les plus humains divinisés par la religion.

Le début est lent, très lent, plein d'efforts et de tâtonnements ; il rampe longuement dans les tonalités basses et comme ténébreuses. Et l'on dirait que les traînantes phrases musicales serpentent parmi les orants, cherchant à exciter les vouloirs assoupis, à rassembler les âmes vagabondes, à recueillir les pensées distraites, à enlacer les cœurs, pour nouer en une seule gerbe toutes les prières individuelles et réaliser la toute-puissance suppliante de la prière commune.

Mais, à mesure qu'on s'enfonce dans le texte sacré, qu'on s'y purifie et que le chrétien, fils de Dieu, frère de Jésus, s'y réveille pour y vivre plus pleinement sa vie surnaturelle ; à mesure que les mots et les phrases saintes multiplient les barrières qui sé-

---

1. Saint Ignace, dans ses *Exercices spirituels*, appelle « troisième manière de prier » une méthode dans laquelle l'âme, récitant une prière vocale, s'arrête un court instant à goûter chaque mot qui porte un sens.

parent de la terre et les échelons qui mènent au ciel, il semble que l'union et la solidarité se font de plus en plus conscientes entre les âmes qui veulent monter...

Maintenant, la foule, à pleine voix, se mêle à la prière, et le *ling-kingti* n'est plus qu'un anonyme perdu dans la masse. Un crescendo magnifique, impressionnant, s'empare de cette oraison sociale.

L'oscillation s'amplifie, le rythme s'accélère, la phrase musicale s'étoffe, s'assure, s'affermit, sans rien perdre de la souplesse du flot qui coule, de la vie qui s'exprime... Un très court arrêt, puis quatre ou cinq notes fermes, autoritaires, scandées, qui montent en haut rapidement, et voici que tout à coup éclatent ces sonorités pleines, ces cris d'âme qui émergent un instant comme une grande houle de la mer monotone aux petites vagues balancées.

Dans les pauvres syllabes chinoises, ces géants de l'apostolat que furent nos premiers missionnaires ont enchâssé et comme immortalisé quelque chose de leur âme de feu ; et ce que disent ces prières, après deux siècles qu'ils sont morts, c'est encore les plus hauts et les plus sanctifiants des sentiments humains. C'est le cri du repentir éperdu qui implore pardon ; ou c'est le sursaut passionné de l'amour qui étreint son Bien-aimé ; ou c'est la plainte apeurée de la misère ; ou c'est le vol de l'espérance qui soulève les cœurs jusqu'au ciel.

Il est des moments où l'âme commune — je veux dire l'esprit général de la communauté chrétienne — se révèle nettement dans cette prière mélodieuse. On sent bien que les pensées plus choyées par les cœurs sont plus longuement et plus amoureusement portées par les voix. Cette grande famille qu'est un village chrétien, à la suite d'un sermon, d'une retraite, d'une visite de supérieur, a compris l'importance d'une idée, la grandeur d'un sentiment, la nécessité d'une disposition, et alors, quand cette idée revient à son tour dans la prière, résumé du dogme et de la morale, alors il semble qu'on veuille prolonger son éphémère expression et lui conférer une existence permanente. De là ces variantes indéfinies, ce timbre, cet accent, cette harmonie, ces dièses et ces bémols qui nuancent la prière de chaque village et permettent de dire d'un chrétien, rien qu'à l'entendre chanter l'*Ave Maria*, il vient de tel endroit. C'est que cette traduction de nos âmes qu'est la musique, si elle ne peut jouir de la pérennité de la sculpture, participe en compensation au mouvement de la vie; c'est du vivant qui évolue et sur lequel chaque attitude psychologique, comme sur une physionomie, imprime son cachet

J'ai signalé aussi les clausules : elles sont très expressives, très ardemment savourées ; et ce sont elles surtout qui sont révélatrices de l'état des âmes ; car c'est en elles que les auteurs des

ENFANTS EN PRIÈRE

prières chinoises — les Jésuites missionnaires du dix-septième siècle — ont ramassé le plus de sens, comme on bâtit sur les cimes les plus beaux temples.

Souvent les enfants, parce que leur jeune organe s'est soutenu plus longtemps dans les hauteurs, ou parce que leur âme pure goûte plus divinement la piété de ces clausules, — les enfants retardent sur leurs parents ; et leurs claires voix d'argent prolongent la musique mourante comme une frange de brillante écume qui suit la grande vague, la dépasse quand déjà elle se retire, et vient finir en gazouillant sur le sable doré.

Les parents se gardent d'entonner la suite avant que soient

éteintes toutes les petites voix des clochettes enfantines, et j'imagine que chaque père, chaque mère y reconnaît les siennes et les trouve plus jolies...

La prière du matin finie, le Père-curé et moi, nous commençons nos messes simultanément. Quand je vis, après l'*Agnus Dei*, toute la foule se mobiliser vers les deux bancs de communion, je compris pourquoi le Père m'avait demandé si j'allais assez vite en distribuant l'Eucharistie. Longue cérémonie, en effet, et combien édifiante ! Ce sont d'abord les tout-petits, naïfs et charmants, avec leurs grands yeux d'ange et leurs mains potelées.

Il faut qu'ils se mettent debout sur la marche pour ne point disparaître sous la nappe ; et leur bouche est si mignonne que l'Hôte divin, après s'être tant rapetissé pour leur amour, peut encore à peine s'introduire dans leur palais enfantin.

Puis, viennent les garçons et les *sienchengs* (maîtres) des écoles : la foi, le respect transparaissent dans les visages ineffablement recueillis ; la communion présente a été préparée par des milliers d'autres.

Enfin, la foule des hommes se rue un peu sans ordre : on veut communier des premiers, car le soleil monte, le travail presse, et la multiplication des pains célestes a duré déjà longtemps.

Cependant, le Père-curé a communié les filles et les femmes, et l'on peut dire que le village entier a mangé sa nourriture surnaturelle... Pur bonheur, après cette grande tombée de manne, de remonter à l'autel, le bras fatigué, la bouche desséchée, d'avoir souhaité à ces pauvres, des centaines de fois, une vie qui ne finit point : « Que le Corps de Jésus garde ton âme pour l'éternelle vie ! »

Après l'action de grâces, je ne me tins pas de dire au Père-curé mon admiration.

— Eh ! fit-il avec un sourire de joie fière ; c'est ainsi tous les jours ! L'Eucharistie, à Fan-kia-kata, c'est le *pain quotidien* !

— Et le pain de tous, je le vois bien ; car je viens de communier de vrais bébés... Êtes-vous sûr, Père, qu'ils distinguent assez le pain eucharistique de l'autre ? Il y en a, me semble-t-il, qui n'ont même pas cinq ans !

— Mon Père, il y en a qui sont à la mamelle (1). Mais n'ayez crainte, le triage se fait soigneusement par les vierges, et vous allez voir en visitant la crèche que nos bébés communiants distinguent parfaitement le pain céleste du pain terrestre, et dans leur petit langage, ils sauront vous dire que le prêtre leur donne Jésus, qui est le bon Dieu, et qui est le fils de la Sainte Vierge, et qui est mort sur la croix pour les empêcher d'aller en enfer.

— Mais ne craignez-vous pas que ces communiants de cinq ans tombent dans le péché quand ils en auront dix ?

— Oui, je le crains, pour beaucoup du moins. Mais je réponds : 1º plusieurs, en fait, grâce à cette suralimentation précoce, ne tomberont pas, qui seraient certainement tombés, sans elle ; 2º quant aux autres, ils résisteront plus longtemps, ils se relèveront plus vite. En temps d'épidémie, ce sont les santés faibles, les enfants mal alimentés, les organismes sans réserves qui périssent, les autres se relèvent. En suralimentant mes pauvres petits avant l'âge des passions, je produis des santés surnaturelles vigoureuses : la communion quotidienne est pour eux *un tonique*. Ils tomberont peut-être encore ; mais tant d'actes d'amour parfait, tant de sacrifices méritoires, tant de supplications qu'ils auront faites pour le salut de leurs âmes, pendant leurs communions, ne resteront-ils point sous les yeux du Dieu qui ne laisse pas un verre d'eau sans récompense ?... En Chine, vous le savez, il est inouï qu'un chrétien mourant refuse les derniers sacrements ; or, ne croyons-nous pas à la reviviscence des mérites ? Quel bonheur donc en plus, pendant l'éternité, pour ces âmes qui, de cinq à douze ans, auront communié dans l'innocence de leur baptême !

— Et les parents, comment les avez-vous décidés à communier tous les jours ?

— En expliquant Pie X, partout, à tous, en toute occasion, *opportune, importune* : chez les vierges, dans les écoles, dans les maisons, aux catéchismes, au sermon, dans les conversations privées ; aux ouvriers, aux fermiers, aux *sienchengs*, aux cochers,

---

1. Ceci ne doit pas scandaliser. Dans notre Chine du Nord, les vaches à lait sont très rares, car il n'y a point de pâturages. Le lait maternel est le seul que goûte jamais le Chinois.

au dernier des débraillés que je croise dans la ruelle ou que je rencontre sur le sentier.

Je puis dire que, pendant une année entière, tous mes sermons ont roulé sur l'Eucharistie. — Noël : Jésus vient naître dans vos âmes ! — Épiphanie : Jésus veut se montrer à vous, cherchez-le comme les Mages ! — Pâques : L'Eucharistie purifie vos corps pour la résurrection. — Ascension : Si vous ne mangez sa chair, vous n'aurez point le ciel ! — Pentecôte : Que le Saint-Esprit vous suggère les désirs de Jésus. — Sacré-Cœur : Il est dans l'hostie. — Fête-Dieu... etc.

L'Eucharistie a été, littéralement, *le dogme générateur de la piété* dans cette paroisse.

Audacieusement, j'ai traduit en chinois, j'ai adapté, répété, développé, répété encore les paroles du P. Le Gaudier : « La communion, c'est la béatitude ici-bas, et la fin de notre vie, *le centre* vers lequel convergent toutes les autres actions. Elles doivent ou y préparer, ou en émaner comme les rayons d'une grande lumière. »

A chaque confession, je demandais : « Combien de fois par semaine ? — Trois fois ! — Pourquoi pas quatre ? — Cinq fois ! — Pourquoi pas six ? — Six fois ! — Voyons, quelle raison avez-vous de ne pas communier tous les jours ? — J'ai tel défaut ! — Communiez pour le corriger ! »

Cela a été dur !... Oh ! je vous assure que j'ai rarement rencontré le danger de la routine ou de l'intention peu droite. La communion quotidienne, pour beaucoup, est une mortification, et de premier ordre. Venir à jeun, retarder son travail d'un quart d'heure, se confesser régulièrement ; se maintenir en état de grâce ; le recouvrer chaque fois qu'on tombe... Tout cela demande effort.

J'ai remarqué aussi un fait intéressant : le goût de la communion quotidienne ne vient généralement qu'après trois ou quatre semaines de persévérance, pendant lesquelles il faut sans cesse éclairer, diriger, encourager le nouveau communiant.

Maintenant, c'est fait, et la plupart de mes gens ne se priveraient pas sans une vraie souffrance de leur pain quotidien : « L'appétit est venu en mangeant... »

Samedi 31 *mars*. — Nous avons confessé, matin et soir. Les pénitents — hommes en robe, femmes en pantalon — attendent accroupis sur les nattes; un murmure de soupirs, de gémissements, de sanglots contenus, monte de la foule : c'est que la dévotion orientale est nécessairement expansive, et, à ses yeux, une contrition sans larmes est trop souvent une contrition sans valeur.

Faut-il parler du développement humain naturel, intellectuel, qu'apporte à ces âmes frustes l'usage de la confession hebdomadaire ? On ne saurait l'exagérer. Elle est un des facteurs les plus actifs de la civilisation.

Pour qui réfléchit, rien d'ailleurs en cela d'étonnant. N'est-ce pas le simple jeu d'une loi de psychologie expérimentale bien élémentaire ?

Qu'on y songe, en effet. Voilà un de ces paysans qui vit sa vie banale dans l'immensité monotone de la plaine, de la nation et de l'histoire chinoises.

Tous les ans, il laboure, sème, moissonne, comme son père, comme ses très lointains ancêtres ; et, ses pas dans leurs pas, la tête penchée sur le même sillon, il suit la même charrue primitive, sans voir et sans penser. Pas un regard en arrière sur le passé qui fuit ; pas un but **en avant** ; une amélioration, un progrès sont à cent lieues de son esprit, à mille lieues de sa volonté !

Il égrène ses jours comme le musulman son chapelet. Les rites quarante fois séculaires, qui revêtent sa tenue extérieure d'un vernis de politesse, sont tellement entrés dans les muscles de la race, qu'ils ont vidé les plus belles, les plus significatives attitudes de toute spontanéité réfléchie et voulue. Absence totale de vues générales, d'intentions poursuivies, d'appréciations sur la valeur des actes humains, exercice minimum de la pensée, de la mémoire et du libre arbitre, telle est la vie. C'est une psychologie gelée.

Et voici que l'Église arrive au fond de l'Occident ; elle prend par la main ce misérable voué à l'ornière ancestrale, elle l'arrache un instant à sa vie moutonnière, elle l'agenouille devant un crucifié sanglant, et elle lui dit avec l'accent qu'elle seule possède, et qui seul peut convaincre : « Voilà le Dieu qui t'aime, qui te jugera. Il récompense par un ciel éternel ; il punit d'un enfer éternel. Si tu accuses, si tu regrettes, il pardonne. Viens, efface toi-même sur le livre du jugement tout ce que tu veux effacer ! »

Et alors cet homme, l'insouciant, l'inconscient de la veille, se replie sur lui-même ; il se met à réfléchir, à discuter ; il repasse ces actes que le vulgaire croit à jamais morts, intangibles, immuables, irréformables, et sur lesquels on lui révèle qu'il peut encore exercer une mystérieuse influence rétroactive.

Ces actes humains, non seulement, il les repasse ; il faut qu'il les juge : Était-ce bien ? Était-ce mal ? Et ce n'est pas tout, il lui faut déterminer la part consentie qu'il a prise, lui, à cette bonté, à cette malice objective : Ce mal, l'ai-je connu ? l'ai-je voulu ? Là gît toute la distinction entre le péché formel et le péché matériel (grands mots qu'il ignorera toujours, mais grandes choses qu'il doit et peut savoir). Là gît tout l'abîme qui sépare le vrai péché, l'acte psychologique endossé par la liberté humaine, d'avec le geste animal jeté sans choix dans le mouvement universel.

Et ce mal enfin que j'ai voulu, était-il grave ou léger, voulu complètement, ou sans pleine advertance ?... Car il faut encore que ce rustre distingue ce qui est mortel de ce qui est véniel.

Quelle révélation ! Quel élargissement soudain de l'horizon ! Quel exercice inconnu de la vie psychologique !

Voilà que toutes les facultés se mettent en branle, et la mémoire pour ressusciter la vie oubliée, enfouie dans l'inconscience ; et l'intelligence pour apprécier, juger, condamner ; et la volonté pour détester le passé, pour préparer l'avenir. Même la parole s'enrichit, car cet illettré va devoir trouver des formules nouvelles pour traduire, sans les trahir, les plus délicats, les plus nuancés des événements psychologiques.

Aussi j'admire comme, dans ces corps en haillons, habitent parfois des âmes étonnamment développées. C'est la confession hebdomadaire, depuis plusieurs années pratiquée, qui les affine ainsi ; c'est elle qui leur a rendu la maîtrise de leur vie, le gouvernement de leur personne.

Le soir, répétition de chant pour le dimanche des Rameaux. Le Père-curé réunit au *Keue-ting* (1) une dizaine d'adolescents de

---

1. Salle des hôtes, c'est-à-dire parloir.

douze à treize ans, qui chanteront demain le *Pueri Hebraeorum, portantes ramos olivarum.*

Apprendre un morceau de plain-chant latin à des Chinois, quel travail de patience !

Ils ne connaissent ni nos notes, ni nos mots, ni nos lettres, ni nos sons. Particulièrement celui de l'*r* leur est tout à fait inouï : or il revient six fois dans la phrase précitée, six pierres d'achoppement pour leur petite bouche asiatique.

LES PETITS CHANTEURS

Que faire ? On leur écrit une série de caractères chinois qui rendent, de la façon la plus approchante, le son des syllabes latines ; on leur serine cela dans l'oreille, puis, par des approximations successives, par un balancement entre deux sons chinois opposés, on parvient à leur faire saisir cet entre-deux qui sera le son de l'*r*, ou de l's, ou du *v*.

D'ailleurs, leur oreille est fine, leurs organes encore cartilagineux, leur esprit docile ; et ils atteignent vite un résultat convenable.

Gracieux et souples dans leurs robes de soie bleu ciel aux longs plis de toge romaine, la tête aux cheveux plats très noirs rejetée en arrière, les petits yeux vifs, bridés dans les orbites en amande, la gorge tendue et vibrante sous la peau très pâle, ils chantent, à plein cœur, les mots qu'ils ne comprennent pas, mais qu'ils savent louer Jésus-Christ.

Et c'est toujours la même pensée, qui naît du même contraste : syllabes latines et lèvres chinoises ; la Judée, et le Tché-li ; Jérusalem et Fan-kia-kata ! *Pueri Hebraeorum*, et ces fils des Célestes !...

Comment ce fait d'une troupe d'enfants juifs saluant un pauvre Galiléen il y a vingt siècles, a-t-il pu marquer une trace assez profonde dans l'histoire humaine, et lancer vers l'avenir une impulsion assez vigoureuse pour qu'elle nous parvienne ici, si loin et après si longtemps ?

Et pourquoi faut-il que ces fils de la Chine xénophobe répètent encore l'hosanna qui a retenti sur les bords du Cédron ; alors que les acclamations sont restées sans écho, qui accueillirent jadis les fastueux « Fils du ciel », maîtres de quatre cent millions d'hommes, à leurs entrées dans Lao-yang ou dans Pékin ?

Et si l'on dit que c'est nous, missionnaires, qui leur avons insufflé, pour le Crucifié du Golgotha, cet amour passionné qui sait aller jusqu'au sacrifice... qui donc alors nous a pu donner ce miraculeux pouvoir de persuasion, et vis-à-vis d'un peuple si défiant de l'étranger, si ce n'est une alliance avec la Vérité ?

Dimanche des Rameaux, 1er *avril.* — Ce matin, longue distribution des branches de *song-chou*, les maigres sapins du Tché-li.

La cérémonie intéresse le peuple, mais ne va pas sans une certaine dissipation.

O vanité féminine, la même en Chine qu'en Europe, et manifestée jusque dans l'église par des riens aussi ridicules ! Il faut à ces grandes dames de grandes branches !

Quand je leur en donne de petites, elles les prennent, les baisent, vont les jeter dans un coin et reparaissent au tour suivant !

Le dimanche est bien ici la journée de la prière : l'église ne désemplit pas.

Après le déjeuner, c'est le chemin de croix des enfants, puis celui des parents ; puis le rosaire des vierges et des fillettes ; puis les visites au Saint Sacrement des diverses familles, et ainsi de suite.

Tout cela longuement, sans presse, sans ennui. Je retrouve ici la même puissance de piété, la même aptitude aux prières interminables, que chez nous nos Maronites du Liban : à 4000 lieues de distance, c'est toujours l'Orient...

Lundi saint, 2 avril. — J'ai fait deux baptêmes. Un petit Gonzague, une petite Marie ; celle-ci est portée par une puissante matrone carrée, très ornée de faux bijoux. Quant au petit Gonzague, j'eus peine à le trouver. Il y avait bien, derrière la matrone, un homme maigre et grand, mal vêtu, qui baissait les yeux et n'osait avancer, mais il ne portait point d'enfant. Enfin, comme je cherchais et demandais, il ouvrit son pauvre vêtement et me montra entre sa chemise et sa poitrine cave, un morceau de chair jaunâtre qui remuait, c'était mon petit Gonzague... Jamais je ne me serais imaginé en Europe quelles joies inconnues procure ici au missionnaire l'administration des sacrements, surtout du baptême, ni combien les formules coutumières reprennent saveur quand c'est en pays païen qu'on les dit : il semble qu'on retrouve les impressions des premiers jours de sa prêtrise, et c'est comme un renouvellement de la vie sacerdotale.

« Que demandes-tu de l'Église de Dieu ? — La foi. — La foi, que te donne-t-elle ? — La vie éternelle ! »

...« Sors donc de cet enfant, esprit immonde, et laisse la place à l'Esprit-Saint consolateur...

« Donc, démon maudit, tu vas connaître ta sentence de condamnation, et donner gloire au Dieu vivant et vrai...

« Je t'exorcise, esprit impur, au nom de Dieu le Père-tout-puissant, au nom de Jésus-Christ son fils, notre Seigneur et notre Juge, et par la vertu du Saint-Esprit, afin que tu quittes cette créature de Dieu, qu'il appelle à être son temple, le temple du Dieu vivant et l'habitation du Saint-Esprit... »

« Gonzague, tu renonces à Satan ? — J'y renonce.

« Et à toutes ses œuvres ? — J'y renonce.

« Et à toutes ses pompes ? — J'y renonce.

« Tu veux être baptisé ? — Je le veux.

« Je te baptise au nom du Père et du Fils et du Saint-Esprit. »

Faire ces questions, recevoir ces réponses, donner ces ordres au démon, baptiser enfin, et tout cela dans cette lointaine Chine, jusqu'ici presque exclusivement domaine de Satan, n'est-ce pas se sentir plus spécialement messagers de Jésus-Christ, et réalisateurs de sa grande prophétie : *Eritis mihi testes usque ad ultimum terrae.*

Gonzague et Marie s'en vont. Qui du pauvre ou de la riche a reçu la plus large mesure de grâce initiale ? Mystère : *Non est acceptor personarum Deus !* Mais comme tous deux s'éloignent transformés ! A ces frêles créatures que le paganisme jette au ruisseau, l'Église catholique vient de conférer la plus sublime des *apothéoses* ; apothéose véritable en effet, au sens strict et étymologique du mot, puisque le baptême les a *déifiés.* Dons du Saint-Esprit, vertus infuses, grâce sanctifiante, dons créés et *Don incréé*, quelle invasion du divin dans ces petits corps fragiles, dans ces âmes endormies, devenues ineffablement des temples sacrés du Dieu un et trine !

Mardi saint, 3 avril. — Deux villages païens des environs sont en procès ; ce matin, une députation de l'un d'entre eux arrive au *K'eue-ting.* Prostrations, compliments habituels, puis longues explications : ils ont le bon droit pour eux, bien entendu, mais la partie est forte, influente près du mandarin. Or, tout l'avenir du village, ses meilleures terres sont en jeu. « Que le Père ait pitié de nous ! Qu'il soutienne la bonne cause ! Qu'il dise un mot au mandarin en notre faveur ! Le procès sera gagné, et tout le village reconnaissant se fera chrétien ! »

Le Père-curé, après examen, remit à plus tard, c'est-à-dire refusa. La mission manque d'hommes ; et quand l'intention est par trop intéressée, il n'y a guère d'espoir de fruit surnaturel.

Le soir, promenade avec le Père-curé sur la digue du Cha-ho qui domine le pays

Hélas ! aucun village chrétien n'est en vue, et *le tertre de la famille Fan* reste encore un îlot perdu émergeant seul de l'océan du paganisme

La meute de six beaux chiens noirs qui gardent notre presbytère nous a suivis et caracole follement au loin, traçant dans la plaine des traînées de poussière.

Les champs sont semés de monticules qui sont des tombes ; souvent, groupées en triangles, elles forment des cimetières de famille.

Au sommet, le plus élevé des tertres mortuaires recouvre l'ancêtre, puis, sur une même ligne, tous ses enfants mariés, ensuite ses petits-enfants mariés, etc. Les Chinois, non moins que les Juifs, ont horreur du célibat : il faut engendrer pour avoir des descendants qui brûlent des bâtons d'encens devant les tablettes ancestrales. Ceux qui ne fondent pas de famille sont exclus du cimetière ; on les enfouit au hasard, à fleur de terre, et ils ne tardent pas à être dévorés par les chiens.

Le pouvoir du chef de famille est aussi exorbitant en Chine que dans la Rome païenne. Un malheureux jeune homme de tel village, qui est sous nos yeux, était devenu fumeur d'opium et joueur de sapèques. Son père finit par assembler le conseil de famille, qui décida l'exécution du coupable. On l'appréhende ; on le lie ; on creuse dans le sol une fosse profonde ; on l'y jette vivant ; et chaque membre de la famille contribue à le recouvrir de terre en signe de réprobation. Puis on tasse, et l'on ripaille, car l'honneur de la famille est sauf.

Au village de T., une jeune femme après avoir mis au monde deux garçons était restée sept ou huit ans sans avoir de nouvel enfant Enfin il lui naquit un troisième fils, un ravissant bébé, qu'elle se mit à aimer éperdûment. Hélas ! le petit mourut à 4 ans, et la pauvre mère en devint folle de chagrin. Ses excentricités gênant tout le monde, le conseil de famille se réunit, et vote la mort. On saisit la folle, on la lie, on la couche sur une natte dans une petite case de terre ; on en mure soigneusement toutes les ouvertures, elle y périra de faim.

Cependant, au grand étonnement de la famille, huit jours après, la folle vivait encore et on l'entendait gémir dans sa prison.

C'était son second fils, onze ans, qui avait pratiqué un trou dans le mur de terre, juste auprès de la tête de sa mère ; la nuit, il introduisait par là son maigre bras nu, et portait jusqu'à la bouche de sa mère un peu de nourriture.

L'enfant est saisi, battu cruellement, lié pendant la nuit, gardé à vue pendant le jour, et enfin sa mère meurt de faim. Et ces barbares ont le front de dire que ce n'est pas eux qui ont tué la folle : ils ne lui ont donné ni un coup, ni une insulte. Elle est morte de sa belle mort !

Voici un horrible trait qui vient de se passer plus au sud. Le grand-père avait décidé la mort de son fils unique. Mais, n'ayant pas la force d'exécuter lui-même la sentence, il s'adresse à l'aîné de ses petits fils, vigoureux gars de vingt ans. Celui-ci entend l'ordre, choisit son moment, et pend son propre père pour obéir à son grand-père.

Telle est la brutalité des mœurs païennes.

A côté de ces horreurs, il y a bien des choses consolantes. Le Père me narre l'histoire d'un de nos domestiques, jadis païen, nommé *Han-tsounn*. Énergique, pieux, désireux de la perfection, il ne se trouvait point satisfait dans son bouddhisme. Il aspirait vaguement à quelque chose de plus précis, de plus haut, et il cherchait.

Cependant, il luttait vaillamment pour sa pureté.

Quand s'élevaient les tentations, il se pinçait jusqu'au sang : il avait découvert que la souffrance physique a le pouvoir d'émousser la concupiscence.

Une nuit, il vit en songe une figure d'Européen à grande barbe ; quelque temps après, venu à Fan-kia-kata, il reconnut dans le Père-curé celui qui lui était apparu. C'est du moins ce qu'il raconte.

En tout cas, il devint fervent catéchumène et fut baptisé.

Au début, les tentations étaient revenues l'assaillir avec furie. Un jour qu'il se sentait sur le point d'être emporté par une vague d'assaut plus violente, il courut se jeter aux pieds du Père : « *K'iu mouokoei! K'iu, mouokoei!* Père, chassez le démon ! — Va à l'écurie, répondit le Père, regarde les courroies et les cordes et fais ce que ton bon ange t'inspirera. » Il y court, jette bas sa veste, choisit une courroie terminée par un crochet de fer et frappe sur son dos comme sur du bois. Quelques minutes après, il revient sanglant, radieux : « Eh bien ! interroge le Père, quel résultat ? — Bon, très bon ! Le diable s'est enfui ! » Maintenant, il n'a plus qu'un désir : entrer à la Trappe (non loin de Pékin). Mais sa femme vit encore, et on lui a fait comprendre que l'Église lui interdit de s'en séparer.

Un païen nommé *Hing-wang* s'était converti ; sa famille en fut au désespoir. Le père consulta plusieurs sorciers ; l'un d'eux lui dit : « Si votre fils fait sept fois en courant le tour du village natal sans s'arrêter, il reviendra à la religion de ses pères. »

Au premier retour du néophyte parmi les siens, tous se mirent à le morigéner. A bout de patience, il demanda ce qu'ils exigeaient pour le laisser en paix ; il était prêt à tout, sauf à l'apostasie. Le père vivement saisit l'occasion : « Fais sept fois le tour du village en courant, sans t'arrêter, et après, nous ne te dirons plus rien. — Est-ce bien promis ? » demanda le jeune homme. Le père jura par Confucius, toute la famille en fit autant. Hing-wang, heureux de s'en tirer à si bon compte, fit consciencieusement les sept tours et revint essoufflé, mais chrétien : cette aventure a fait baisser le crédit des sorciers, et il y a, paraît-il, plus d'une âme en route dans cette famille. Quant à Hing-wang, il est devenu domestique des Pères. Avec ses petites économies, il a acheté une belle image de la sainte Vierge, l'a mise dans une caisse à l'écurie, et, quand son travail est fini, il la prend avec un soin religieux, la dispose sur la caisse, se prosterne devant elle, et prie indéfiniment, les mains jointes, les genoux sur la brique

Le Père-curé me cite encore beaucoup de traits de mortifications héroïques, entre autres celui d'une chrétienne qui, durant tout un vendredi, mâcha de la magnésie, pour s'unir aux amertumes de Jésus-Christ...

Mercredi saint, 4 avril. — Le village est en émoi ; une bande de mendiants-voleurs, hommes, femmes, enfants — une centaine de personnes en tout — a fait irruption dans Fan-kia-kata, réclamant, exigeant du pain. Ils viennent du Chan-tong, chassés, disent-ils, par l'inondation, le brigandage ou quelque autre calamité. Ils portent une lettre mandarinale qui atteste leur malheur.

Ces exodes sont fréquents en Chine, et il est difficile de savoir si c'est la misère ou la cupidité qui les provoque. Parfois la récolte faite et rentrée dans les maisons de terre, on mure les portes et l'on va de village en village vivre aux frais du public. Il n'y a pas moyen d'éconduire, sinon violences et scandales : les femmes, poussant des cris, parcourent le village inhospitalier dans les postures et les costumes les plus indécents ; le mieux est de se débarrasser au plus tôt de la caravane de malheur en lui donnant des vivres ou quelque argent.

Le Père-curé, en effet, leur donne 4 *tiaos* et ils s'en vont. (1)

Jeudi saint, 5 avril. — Le Père-curé passe la fête dans un autre village. Je célèbre la grand'messe dans l'église drapée d'étendards et de tentures criardes, sur l'autel surchargé de lustres en bois doré et de fleurs artificielles.

Après l'élévation, le bruissement de la foule priante s'apaise, et du sein du silence surgit, s'élève et plane à des hauteurs supraterrestres un chant doux et calme que portent des voix très pures de soprani ; et — je ne sais pourquoi, d'abord, — ce chant chinois me reporte invinciblement au jour de ma première communion. Voici, dans la lointaine France, au collège de la ville

---

1. On serait tenté de regarder cette somme comme dérisoirement insignifiante quand il s'agit de nourrir cent personnes. Il n'en est rien, vu l'inconcevable bon marché des denrées en Chine. Le *tiao* renferme 1.000 sapèques. Or, avec 10 sapèques, — 1 centime — on achète un œuf frais ; cinq œufs pour 1 sou. Ainsi donc, avec un seul de leurs 4 tiaos, nos envahisseurs pouvaient procurer un œuf à chaque membre de la bande, et avec le reste, du riz et du pain assez pour un repas. Tel de nos Pères me dit que, dans son district, il achète un pigeon dodu 30 sapèques (3 centimes !) et une bonne poule 500 sapèques ! Voilà donc qu'une pauvre servante nous envoie de France, tous les ans, 40 francs pris sur ses gages. Ces 40 francs, me direz-vous, pèsent peu dans l'œuvre de l'évangélisation. Je réponds qu'avec ces 40 francs, là où on a maintenu les anciens salaires, nous pouvons entretenir une vierge baptiseuse, et qu'une de ces vierges, dans la seule ville de Ho-kien-fou, vient de baptiser, en deux ans, huit mille bébés mourants. Quelle couronne au ciel pour la pauvre servante ! Quand nos Chinois font l'aumône à leurs frères d'Europe, dont ils ont tant reçu, il est juste d'avouer que cette aumône est spécialement méritoire. Nos chrétiens du Nord, ayant appris la détresse des catholiques belges, ont fait pour eux des quêtes qui ont produit 500 piastres. La piastre chinoise valait alors 3 francs ; c'est donc 1.500 francs que nos Chinois ont envoyé au cardinal Mercier. Mais ces 1.500 francs représentent incomparablement plus de privations et de travail que s'ils avaient été recueillis en Europe.

natale, vingt-cinq ans en arrière, voici la fine chapelle gothique qui se dessine avec ses discrètes parures bleues et blanches, le banc aux sculptures ogivales où, durant ma première action de grâces, j'ai tant demandé les missions ; et tous les détails ressuscitent avec cette précision inéluctable qui s'impose, malgré toutes les résistances de l'esprit ; et il me semble cette chose étrange, que ce ne sont plus des enfants chinois qui chantent ce cantique, mais des Français, mes petits condisciples... et, tout à coup, à la reprise, je m'aperçois que ce cantique est celui de ma première communion :

> Le voici, l'Agneau si doux,
> Le vrai pain des anges...

Et c'est un frisson de joie reconnaissante, l'intuition du rôle divin de la France en cette Chine qui lui doit sa vie surnaturelle, ses missionnaires et jusqu'à ses cantiques : l'Église de France enfantant celle de Chine à l'Église catholique.

Le soir, à neuf heures, toutes les femmes sont congédiées ; les portes de l'église se ferment, et, pour les hommes restés seuls, l'adoration nocturne commence.

Vendredi saint, 6 avril. — Autour du crucifix sanglant, grandeur naturelle, étendu au milieu de l'église, sur un tapis violet, les adorateurs se succèdent, faisant le *K'eu t'eou*, baisant les plaies. Un gentil garçonnet tout de rouge habillé, à genoux près de la main droite, regarde et palpe le clou, la main, le bois ; il se prosterne, baise et baise encore, et caresse la main transpercée : on dirait qu'il soigne la plaie de son Sauveur et veut diminuer ses souffrances

Sa mère est plus bas, la tête et les cheveux sur les pieds du Christ, comme une Madeleine. Autour accroupis sur les nattes, quelques vieillards pitoyables regardent et murmurent en pleurant l'acte de contrition.

Le soir, très long et très touchant chemin de croix. Chaque station est prêchée par un de nos jeunes Pères chinois. Toute la foule gémit et pleure. A la fin, elle fait douze prostrations profondes, en implorant douze fois le nom de Jésus, et en le suppliant par ses chaînes, par ses épines, par sa croix, par ses clous, par ses plaies, d'accorder la persévérance finale. Je n'ai rien entendu de plus sublime que cette prière ; et puis, c'est en Chine, ce sont des Chinois qui la disent et la pensent ; et LUI, il y a vingt siècles qu'il est mort entre deux voleurs !... Quel vivant a jamais été aimé comme ce mort ?

Samedi saint, 7 avril. — Le Père-curé a béni un *wong* (1) énorme, plein d'eau. A l'issue de la messe, les chrétiens y viennent puiser ; puis les pères de famille procèdent eux-mêmes à la bénédiction de leurs maisons, suivis de tous leurs gens, qui prient. Ils aspergent à grande eau leurs lits, leurs outils, leurs corbeilles, leurs bêtes de somme, leurs chars.

J'accompagne le curé qui, vêtu de la chape, parcourt, lui aussi, son presbytère en bénissant. A l'écurie, dans les greniers, dans les offices, quand il arrive, les domestiques et ouvriers s'agenouillent, font un grand signe de croix, présentent leurs outils, et sont d'autant plus satisfaits que plus mouillés.

Après le salut, c'est la bénédiction des semences et graines de toute espèce, que nos braves chrétiens apportent dans des corbeilles, et rangent le long des parois de l'église. On peut espérer que, grâce aux explications du prêtre, il n'y a point ou guère de pensée superstitieuse mêlée à ces cérémonies : elles imprègnent de sève chrétienne les actions ordinaires et donnent à tout un sens surnaturel.

Dimanche de Pâques, 8 avril. — La longue cérémonie est finie, l'église est évacuée, et le soleil déjà haut se fait ardent, quand nous arrivent deux pauvres vieillards, très, très vieux, tout cassés, sales, poudreux, suants, à bout de forces. Leurs loques déchirées les laissent à demi-nus, vrais squelettes qui ne semblent plus avoir qu'un souffle de vie. Ils s'écroulent sur une natte et crient lamentablement dans un grand soupir de mourants : « Recevoir la Sainte Substance ! » (2)

---

1. Très grand vase de poterie, contenant parfois jusqu'à 200 et 250 litres.
2. « Recevoir la sainte Substance » c'est-à-dire *communier.*

Le prêtre s'approche, leur essuye le front, leur prend la main, les encourage, puis paternellement les interroge. Les pauvres vieux ! Quelle tragique et pieuse aventure ! Ils arrivent d'un village qui ne compte que deux familles chrétiennes, dont ils sont les grands-pères ou les arrière-grands-pères. Bien avant l'aube, tous les autres étaient partis pour aller faire leurs pâques à Fankia-kata.

En vain, les deux vieux avaient-ils supplié leurs fils, leurs petits-fils de les emmener, de les porter avec eux ; le groupe des heureux communiants s'était enfoncé dans la nuit, et les tristes vieux étaient restés tout seuls. Alors, sans doute, la vision de ce tabernacle doré, devant lequel ils avaient tant prié jadis, s'était faite obsédante avec la force d'une idée fixe. Ils s'étaient monté la tête l'un l'autre : La mort ne pouvait plus être loin ; c'était bien sûr la dernière occasion pour eux de faire leurs Pâques. Ne fallait-il pas revoir une dernière fois, avant le grand passage, — tout illuminée, toute en fête, toute parée comme une épouse, — *l'église* vestibule du paradis ? Après tout, s'ils en mouraient, ne serait-ce pas une belle mort et chrétienne ? Et puis surtout, ils avaient faim, faim de leur Dieu, une de ces faims qu'on ne peut faire attendre !

Alors follement, en vrais faméliques, ils étaient partis, et ils avaient marché, marché longtemps, appuyés l'un sur l'autre, par l'antique sentier de leur âge mûr et de leur jeunesse.

Combien de fois s'étaient-ils affalés sur la route, brisés par l'effort ? Mais chaque fois, ils avaient repris courage dans une prière, dans la vision fascinante de cette petite porte dorée qui brille entre les lumières et les fleurs. Tant et si bien qu'ils étaient arrivés.

On les confesse ; c'est laborieux Ils protestent très haut : « *Siang pou kilai* ! Je ne me rappelle plus ! » Et puis pourquoi le Père veut-il absolument qu'ils aient des péchés ? Il y a si longtemps qu'ils n'en ont plus la force ! C'est la communion qu'ils veulent !

Enfin, le Père parvient à leur arracher le nécessaire ; il leur donne l'absolution et les communie ; ils sont rayonnants et ils pressent leur Jésus dans leurs pauvres corps courbés, en sanglotant de bonheur.

Après une courte action de grâces, on les fait manger, on les hisse sur une charrette de fortune, on avertit leurs enfants qui achèvent leurs emplettes dans le bourg, et, avec la petite caravane, ils s'en retournent, grondés, mais contents. Ils ont revu l'église, ils ont pris leur viatique ; maintenant, ils peuvent mourir.

CHAPITRE VII

UN VILLAGE EN DÉTRESSE

Par le P. P. Mertens

Le missionnaire en char. — Une famille de vieux chrétiens. — L'idole et les images de la Bonne Presse. — Des vitres aux fenêtres ! — Comment va le Pape ? — Souvenirs trop doux. — Un maigre dîner. — Les images de première communion. — Complot innocent. — L'école en ruines. — La générosité française.

« Mon cher Père, le char qui était allé faire du charbon au Canal impérial vient de rentrer. Si vous voulez bien y prendre place, vous irez à Wang-tchoang. C'est un gros village au nord. Les chrétiens de là-bas demandent qu'on aille célébrer chez eux la sainte messe ; il y a des mois qu'on ne les a pas visités. De plus, ils sont dans la désolation ; leur école de filles minée par les pluies s'est effondrée... Ce sont des paysans pauvres et frustes. Vous serez mal logé, mal nourri ; mais vous ferez du bien... D'ailleurs, passez par Siao-sinn. Là vous serez admirablement traité, vous dormirez une bonne nuit et vous prendrez des forces pour les jours suivants. »

C'est en ces termes que, un beau matin de janvier 1918, le R. P. Ministre de Tchao-kia-tchoang m'apostrophait.

Deux heures plus tard, la grande porte de notre ferme-résidence s'ouvre, les mules s'élancent au grand trot et mon char sans ressorts commence sur la piste gelée une sarabande plus infernale que jamais.

Nous sommes au cœur de l'hiver. Un vent glacial souffle du nord ; mais le soleil est radieux et l'immense plaine neigeuse miroite sous ses rayons comme un champ d'étincelles

Il gèle à pierre fendre. Heureusement, certes ! car, sans cela le déluge des semaines précédentes transformerait tous les chemins creux en canaux et mon voyage en carriole deviendrait une « navigation routière ».

A l'intérieur du véhicule, serré dans mon ample et chaude robe de peau de mouton, je fais mes exercices de piété et prépare mentalement mon sermon. Sur le devant, mon catéchiste et mon cocher devisent sans fin. Sur l'arrière est attachée ma caisse de messe.

Les villages succèdent aux villages, les étendues blanches aux étendues blanches. Les heures s'écoulent, bien monotones si Notre-Seigneur n'était là à qui l'on peut parler.

Vers le soir, Siaosinn, avec ses cases terreuses et ses saules dénudés, se profile sur la rougeur du couchant.

Siaosinn, hélas ! n'est pas encore un village à nous.

Il ne s'y trouve qu'une famille de fidèles ; mais ce sont des chrétiens de vieille souche, peut-être de 300 ans, à la foi solide comme le roc.

Le vieux père est malade. Ses deux grands fils (trente-cinq et quarante ans) me reçoivent ravis. Ce sont deux riches lettrés, distingués, mais d'une simplicité charmante, respectueux et dociles comme des enfants.

Ils se sont construit une petite chapelle ornée avec goût. Un autel de briques ouvragées ; un beau chemin de croix venu de France, quelques images du Catéchisme de la Bonne-Presse, avec le Grand Sacré-Cœur de l'Apostolat de la prière, en décorent l'intérieur. Dominant le tabernacle, une Vierge d'Attiret, douce et souriante, vous présente son charmant Jésus tout occupé à transpercer la tête du serpent avec sa longue croix d'or.

Je ne me lasse point de contempler tout cela. En Chine, à l'entrée de chaque village, hélas ! le missionnaire rencontre inévitablement une petite pagode enfumée toujours ouverte (car il n'y a point de porte) : c'est le pagodin du patron du sol. Dans la pénombre, il entrevoit la répugnante idole : au milieu de son abdomen verdâtre brille un ombilic d'or, ses grosses lèvres grimaçantes découvrent une mâchoire à dents de bête féroce, et ses deux yeux énormes, démesurément ouverts, sortant de l'orbite, flamboient comme deux flammes d'enfer sous les sourcils farouches.

Aussi, quand, au sortir de ces visions diaboliques, tout à coup vous apparaissent les douces et pures images chrétiennes de l'enfance, ces mêmes images qui ornaient la salle à manger des

NAVIGATION EN CHAR

parents ou les corridors du vieux collège, alors c'est une joie délicieuse, inattendue, qui remplit l'âme...

Je me suis approché d'une de ces images et j'ai relu plusieurs fois, comme pour me convaincre que ce n'était pas un rêve, les mots inscrits en bas : BONNE PRESSE, *Paris* (1).

C'est donc bien la France conquérante pour l'Église qui a pénétré jusqu'à ce coin perdu de la Chine lointaine, la France chrétienne enfonce hardiment sa pointe au cœur du paganisme.

____

1. On ne peut guère faire à un missionnaire de cadeau plus pratique, plus apprécié, plus apostolique, que le *Catéchisme en images* de la Bonne Presse.

Cependant, toute la famille s'est préparée à la confession. J'entends et j'absous les grands et les petits. Puis je vais consoler le grand papa dans sa maison.

En me voyant, il s'écrie :

— Enfin, voici le *Chenn fou* (père de l'âme) ! Quel bonheur ! Il y a si longtemps que je désire communier !

Suivant la coutume il est étendu sur un *Kang* (lit de briques recouvert d'une natte et chauffé par dessous). Enroulé dans sa couverture, et immobilisé par un affreux ulcère, il ne peut faire un mouvement

— En esprit, je fais le *Keu teou* au *Chenn fou*, me dit-il.

Et, à l'instant, le fils aîné se prosterne en disant : « Au nom de mon père, je fais le *Keu teou* au *Chenn fou*. »

Je confesse le bon patriarche et ses yeux se mouillent de larmes quand je lui promets la communion pour le lendemain.

On me reconduit ensuite à la chapelle, où je préside la prière du soir. Puis on m'installe *con amore* dans une délicieuse chambre. On me fait souper et on se retire discrètement. J'entends qu'on murmure : « Le Père va prier pour nous ! »

J'inspecte les lieux. Il y a des vitres aux fenêtres (1) ! Il y a une porte qui ferme ! Il y a un lit de bois ! et — ce n'est pas tout — merveille des merveilles, chose inouïe en Chine, — il y a un matelas !

Le Père Ministre n'avait pas tort de dire : « Vous serez admirablement traité à Siao–sinn. »

Je fais mon examen de conscience, je prie quelques instants pour mes hôtes, je me couche et je m'endors profondément, bercé dans l'illusion que je suis dans une bonne chambre de presbytère français

Le lendemain, messe, communion du malade, puis départ pour Wang-tchoang où j'arrive à dix heures

Mi-chrétien, mi-païen, ceint de remparts de terre, ce gros bourg, dont le nom signifie « ferme du roi », n'a vraiment rien de royal.

---

1. Ordinairement, des feuilles de papier huilé en tiennent lieu.

L'aspect en est indiciblement misérable, et triste. Ses habitations, n'étant que de minables cases de terre, ont été abattues par dizaines sous le déluge des pluies torrentielles et nombre de familles campent sur la glace, à peine abritées par des tentes de roseaux qui tremblent au vent.

D'un de ces lamentables caravansérails, je vois sortir une troupe de malheureux enfants païens... Oh ! l'horrible spectacle ! Ils sont demi-nus, malgré le froid, hideux, en loques, barbouillés de boue, agitant leurs longues chevelures noires crasseuses qui les consacrent à quelque idole. Il y en a qui se roulent dans la poussière parmi les chiens et les porcs. Tous hurlent comme des démons. Que la Sainte Enfance est donc une œuvre divine, qui lave et purifie dans l'eau du baptême les fronts de ces sordides créatures !

J'arrive enfin au *tang-li*. On appelle ainsi dans une chrétienté l'ensemble des bâtiments constitués par la chapelle, la chambre du Père, celle du catéchiste, et les écoles de garçons et de filles. Réception enthousiaste ! Qu'ils sont contents, les chers pauvres de Notre-Seigneur ! Ils accourent tous, radieux, débraillés, malpropres, au son d'une vieille cloche fêlée et d'acclamations incessantes : « *Chenn fou lai leao* ! *Chenn fou lai leao* ! (Le Père est arrivé ! Le Père est arrivé !...) »

Ils s'engouffrent dans la maison de terre qui sert d'église, et ils restent longtemps prosternés dans un sourd murmure de prière, tandis que je les bénis

On m'introduit dans une chambre... Inutile de la décrire ; elle ne ressemble guère à celle de Siao-sinn.

Tous font le *keu teou*, silencieux et graves ; mais, dès qu'ils sont relevés, leur joie éclate, déborde : « *Chenn fou hao* ? (Le Père va-t-il bien ?) Et ils posent mille questions sur l'Église, le Pape, la France, la famille du Père, son âge, ses frères, son long voyage pour venir en Chine, sa ville natale, ce qu'il faisait en Europe, ce que faisait son père, etc. « Est-ce que *Palifou* (Paris) est aussi grand que Wei-hsien (1) ? Combien de *lis* faut-il marcher pour aller d'ici à *Louomafou* (Rome) ? etc., etc. (2). »

Ils ne se doutent pas, les pauvres chers rustres, que chacune de leurs questions réveille au cœur du missionnaire des souvenirs trop doux qu'il ne faut point effleurer. Ils ne se doutent point qu'à ce nom de France qu'ils prononcent si durement dans leur rauque langue monosyllabique, des coins de jardin fleuris, des pentes vertes, des vallons parfumés, des ruisseaux d'argent qui gazouillent, viennent poser devant ces yeux intérieurs qu'on ne peut jamais fermer. Ils ne se doutent point qu'à ces mots sacrés de père et de mère, de frère, qu'ils disent trop lestement, des visages vénérés, des visages aimés, surgissent du fond du passé qui fixent encore, qui fixent toujours sur le fils parti ce long regard de l'adieu suprême, de dernier regard si doux, qui transperça le cœur au moment du grand départ. Ils ne se doutent pas !... Et si, par malheur, un tressaillement trahit l'émotion intime, si une larme vient à perler au coin des yeux, ils ne devinent point qu'ils ont touché une plaie mal cicatrisée qu'un rien remet à vif...

Et ils interrogent naïvement, câlinement, comme de bons enfants qu'ils sont : « Est-ce que le Père a froid ?... Est-ce que le Père a faim ?... »

Le Père a faim, en effet, faim de leurs âmes qu'il veut donner à Jésus-Christ, et pour lesquelles il a quitté tout le reste.

---

1. Wei-hsien est la sous-préfecture voisine : 20.000 habitants.

2. La langue chinoise, très pauvre en consonnes, se trouve bien embarrassée pour rendre nos noms de villes et de pays. Comment dire Paris, France, Russie, Rome, quand on n'a pas d'R à sa disposition ? Les Célestes surmontent vaille que vaille la difficulté en choisissant parmi leurs monosyllabes un son aussi rapproché que possible du son occidental. Mais ce son unique a des sens multiples, discernables par le seul caractère écrit (le son *Fa* a plus de 200 sens ; le son *Fou* plus de 300 ; le son *I* en a 1.100 environ). Alors les Chinois, par courtoisie, choisissent parmi ces sens le plus flatteur, ajoutent le mot *kouo* qui signifie royaume, et il est convenu que le dissyllabe ainsi formé sera le nom du pays occidental. C'est ainsi que la France, *Fakouo*, est le royaume de la loi ; l'Angleterre, *Yingkouo*, le royaume de la bravoure ; l'Amérique, *Meikouo*, le royaume de la beauté ; l'Italie, *Ikouo*, le royaume de la pensée. L'Autriche, *Naokouo* devient le royaume du mystère, et la Russie, *Neue kouo*, le royaume de la soudaineté. Quant à l'Allemagne, ils ont retenu la première syllabe du mot *Deutschland* que répétaient les conquérants de Tsingtao, et ils ont baptisé la Germanie du nom de *Teikouo*, le pays de la vertu !

Eux qui pensent à une autre faim se hâtent d'apprêter et de servir le dîner : deux grands bols de pâtes gluantes nageant dans un brouet crasseux. Rien qu'à la vue, cela vous donne un haut-le-cœur.

Les bols sont pleins jusqu'aux bords, et l'homme qui les apporte y trempe innocemment le bout de ses doigts dans lesquels il vient de se moucher. Et ce qu'il y a de particulièrement réjouissant, c'est qu'il faut à tout prix absorber l'objet. Ils sont tous là à vous observer. C'est eux qui vous ont confectionné cet ingrédient. Ils sont persuadés que c'est très bon, et rien, en effet, rien n'est plus appétissant à leurs yeux : jamais ils ne se traitent aussi bien. Il faut donc manger ; si vous ne mangez point, ils « perdent la face » !

Aussi les voilà qui élèvent la voix, à dix à la fois : « Le Père ne mange pas... Est-ce que le Père est malade ?... — Est-ce que le Père n'a pas d'appétit ?... — Père, ce n'est peut-être pas bon ?... — Le Père veut-il autre chose ? »

Gémissant de mon peu de courage, je fais des efforts désespérés. Mais il m'est impossible de leur voiler tout à fait ma répugnance insurmontable.

— Certainement que le Père n'aime pas ce que nous lui avons préparé ! murmurent-ils au comble de la désolation.

Enfin, n'en pouvant plus, sur le point de rendre ce que j'ai déjà absorbé, je leur déclare que j'ai une maladie d'estomac, que je dois manger très lentement et je leur conseille d'aller, en attendant, préparer leur confession.

Dieu merci, ils acceptent mes raisons, s'écoulent peu à peu de ma chambre et vont s'agenouiller à la chapelle.

Resté seul, je parviens à faire disparaître une portion suffisante de l'affreux breuvage, et je dîne d'un verre de vin de messe et d'une boulette de pain chinois (1).

---

1. Il va de soi qu'une pareille façon de dîner ne peut se renouveler souvent. Il faut absolument que le missionnaire arrive à triompher de lui-même. C'est une condition de son apostolat. Aussi ceux qui entendent dans leur cœur la vocation aux rudes missions de Chine, doivent-ils s'entraîner peu à peu à la mortification de la bouche. Pour cela, il y a un moyen dont j'expérimentai le soir même la souveraine efficacité et l'exquise douceur : le recours à la Reine

Peu après, les confessions commencent. C'est long, très long. On est serré, gêné, car la chapelle est beaucoup trop petite. Et puis, ils sont ignorants ; à chacun il faut rappeler les vérités nécessaires, aider chacun à produire le minimum indispensable d'attrition.

Quand toutes les consciences sont blanchies, je dis mon bréviaire devant le pauvre autel et peu à peu la chapelle se vide.

Voici qu'il n'y a plus personne. Je jette un coup d'œil sur cette « église », s'il est permis d'appeler ainsi un tel taudis : murs de terre grise d'où suinte l'humidité, toit de lattes enfumées, parquet de terre battue, fenêtres de papier huilé ; porte mal jointe sous laquelle siffle un vent de bise qui fait frissonner. Un chétif crucifix de bois, rongé par les vers, pleure sur l'autel de briques ; il pleure la misère terne, désolée, frileuse des pauvres âmes trop loin du prêtre.

Pourtant, de-ci, de-là, sur les murs de boue, j'aperçois quelque chose qui brille. C'est blanc, finement découpé et colorié de nuances bleu ciel et rose tendre. Il y a de petits calices d'or qui rayonnent. Nul doute, ce sont des *Souvenirs de première communion*.

Je m'approche de l'un d'eux et je lis :

O JÉSUS,

QUAND VOUS ÊTES NOTRE PARTAGE
QUE NOUS FAUT-IL DE PLUS ?

Je retourne la délicieuse image :

« *Souvenir de la Première Communion de Jean Laroche-Joubert, faite en l'église Saint-Ouen de Pont-Audemer, le 19 mai 1900.* »

Merci, Jean, d'avoir envoyé ton image pieuse aux pauvres Chinois ! Tes lettres d'or, encadrées de lilas, ils ne peuvent les lire ; mais leur missionnaire les lit, et tu lui as rappelé, au fond de la Chine incivilisée, la pensée qui justement est le ressort de sa vie, puisqu'il ne lui reste que Jésus pour lui tenir lieu de père, de mère,

---

des apôtres. Appuyé sur Elle et pour mériter aux Chinois des grâces de conversion, on arrive à obtenir de soi plus qu'on n'espérait et à terrasser victorieusement les dégoûts les plus affolants.

de frère, d'amis, de bibliothèque, de journaux, de bien-être et de civilisation... Jean, qui que tu sois, sois béni ! tu n'es plus maintenant l'enfant fragile de la première communion ; tu dois avoir 28 ans, tu dois être au front. On prie pour toi en Chine : que Dieu te protège !

Une douzaine d'autres *Souvenirs* sont piqués dans la terre (1). Sans doute un missionnaire, en passant jadis, les aura distribués aux meilleurs enfants du catéchisme ; et aujourd'hui les gens de Wang-tchoang, faute d'autre ornement, les auront mobilisés pour leur église. Je ne résiste pas au désir de les regarder toutes. Je trouve parmi elles des noms que je connais bien, et il s'évoque tout à coup, dans cette misérable case chinoise, l'image radieuse d'une brillante chapelle de lumières et de fleurs avec des petits communiants proprets qui s'avancent dans leur uniforme bleu aux boutons d'or.

Je rentre dans ma chambre. Je crois le travail du jour à peu près terminé. Je m'abuse fort.

Quelques minutes ne se sont pas écoulées que je vois, par les carreaux déchirés de ma fenêtre en papier, les hommes s'assembler dans la cour. Ils sont là en grande troupe qui se poussent, se pressent, chuchotent, discutent à mi-voix. Ils ont l'air soucieux,

---

1. J'ai pris tous les noms sur mon carnet afin de prier pour eux. Les voici ; peut-être qu'un lecteur se reconnaîtra :

Yves et Michel du Perron, Jersey, le 6 juin 1909 ;
Alain de Solages, Jersey, le 8 décembre 1910 ;
Pierre Chardon, Évreux, le 11 mai 1899 ;
Robert Ribard, Évreux, le 16 mai 1901 ;
René de Tonquédec, Jersey, le 6 juin 1909 ;
Robert de Croisille, Évreux, le 21 juin 1893 ;
Simone de Trébons, Couvent de l'Assomption, 29 juin 1905 ;
Robert de Vallois, Bonsecours, Jersey, 8 décembre 1910 ;
Denys Lauras, Évreux, 14 mai 1896 ;
Maurice de Courcelles, Saint-Pierre-de-Chaillot, 28 avril 1910 ;
Maurice de Saint-Hilaire, à Saint-François de Sales d'Évreux, le 27 mai 1897 ;
Simone de Saint-Hilaire, chapelle des Dames Bénédictines de Mantes, 27 mai 1901 ;
Emmanuel de Bizemont, Évreux, 21 juin 1892.

Plaise à Dieu que d'autres images, après avoir dormi quelques années dans les boîtes parfumées de France, prennent aussi le chemin de la Chine !

affairés. Je surprends les mots : « Qui parlera ? » J'en vois qui se récusent. Evidemment, il s'agit de l'école effondrée que je n'ai pas encore vue, car elle est derrière la chapelle.

Enfin, ils ont choisi leur avocat ; ils commencent à se mobiliser vers ma porte. Puis ils hésitent, prennent peur, s'arrêtent, reculent et recommencent à parler vivement, mais toujours à mi-voix. Petites disputes qu'on étouffe. Sans doute, ils se font des recommandations les uns aux autres, ou ils modifient un point de leur plan de campagne.

Enfin un homme courageux s'avance et ouvre ma porte toute grande. Tous alors se précipitent et les voilà à genoux, pressés autour de moi, le corps courbé, levant des yeux timides :

— Levez-vous, levez-vous ! leur dis-je d'un ton aussi rassurant que possible.

Ils restent à genoux.

— *Chenn fou*, commence l'avocat d'une voix pitoyable, un grand malheur est arrivé. L'école de filles que le Père nous avait bâtie ;... ah !... le vent d'est a soufflé, les nuages sont venus, la pluie a ruisselé, le tonnerre est tombé, et l'école du Père s'est abattue ; il ne reste que la chambre de la maîtresse. Nos vingt-deux petites filles ne peuvent plus apprendre le catéchisme. Pitié, bon Père, pitié !

Et tous de répéter d'une voix à fendre l'âme, presque pleurant et faisant le grand *keu teou* : « Ayez pitié de nous ! Ayez pitié de nous ! »

Je parviens enfin à les faire lever.

— Allons, mes bons amis ; consolez-vous ; peut-être est-ce réparable.

— Oh ! Père, il n'y a pas de réparation possible ; les quatre murs sont par terre ; il faut bâtir une autre école.

— Eh bien ! allons voir ensemble ce qu'il en est.

Ils sont radieux de ma décision et s'empressent de me conduire au lieu du désastre.

Hélas ! ils avaient raison : il n'y a pas de réparation possible. Les murs écroulés ne sont plus qu'un amoncellement de boue glacée et, au-dessus de cet amas lamentable, fichées dans la terre gelée, quelques poutrelles, débris du toit, se dressent comme des bras tendus qui implorent pitié.

O dérision ! seule est restée debout la porte sur laquelle on lit ÉGLISE CATHOLIQUE. *Ecole de filles.* Je fais effacer l'inscription qui ne proclame plus que notre malheur.

Quant à la case de la Vierge catéchiste, très étroite, basse, trapue, adossée à la chapelle et ainsi préservée du vent d'est, elle est sauve ; mais un coin du toit de roseau s'est effondré et laisse voir un pan de ciel bleu.

Croiriez-vous que, dans ce terrier immonde de huit mètres carrés, elle continue à faire la classe ?...

Je jette un coup d'œil à l'intérieur et j'entrevois, juchées sur son *kang* (lit de briques), une demi-douzaine de ravissantes fillettes aux joues écarlates ; quatre ou cinq autres sont entassées à ses pieds et, dans ses bras, elle porte la plus petite, une mignonne aux grands yeux étonnés. Et tout ce petit monde crie à pleins poumons les questions et les réponses du catéchisme.

A mon apparition, les enfants se lèvent et il y a quelques plaintes car quelques petits pieds s'écrasent les uns les autres. Quant à la maîtresse, elle ne me dit qu'un mot : « Père, ayez pitié de nous ! »

Ce mot, tout le village qui est derrière moi, le répète comme un écho suppliant : « Père, ayez pitié de nous ! »

Après avoir catéchisé, confessé, communié pendant deux jours, je rentrai à Tchao-kia-tchoang et j'exposai le *desideratum* des chrétiens de Wang-tchoang à notre R. P. Ministre.

Mais, dès les premiers mots, je fus interrompu d'un ton sec où je surpris un effort pour s'endurcir contre un sentiment de pitié :

— Inutile ! mon cher Père ; inutile de m'en dire plus long ! Pour bâtir, il faudrait bâtir en briques ; sinon, avant trois ans, tout serait de nouveau par terre. Or, pour bâtir en briques, il faut 600 francs !

Et, me regardant en face, il ajouta d'une voix basse, mais ferme presque dure :

— Vous savez que je ne les ai pas ;… que je ne peux pas les avoir !… (1)

---

1. « Je ne peux pas les avoir ! » Un démenti solennel a été donné à cette assertion de mon vénéré P. Ministre ; et comme il a été content de s'être trompé ! Mon petit récit n'avait pas plutôt paru dans « *Les Missions catholiques* » de Lyon, qu'une aumône arrivait de France. Une autre vint peu après d'Espagne la compléter, et aujourd'hui de l'école Wang-tchoang est reconstruite. Comme elles prient pour leurs bienfaiteurs, les 22 fillettes — augmentées de quelques nouvelles — bien installées dans la solide école de briques ! Et comme Notre-Seigneur regarde avec amour les sauveurs de ces âmes innocentes !

CHAPITRE VIII

PETITES FILLES ET GRAND'MÈRES

Par le P. G. OLIVIER

Examen de catéchisme. — La maîtresse peut-elle dire la messe ? — Communion blanche et vraie communion. — Du sucre ou de la communion, qu'est-ce qui est le meilleur ? — Une fillette qui mène son papa. — Un hospice de vieilles en Chine. — Batailles non sanglantes entre dames aux petits pieds. — Le baptême transformateur. — L'orpheline vendue comme actrice. — La vieille garde devant le cercueil de la vierge.

Elles étaient là dans le modeste *Keu-ting* de Tchao-kia-tchoang, nos 18 fillettes de sept ans au plus, en costumes bigarrés, la tête coiffée d'une espèce de capeline. De leurs yeux vifs et tout grands ouverts, elles regardaient les murs ornés de quelques cartes de Chine et surtout, à la place d'honneur, l'image de Notre-Seigneur assis dans la gloire et tenant par la main le monde, l'image du *Tout-Puissant*, comme on l'appelle. C'était lui qui était l'occasion de leur visite en ce lieu tout nouveau pour elles. Conduites par la vierge, maîtresse de l'école du village, elles venaient subir l'examen exigé avant l'admission de la première Communion.

L'interrogatoire commença bientôt devant les deux Pères assis près de la table où se trouvaient, avec quelques pains d'autel des *momo* ou petits pains du pays faits de farine et cuits à la va peur.

— Qu'est-ce que ceci ? — Un *momo*.

— De quoi est-ce fait ? — De farine.

— Et cela, qu'est-ce ? — Une hostie.

— Faite de quoi ? — De farine aussi.

— Est-ce la même chose ? — Non, cela c'est une hostie.

— Qu'est-ce que cette hostie ? — Notre-Seigneur Jésus

— Cette hostie que je tiens maintenant, est-ce Notre-Seigneur ?
— Non.

— Quand sera-ce Notre-Seigneur ? — Quand le Père aura dit la « prière qui consacre ».

— Quand dit-il cette prière ? — A la Messe.

— A quel moment ? — Quand on sonne et que tout le monde se prosterne *pa-tchao* (littéralement : à quatre pattes).

— Dimanche, après-midi, à la bénédiction du Saint-Sacrement, on sonne et on se prosterne aussi ; est-ce à ce moment que le prêtre peut consacrer ? — Non, c'est à la Messe.

— Est-ce que la Vierge, votre maîtresse d'école, peut aussi consacrer l'hostie ?

A ce moment, les petits yeux se portent avec un air affectueux et plein de respect sur la catéchistesse qui les forme si bien et qui vraisemblablement dans ces esprits d'enfants devait avoir tout pouvoir... et pourtant la réponse fut négative.

— Et le catéchiste du Père, le peut-il ? — Non plus.

— Qui est-ce qui peut consacrer ? — Le Père, parce qu'il a été consacré *Père spirituel* par l'Évêque.

— Regarde cette hostie. Supposons que j'aie dit la prière « qui consacre ». Je divise l'hostie en trois. Ai-je divisé Notre-Seigneur en trois : par exemple, la tête, les bras, le corps ? — Oh non ! Notre-Seigneur Jésus, on ne peut pas le briser.

— Mais qu'est-ce que j'ai brisé ? — *Mien-hing* : les apparences du pain.

Il serait trop long de consigner intégralement l'interrogatoire, car chaque candidate fut interrogée à son tour sur les points essentiels, sous formes variées.

Le Père leur demanda aussi quel avantage il y a à communier ?

— On ne fait *plus* de péché ! répond naïvement une petite à l'âme bien neuve.

— On ne maudit plus ! dit une autre.

Il faut savoir que les enfants chinois, sur les genoux de leurs parents contractent l'habitude de maudire en même temps qu'ils apprennent à parler. Que de fois aussi ils peuvent entendre les imprécations d'un homme en colère ou d'une femme montée sur son toit et injuriant en termes affreux le voleur de sa poule ! Ces horreurs entrent par les oreilles et sortent sur les lèvres, inno-cemment jusqu'au jour où l'esprit en découvre le sens. Des petites comme cela maudire ! Notre-Seigneur est là.

FAMILLE CHINOISE

Elles avaient chacune subi l'examen, épreuve difficile pour des enfants de 7 ans. Ce fut tout à leur honneur, car, à leur grande joie, aucune ne fut ajournée.

Prenant alors les pains d'autel sur la table, on procède à l'exer-cice de la « Communion blanche ». Et quand ce fut fini :

— Eh bien ! tu viens de communier ? dit à brûle-pourpoint le Père à l'une des enfants. — Non, répond-elle ; ce sera demain.

Aujourd'hui, c'est le *mien-hing*, une hostie. Notre-Seigneur Jésus n'y est pas.

Et le lendemain, se redressant de toute leur hauteur pour être au niveau de la Table Sainte, la tête couverte de leur petit voile noir, avec l'air de minuscules carmélites en fleur, elles recevaient Notre-Seigneur, et chaque jour elles reviennent, le cœur préparé avec soin la veille à la classe du soir. Le cœur s'ouvre et Jésus y descend, et leurs yeux se referment comme les portes d'un tabernacle.

Après la première Communion, il y eut encore réunion au *Keu-ting*, où l'on avait préparé quelques friandises. Des petits Européens eussent fait la grimace devant ces gâteaux qu'on croirait pétris de sable et de pâte trempée dans l'huile de sésame.

— Mes enfants, manger du dessert, est-ce bon ? — Et l'on entendit un *oui* bien accentué. Réponse bien à prévoir de la part de fillettes de 7 ans, guère habituées à ce modeste extra.

— Communier, est-ce bon ? — Oh ! oui, Père. Et les visages étaient tout rayonnants de ce bonheur profond et discret que cause la visite du bon Maître.

— Manger du dessert, communier : lequel des deux est le meilleur ? — Ils ne s'attendaient guère à cette question embarrassante pour de tels bébés, en face d'une boîte de sucreries...

Un éclair jaillit dans les yeux : — Père, c'est communier qui est le meilleur.

— Pourquoi ? — Parce qu'on ne fait plus de péché (les bons petits !), tandis que quand on mange du dessert, on peut encore faire des péchés.

— Après avoir communié, il faut remercier le bon Dieu. Qu'est-ce que tu lui as dit ? — Et l'enfant récita la prière simple, naïve, qu'on lui a enseignée : « Je crois, j'espère en Vous, je Vous aime de tout mon cœur. Tu es là. Ne t'en va pas ! O Jésus ! venez dans le cœur de mes parents ; faites que les païens se convertissent. Bénissez le Père, Monseigneur, le Pape qui nous permet de communier. Restez ! Je Vous aime. »

— Et après ? — *Wan-leao* ! C'est fini.

C'était sa prière à elle qui était terminée, mais les enfants assistent chaque jour à l'action de grâces des chrétiens qui se fait à haute voix et tous ensemble.

Les fillettes n'ont le monopole ni de l'examen solide, ni de l'assiduité à la communion quotidienne. Déjà le R. P. Visiteur a raconté comment les garçons, petits bouts d'hommes de 6 à 7 ans, répondaient avec une ingénuité délicieuse, sans l'ombre d'une timidité, d'une façon très compétente. Ces gamins, plus lurons quoique moins éveillés, moins gracieux que les « carmélites» leurs sœurs, offrent surtout l'impression d'une profonde pureté.

Et depuis ce jour, quel changement chez ce petit peuple et autour de lui ! Si dans la rue, l'un d'entre eux, dans un moment d'oubli, a lâché une parole de travers : « Tu dis des mots comme ceux-là et tu vas aller communier ! » lui dit un camarade. Les cris de bataille, les querelles ont diminué, si l'on en juge d'après les visages moins contusionnés, moins balafrés que jadis. La petite bande est comme une voletée de gentils oiseaux du Bon Dieu. Ils gazouillent : leur ramage captive et ramène les âmes à Notre-Seigneur. Témoin ce papa peu habitué à la fréquentation des Sacrements à qui je demandais : « Qui t'a poussé à venir te confesser aujourd'hui ? — Eh bien, voilà : à la maison, tout le monde m'a dit qu'il fallait venir, qu'il fallait tenir compte des sermons du Père et obéir au Pape... Et puis, la petite de 7 ans qui communie tous les jours m'a dit : *Va* ! » et le reste de la phrase fut étouffé dans un sanglot. Ce n'est pas un cas isolé.

Le matin, ce sont encore ces petits anges qui réveillent la famille et l'entraînent à l'église. On sonne une première fois pour avertir les chrétiens ; un quart d'heure après, seconde sonnerie : on commence à l'église la récitation publique et en chœur des prières préparatoires à la sainte Communion. Dix minutes après, c'est *l'Angelus*, la prière du matin et la Messe. Or, dès le premier coup, les enfants veulent se lever, se laver (ce qui est beaucoup plus compliqué qu'on ne le croirait) pour aller communier ; sur le *kang* de famille, impossible de dormir plus longtemps et l'on suit le bon exemple.

Des enfants, il y en a de tout âge, même de cent ans, comme dit la Sainte Ecriture. Ceux qu'il me reste à vous présenter, sans être centenaires, sont déjà pourtant dans la catégorie des personnes fort respectables, septuagénaires pour le moins. Il s'agit d'un... *hospice* pour cette nouvelle sorte d'enfants. Hospice, le mot est bien prétentieux, à moins que l'on ne pense à ce qui *sera* peut-être, si la charité vient nous aider. Pour le moment, pas de vastes bâtiments, de ces larges salles aux lits bien alignés où vieillards et malades trouvent, avec le confort raisonnable, le secours des docteurs, et surtout le dévouement de religieuses qui ont consacré leur vie à l'apostolat des souffrants. Rêver cela pour ici, ce serait tout à fait chimérique !

Qu'est-ce donc que la petite œuvre de *Wei-tsounn* ? la *Cour de Bon Conseil*, comme nous l'appelons ? — Atteindre les plus miséreux d'entre les miséreux, donc les femmes âgées, privées de tout soutien, païennes, — c'est-à-dire des personnes délaissées, inaccessibles autrement, — les recevoir dans l'orphelinat de Wei-tsounn, où, hébergées, nourries à la chinoise, soignées par des vierges indigènes, instruites par elles des vérités de la foi, elles pourront recevoir le baptême, et, devenues sur le tard enfants de Dieu, aller au ciel : voilà l'idée de l'œuvre. Œuvre secondaire, sans aucun doute, qui ne doit distraire ni le temps du missionnaire, ni les ressources réservées aux œuvres capitales ; — œuvre complémentaire pourtant et de nature (si le bon Dieu la regarde d'un œil favorable), à produire, elle aussi, quelques fruits sérieux.

On n'accepte que des païennes. Pourquoi cet exclusivisme ? Parce que les chrétiennes ont pour les assister les chrétiens, et qu'en admettre ce serait s'exposer à voir arriver par brouettées une collection de semeuses de zizanie dont le besoin ne se fait pas sentir. Et puis, parce que l'œuvre naissante est moins une œuvre de bienfaisance qu'une industrie d'apostolat et de conquête.

Hier, ces vieilles logeaient dans des réduits terreux et obscurs, ou passaient la nuit dans les pagodes délabrées, au pied des *Chenns* monstrueux et grimaçants, et le jour elles allaient, vêtues en tout temps de méchants haillons, quêtant de ci de là leur pitance. Aujourd'hui, propres, habillées simplement et suivant la saison, elles ont le gîte et le couvert. Oh ! rien de luxueux ! à heure fixe, leur bol de millet.

Au début, est-il besoin de le dire ? tout n'alla pas sans difficulté.

Ces païennes n'avaient pas dès le seuil de leur nouvel abri dépouillé leurs manies et le vieux levain de paganisme. Toutefois, les ba-tailles de dames aux petits pieds furent sans gravité et fort rares, grâce à l'autorité et au savoir-faire de la directrice. Cette per-sonne que Dieu a rappelée à lui et qui a laissé à ceux qui l'ont vue à l'œuvre l'impression d'une âme choisie et d'une vertu mûrie par l'épreuve, avait compris que pour pacifier cette col-

VIEILLE CHINOISE SUR LA ROUTE

lection de « démonesses », il fallait au plus tôt chasser le diable et y mettre le Bon Dieu : donc les instruire et les préparer au bap-tême. Tâche ingrate dont elle s'acquittait à merveille. Chaque jour, assise au milieu de ses catéchumènes peu banales, elles leur expliquait en un style simple et prenant les mystères de la foi, et Dieu faisait son œuvre.

Vint enfin l'heureux jour où, après examen sérieux sur leur science, ces candidates vénérables furent admises au baptême. Elles étaient cinq, plus trois orphelines de 12 à 15 ans. La scène fut touchante, et fort impressionnant l'accent de conviction avec lequel chacune, interrogée, répondit : « *Je crois* ».

Après la cérémonie, elles firent les prostrations d'usage, un peu précipitées et parfois trop profondes. Cela manquait d'ensemble, mais pas de pittoresque. A onze, elles avaient 824 ans !

Il en est à qui le bâton ne suffit pas comme soutien ; elles ont pour les guider des orphelines. L'une de ces dernières mérite une mention spéciale : elle a 14 ans, et fut mariée jadis à un triste personnage qui la vendit à un comédien. C'était la perte de cette âme et de combien d'autres avec elles ! Le missionnaire jugea qu'il y avait beaucoup à faire, et il parvint à obtenir, moyennant finances, la petite actrice. Je vois encore sa physionomie d'enfer quand elle arriva chez nous. Elle fut conduite à l'orphelinat, s'habitua, apprit très vite prières et catéchisme, et en pleine connaissance demanda le baptême, qu'elle reçut avec le groupe fondateur de nos vénérables. Depuis, la physionomie a totalement changé, et chaque jour, toute heureuse, elle conduit une infirme à l'église et à la Sainte Table, car nos vieilles enfants de Dieu ont été instruites et préparées à la communion, et chaque fois qu'il y a une messe à Wei-tsounn, avec la dévotion, la préparation et l'action de grâces d'octogénaires qui n'ont que quelques mois de christianisme, elles reçoivent Notre-Seigneur. Ne sont-elles pas du nombre des *enfants* qu'il faut laisser venir à Lui, elles si jeunes dans la foi ?

D'ailleurs la grâce opère ; sans détruire la nature, elle la transforme : les faits le prouvent. « Depuis qu'elles communient, disait la Directrice, elles sont sages, ne se battent plus, ne maudissent plus et travaillent à filer. » Durant la maladie de la Directrice, elles parlementèrent ensemble afin d'offrir au Bon Dieu quelque chose pour sauver la malade condamnée. Elles offrirent, qui un an, qui deux ans, l'une alla jusqu'à faire le sacrifice de cinq ans de sa vie. N'est-ce pas le désintéressement chrétien chez ces égoïstes d'hier ? Quand Dieu eut rappelé à Lui la Directrice, près du lit de la défunte, tandis que, avec des éventails, quatre orphelines étaient prêtes à chasser les mouches, la « vieille garde » venait faire sa dernière veillée, priant à mi-voix, marmottant avec un peu d'hésitation, mais avec cœur, les prières dont le texte leur échappait parfois. Quelques-unes voulurent aller jusqu'au cimetière. C'était bien méritoire pour ces invalides !

Les fruits sont donc sérieux. Les vieilles sentent qu'on leur veut du bien. « Jamais je n'ai vu un homme comme toi, disait l'une d'elles au Père L***. Je n'avais rien, personne. Ici on s'occupe de moi, on me soigne… Je te souhaite de vivre 98 ans ! —Pourquoi pas 100 ans, répartit le Père ? — Oh ! je ne puis pas dire cela, c'est maudire ! » (Serait-ce parce que 100 ans est synonyme de décrépitude ?) « En tous cas, reprit la vieille, si ce n'est pas maudire, je te souhaite 120 ans ! »

Autre résultat : la petite œuvre est une école de charité et d'abnégation pour les orphelines et les catéchistesses de l'avenir, un exemple pour le village, une recommandation en faveur du catholicisme ; elle est à l'abri de tout soupçon injurieux de la part des païens, qui admirent le respect et le soin de la vieillesse.

Sans doute cela n'a pas empêché de dire que le Père avait d'autres projets. Devinez ! ! Monter une écurie pour la prochaine grande guerre ! !… Vous ne comprenez pas ? C'est très simple : arrivées à Wei-tsounn, les vieilles reçoivent dans leur bol de nourriture une drogue qui, après leur mort, les changera en chevaux européens ! ! ! Voilà que vous n'auriez pas trouvé et qui est aussi chinois que diabolique.

Oui, c'est pour la guerre que nous travaillons, guerre toujours actuelle contre le démon, et nous espérons que dans l'œuvre de la conquête des âmes, la « vieille Garde », quand elle sera en paradis, donnera, et que ces invalides d'hier, devenues d'excellentes auxiliaires, augmenteront l'efficacité apostolique des prières et des ferventes communions de nos minuscules « carmélites ».

CHAPITRE IX

COMMENT ON OUVRE UNE CHRÉTIENTÉ

Par le P. M. CANNEPIN

Les vexations d'un *Ya-i*. — O pureté d'intention ! — Salutations des premiers catéchumènes. — Le premier souper à *Li-kia*. — *Yen-wang* ou Jésus-Christ ? — Première messe. — Un conte des mille et une nuits. — La conversion définitive.

Le Vicariat apostolique du Tché-li Sud-Est, comprend cinq *fou* (préfectures), subdivisées en trente-neuf *hien* (sous-préfectures).

De ces trente-neuf sous-préfectures, la Providence m'en a confié une : le *Tsing-fong*. Hélas ! les baptisés n'y sont encore qu'une poignée : à peine un millier et la conversion des plus anciens néophytes ne remonte pas à trente ans.

Nos bienfaiteurs se demandent parfois comment se fonde une chrétienté en Chine. Les pages suivantes vont leur en donner une idée.

J'espère qu'ils ne seront point choqués de certains détails trop vrais, et qu'en perdant quelques illusions, ils reconnaîtront quand même le doigt de Dieu, au milieu des mesquineries humaines.

Donc, en ce temps-là, qui n'est point trop éloigné — c'était en 1915 — un méchant *ya-i* (homme de la police mandarinale) s'efforçait, par mille vexations, de rendre la vie dure aux honnêtes paysans du bourg de Li-kia. Picorer dans leurs vergers ou leur basse-cour, piller leurs maisons, recourir à mille moyens injustes pour leur extorquer des sapèques, était pour lui un jeu quotidien.

Comment lutter contre un si puissant adversaire ?

— Si nous lui intentons un procès, disaient les pauvres victimes, les choses n'en iront pas mieux. Au contraire, au lieu d'un *ya-i*, nous en aurons dix contre nous.

Après avoir beaucoup réfléchi et délibéré, ils se dirent · « Faisons-nous chrétiens ; le missionnaire nous protégera ! »

Et voilà comment, un beau jour, il y a de cela trois ans, les gens de Li-kia arrivèrent à Tsing-fong porteurs d'un long papier rouge, sur lequel leurs noms étaient inscrits en gros caractères :

— Père, me dirent-ils, nous voulons embrasser la religion du Maître du Ciel ! — et me tendant la pancarte — vois combien nous sommes nombreux !

— Fort bien, mes amis, et pourquoi voulez-vous embrasser la religion du Maître du Ciel ?

— Père, c'est pour sauver notre âme !

Pauvres chers païens ! c'est à peine s'ils savent qu'ils en ont une !

Et ils se mirent à m'offrir des sapèques, demandant à m'acheter médailles, chapelets, scapulaires.

Je refusai. Il fallait auparavant connaître le vrai motif de leur beau zèle.

— Vous n'auriez pas, par hasard, une petite affaire ennuyeuse à arranger ? insinuai-je doucement.

Un naïf de la bande, pris au dépourvu, laissa échapper :

— Oh ! oui, il n'y a plus moyen de vivre avec...

Les coups de coude qu'il reçut dans l'estomac et les coups de poing dans le dos l'empêchèrent d'en dire plus long. Mais j'en savais assez.

Je les congédiai avec de bonnes paroles.

Puis, j'envoyai dans leur village un homme de confiance faire une enquête.

Informations prises, comme leur cause était juste et sans grandes conséquences, je leur accordai enfin un catéchiste.

Ils eurent bientôt fait d'apprendre le signe de la croix et le commencement du catéchisme. Le *ya-i* n'était-il pas là pour stimuler leur ferveur ?

Bientôt, ils vinrent m'inviter :

— Père, nous savons les prières ! me firent-ils dire. Que le Père vienne nous voir ! » Je déférai à leur demande.

Du plus loin qu'ils aperçurent mon char, les enfants, en criant, annoncèrent mon arrivée : *laileao, laileao* (il est venu !)

Et ils accoururent gambader autour des mules.

En un clin d'œil, tout le monde fut sur pied. Chrétiens, païens, hommes, femmes, jeunes et vieux, tout le monde se pressait dans la ruelle centrale du village. Les uns montaient sur les toits ; d'autres se tenaient à cheval sur les murs. Des grappes de curieux étaient accrochées aux arbres. J'arrive devant la maison où l'hospitalité me sera donnée. Deux gamins faisaient, dans l'inté-rieur, avec leur balai, un nuage de poussière à n'y plus rien voir. Les parquets sont de la terre battue ; aussi vous jugez ! Les gens attendent, d'ordinaire, qu'on arrive pour balayer ; c'est une des marques de leur empressement à vous bien recevoir.

Le maître du logis était, d'autre part, fort affairé à recoller du papier, en guise de vitre, à la fenêtre.

Pendant ce temps, on déchargeait mon char et, à la place des couvertures pouilleuses de la maisonnée, on installe les miennes sur le *kang* (lit chinois).

Enfin, voici le moment solennel de la salutation.

Tous les assistants, dans un profond silence, s'agenouillent et inclinent la tête trois fois jusqu'à terre. C'est la prostration d'usage.

Mais, dès que les gens sont relevés, éclate un fracas de voix, un brouhaha indescriptible. C'est à qui sera le plus près de moi, et qui m'écrasera le mieux les pieds !

Tout le monde demande à la fois :

— *Chennfou hao* ? (Est-ce que le Père va bien ?)

C'est le cri universel.

— Très bien, mes amis, très bien !

Et c'est à mon tour de poser des questions.

Mais je dois, auparavant, congédier la masse bruyante et curieuse. C'est famille par famille, individu par individu, que je procède à mon *interview*.

À l'un je demande :

— As-tu encore tes vieux parents ?

— Oui, Père, mais ils sont bien âgés et un peu sourds ; ils ne peuvent pas être chrétiens, ils ne comprendraient pas la doctrine.

— Mais si ! mais si ! Ils ont une âme ; je leur apprendrai à connaître le Bon Dieu, j'userai pour eux d'indulgence. Je tiens à faire leur connaissance.

A un père de famille qui me présente son jeune fils :

— Voici ton petit garçon, c'est très bien ; mais n'en as-tu pas d'autres à la maison ?

— Père, c'est le numéro trois, et il a encore deux frères plus jeunes.

— Et des sœurs, en a-t-il ?

J'insiste pour savoir s'il y a des filles en bas âge. D'ordinaire, on ne les déclare pas. Les filles ne comptent pas, en Chine ; on éprouve une sorte de honte à parler d'elles.

Et je prenais note. J'écrivais les noms des enfants et des petits-enfants. Et plus il y en avait, plus je me réjouissais dans mon cœur. Je me disais : « Toi, mon bonhomme, quand, dans un an, je reviendrai te baptiser, avec ton petit monde, je reprendrai ma liste d'aujourd'hui, et je ferai l'appel. Quelle joie, ce jour-là ! Tes enfants et petits-enfants, à eux seuls, rempliront la chambre. »

Je m'informais aussi s'il n'y avait pas de petits malades pour les baptiser. Prémices de la moisson future ! Petits anges éclaireurs sur la route du ciel !

Tout à coup la porte s'ouvre à deux battants :

C'est mon souper que l'on m'apporte sur un plateau de bois.

Pour jouir du spectacle, les gamins de l'extérieur se précipitent à la fenêtre et percent de trous le papier qui remplace la vitre. Pensez donc ! voir un Européen manger avec une cuiller et une fourchette ! Les petits Parisiens n'ont pas plus de plaisir au Jardin des plantes, à voir manger une bête curieuse.

Malheureusement mon catéchiste gâta le plaisir de ces chers petits. La nuit tombait. Pour me protéger du froid, il installa la bâche de mon char devant l'embrasure et j'entendis bientôt les enfants qui, de leurs doigts, avaient crevé le papier de la fenêtre se murmurer les uns aux autres, tout désappointés : « On ne peut plus voir ».

La prière du soir me ramena tous mes néophytes.

Quand ils eurent bien crié, bien chanté leurs oraisons, avec le catéchiste qui dirigeait la psalmodie, je pris la parole.

Le moment était donc venu, pour moi, de jeter la première semence de l'Evangile. Moment solennel ! S'il plaît au Maître de la moisson, la semence germera et, dans quarante ou cinquante ans, donnera les fleurs de vertus que nous admirons dans nos vieilles chrétientés du nord de la mission. Moment important, aux éternelles conséquences, où il faut leur parler de Dieu et de leur âme. Pauvres gens ! ils n'y pensent guère ! ils ruminent dans leur cerveau l'histoire douloureuse des vexations du *ya-i* et se demandent comment ils vont les raconter demain, dès que je ferai mine de m'en aller.

Pour les distraire de leurs préoccupations matérielles, je leur montre les grandes images de la Bonne Presse, et je fais mon catéchisme par questions et réponses.

— Ton âme, où va-t-elle après la mort ?

— Elle va voir *Yen–wang* (1) ! » répond quelqu'un.

Et tout le monde de rire.

— Mais non ; *Yen-wang* est un diable des païens. Tu ne peux pas aller voir le diable ; tu iras voir le Bon Dieu, qui te récompensera ou te punira, et tu ne reviendras plus... Tu as entendu, parfois, les païens rappeler l'âme de leurs parents défunts, en criant : « Un tel et un tel, revenez à la maison ! » Est-ce que ces défunts sont jamais revenus ?

— Non, Père, jamais !

L'auditoire devient de plus en plus attentif et, quand l'instruction est terminée, tous ces braves paysans, accroupis autour de moi, gardent le silence. Ils songent à ce que j'ai dit. Ils ne veulent point s'en aller. C'est que, pour la première fois, au fond de leurs pauvres âmes endormies dans le péché, les divines vérités ont pénétré, les vérités qui ont fait la conquête du monde, les vérités qui font vivre. La voix inconnue du Sauveur parle doucement à leur conscience.

On récite enfin l'*Ave Maria* et, lentement, la foule s'écoule.

---

1. *Yen-wang* est pour les Chinois ce que Pluton était pour les Romains.

Quand je suis seul, je m'installe pour la nuit, dans la chambre malodorante et surchauffée par l'assistance.

Le lendemain, ce même taudis se transforme en chapelle.

TEMPLE BOUDDHISTE

Hélas ! quel autel ils m'ont offert ! Il n'y a pas eu moyen de trouver une table rabotée qui tienne d'aplomb.

Pour comble de misère, le catéchiste, ayant fait sa cuisine dans le local, a terriblement enfumé, avec son fourneau en terre et sans cheminée, les murs et le plafond. Il faut balayer en haut, à gauche, à droite. Sinon, qu'arriverait-il ? Pendant la messe, les poussières noires, détachées par l'air chaud des cierges, tomberaient lentement sur mon ornement blanc, sur le corporal, sur le missel, peut-être dans le calice.

Mes catéchumènes, bientôt, arrivent, disposent des nattes à terre et s'accroupissent attentifs. Les tout petits sont en avant, serrés autour de moi, ouvrant les yeux, autant qu'un Chinois peut les ouvrir, pour ne rien perdre de ce qui va se passer.

Avant la messe, je dis quelques mots aux assistants ; je leur recommande surtout de ne pas venir communier à la suite du catéchiste. Ils doivent se contenter, ce jour-là, de recevoir, dans leur maison la visite du Maître du ciel. Plus tard seulement l'Hôte divin descendra dans les cœurs.

Et je commençai le saint Sacrifice.

Tout alla bien jusqu'à l'*Agnus Dei*. Mais, à ce moment, se produisit soudain un grand tumulte derrière moi. Tous les hommes se levaient précipitamment et sortaient.

Voici ce qui était arrivé :

Un mauvais drôle — je l'ai éliminé de mon troupeau depuis — avait, au début de la messe, disposé des braises sur ses couvertures, dans sa maison, toute proche, et il était venu s'agenouiller dans l'entrebaillement de la porte, d'où il pouvait surveiller la réussite de sa petite manœuvre.

L'incendie couva longtemps sans éclater ; lorsque, enfin, les couvertures flambèrent, c'est lui-même qui donna l'alarme et cria : au feu !

— Mais pourquoi, me demanderez-vous, mettre le feu à ses propres couvertures.

— Pour faire tomber les soupçons sur le *ya-i*, et montrer au missionnaire de quelles vilenies il était capable.

— C'est indigne ! direz-vous ; c'est une injustice criante !

— Je l'avoue ; mais, pour la conscience d'un Chinois encore païen, ce n'est là qu'une peccadille. La fin justifie les moyens. Que voulaient les gens de Li-kia ? Se venger d'un bandit qui les avait persécutés, volés, pressurés indignement. Sans doute, il était innocent de ce délit-là ; mais il en avait commis tant d'autres !

C'est ainsi que nos catéchumènes, quand leur cause est juste, y mêlent presque toujours quelque chinoiserie de leur façon, pour décider le missionnaire à agir.

Pendant mon action de grâces, j'entendais mes « paroissiens » parler à mi-voix dehors.

— Le Père va remonter en char, disaient-ils, c'est le moment de déballer notre affaire.

Les voilà !

— Vous avez encore quelque chose à me dire, mes amis ?

— Oh ! rien, Père, nous venons vous saluer.

Alors, je fais semblant de sortir.

— Père, asseyez-vous ; le char n'est pas encore attelé...

Et le plus lettré de la bande entame le récit de leurs griefs... Quelle lamentable histoire !... Quelle tragi-comédie drolatique et infâme ! Un vrai conte des Mille et une Nuits dans lequel il me serait impossible d'introduire le lecteur chrétien : superstitions, haines, conflits, coutumes étranges, brutalités et tout l'amas des turpitudes diaboliques. Ah ! quand on a respiré un instant cette atmosphère infernale, combien on bénit Dieu d'être né chrétien !

Et maintenant, me direz-vous, maintenant que vous avez entendu « l'affaire », que vous avez tiré d'embarras tous ces gens, ont-ils persévéré ?

C'était par haine du *ya-i* et non par amour de Dieu qu'ils voulaient le baptême. C'était pour se tirer des griffes de leur ennemi et non pour sauver leurs âmes qu'ils vous avaient appelé. Avaient-ils, du moins, le *minimum* d'intention droite indispensable pour qu'une conversion soit durable ?

Ecoutez, voici où nous en sommes aujourd'hui.

Aujourd'hui, il y a beau temps que l'histoire est oubliée, et l'affaire enterrée. Le *ya-i* s'est assagi et n'ose plus molester personne à Li-kia. Les mauvais drôles de la « paroisse » se sont retirés de gré ou de force, et les honnêtes gens seuls sont restés. Ils ont renoncé au diable, du fond de leur cœur.

Les gamins, si pétulants et curieux lors de ma première visite, font la sainte communion toutes les fois qu'ils le peuvent. L'un d'eux pleure quand sa mère, restée païenne, fait des superstitions; même, un jour, il a déchiré et jeté au feu les images de ses diables ; n'ayant que quatorze ans, il a jeûné, le Carême dernier, plusieurs vendredis.

Et mes bonnes vieilles néophytes, pour rien au monde, elles ne voudraient plus brûler de l'encens aux idoles. La « vierge », qui se trouve au milieu d'elles, distribue des remèdes, et tous les villages païens, à plusieurs kilomètres à la ronde, lui apportent leurs enfants malades à baptiser. Elle a ainsi, déjà, ouvert le ciel à une centaine de petits anges. J'ai construit une école de filles à Li-kia et, en ce moment, je quête afin d'en bâtir une pour les garçons.

A qui Li-kia doit-il tant de bonheur ? A qui doit-il la lumière de la foi ?

Au bon Dieu, sans doute, qui, par un miracle de grâce, a transformé en bons chrétiens des idolâtres fourbes et menteurs. Il le doit aussi aux généreux bienfaiteurs dont les aumônes me permettent d'entretenir, dans ce village, un catéchiste et une baptiseuse. Mais après Dieu, après les bienfaiteurs, n'est-ce pas aussi au *Ya-i*, à son voleur, à son bourreau, que Li-kia doit de n'être plus païen ? Tant il est vrai que la Providence sait tirer le bien du mal !

CHAPITRE X

COMMENT ON BATIT UNE ÉGLISE

Par le P. M. Cannepin

La ville de *Kai-tcheou*. — *Beata pacis visio*. — Laborieux débuts. — Entre
le désir et la peur. — L'assassinat. — Les écoles mangeantes. — Maître
Liou part pour la Trappe. — Les foules chinoises indéfiniment compressibles.
— Comme au moyen-âge, tous à l'œuvre pour bâtir l'église ! — La ligature
du ramasseur de fumier. — Gloire à saint Joseph !

Le 12 avril 1914, deuxième dimanche après Pâques, il y eut,
à Kai-tcheou (1), une fête comme on n'en avait jamais vu, de
mémoire d'homme, en ce coin de Chine. Le R. P. Supérieur de la
mission, délégué de Monseigneur, faisait la bénédiction solennelle
de l'église. Dès le lever du jour, une salve interminable de pétards
avait annoncé la cérémonie.

Bientôt la procession s'ébranlait : la croix, les enfants de chœur,
la musique de notre petit collège, les missionnaires des environs
venus nombreux à la fête, enfin, l'officiant ayant pour assistant
l'heureux P. Jung, alors curé de Kai-tcheou.

Tout autour de l'église, la plus belle couronne que l'on puisse
rêver ici, 1.200 chrétiens agenouillés dans une attitude de ferveur
exemplaire.

Les prières terminées, tandis que rivalisaient d'exubérante
sonorité, le carillon de la cloche, le fracas de la musique, le tonnerre
des inévitables pétards (en Chine, il faut du bruit), la nouvelle

---

1. Kai-tchéou est une ville pittoresque, blottie entre de hauts remparts
de terre, au Sud de la grande province du Tché-li, à dix kilomètres du Fleuve
Jaune.

église, toute blanche, toute lumineuse sous le beau soleil qui éclairait ses verrières, s'emplissait lentement pour la grand'messe.

Les braves ruraux, accourus de toutes les bourgades voisines, n'en croyaient ni leurs yeux, ni leurs oreilles. Ah ! ce n'est pas dans leur village qu'on a jamais vu à la fois trois prêtres à l'autel ! Les *alleluia* de nos soprani, accompagnés à la tribune par les doux accords de l'harmonium, achevaient de les transporter.

Cette fois, ils étaient bien dans la maison du « Maître du ciel ». La parole éloquente d'un prêtre chinois, le P. Ly, acheva de le leur faire comprendre, et ce fut un spectacle magnifique, lorsqu'à la communion toute la foule se leva et se dirigea dans un ordre parfait vers la sainte table.

Nos chrétiens ne furent pas seuls à se réjouir, les païens eux-mêmes s'unirent à la fête et tinrent dans cette circonstance à témoigner toute leur sympathie aux Pères.

Les détonations de longues guirlandes de pétards suspendues aux arbres et allumées par l'extrémité inférieure annoncèrent leur arrivée. Pendant que la poudre « parlait », ils vinrent respectueusement s'agenouiller dans l'église et faire la grande prostration, en inclinant à plusieurs reprises la tête jusqu'à terre devant le tabernacle. Puisse cet acte matériel d'adoration au vrai Dieu leur obtenir le salut !

Les vieilles dévotes païennes voulurent, elles aussi, avoir leur part de bénédiction et faire leurs dévotions, dans la belle *pagode* du P. Jung. Elles s'adressèrent au cuisinier, qui leur fit comprendre que seul le Père pouvait brûler de l'encens au *T'ientchou*.

A l'issue de la cérémonie, je vis une de mes bonnes chrétiennes du Tsing-fong, venue de bien loin sur ses petits pieds, pour assister à la fête.

— Eh bien, es-tu fatiguée ? lui demandai-je.

— Fatiguée, Père ! mais c'est le Paradis !

Beata pacis visio !

Nos gens, sans doute, n'ont pas saisi toute la portée de la fête. Paysans aux vues courtes, ils n'ont admiré, compris, estimé, que l'église matérielle, son haut clocher, ses cinq nefs, ses colonnes en simili-marbre, et surtout ce qu'elle a coûté de sapèques.

— Dis donc, *Ping fou !*

— Quoi ?

— Il doit en avoir des sapèques, le Père, pour construire une pareille pagode !

Ainsi raisonnaient, comme des vieux, deux bambins crasseux et ravissants dont je surpris la conversation.

Oui, en effet, les sapèques étaient venues ; elles étaient venues suffisantes, elles étaient venues à leur heure, la Providence ayant suscité en faveur de Kai–tcheou une généreuse bienfaitrice, qui ne veut être connue que de Dieu. Et nous ne pourrons jamais trop remercier le divin Maître, ni la main dont il s'est servi.

Nous missionnaires, ce que nous voyons, estimons, chérissons — bien plus que l'église visible — c'est l'église spirituelle, ce sont les âmes, ce sont les pierres vivantes !

De ces pierres vivantes, il n'y en avait encore aucune, il y a vingt-cinq ans. Dans toute cette vaste région, les corps ne portaient que des âmes mortes. Le premier missionnaire, le P. Japiot, ne s'y installa qu'en juillet 1890 et je veux raconter au lecteur l'histoire de cette conquête spirituelle, de cette construction d'Eglise invisible, avant celle de l'Église visible.

Avant le P. Japiot, des missionnaires de Tamingfou étaient venus faire à Kai–tcheou de courtes apparitions sans s'y établir. On y avait acheté une méchante bicoque chinoise, où résidait un catéchiste, à charge de baptiser les enfants mourants.

Lorsque le P. Japiot y arriva, il aperçut de bien loin, sur la route, entre deux cahots de char, ce que l'on voit encore aujourd'hui : les remparts crénelés, la tour superstitieuse qui les domine, les portes superbes et en ruines de la vieille cité païenne. Entrevit-il dans un rêve, sur l'azur lumineux du beau ciel chinois, la croix d'un clocher dominant les pagodes de Satan ? Je ne sais... Cette imagination lui eût paru bien chimérique... aujourd'hui, c'est une réalité.

L'humble ouvrier de la première heure songea d'abord aux fondements spirituels de l'édifice.

Dans la maison où il établit sa demeure, saint Joseph eut son oratoire — oh ! pas très riche en comparaison de celui qu'il habite aujourd'hui. Mais le grand saint s'y trouva bien, il faut le croire, car il ne fut pas pressé de bâtir... les pierres vivantes n'arrivaient pas.

Au bout de trois années, Kai–tcheou ne comptait encore que trois chrétiens, une certaine famille *Kouo*, péniblement amenée aux fonts baptismaux.

Aux missionnaires de passage qui lui demandaient :

— Eh bien ! Père Japiot, combien de chrétiens à Kai–tcheou ?

Il répondait avec un sourire où l'espoir, la volonté d'aboutir se mêlaient à la tristesse :

— *Hao ki pai kinn* ! (plusieurs centaines de livres).

Et ces plusieurs centaines de livres de chrétiens étaient en ville. A la campagne, pas une !

Le P. Japiot tenait bon, pourtant, et contre l'isolement, et contre le découragement. Il distribuait des remèdes et baptisait les petits enfants.

O chères prémices du Kai–tcheou, c'est vous, sans doute, radieux enfants du paradis, c'est vous, qui, là-haut, parmi les anges, avez préparé la construction de l'église du Kai–tcheou !

> *Beata pacis visio*
> *Quæ celsa de viventibus*
> *Saxis, ad astra tolleris*
> *Sponsæque ritu cingeris*
> *Mille angelorum millibus.*

En effet, les pierres vivantes commencèrent d'arriver. Ce fut de Wang-tchou, petit village à l'ouest de Kai–tcheou, que vinrent les premiers catéchumènes. Mais ce ne fut pas sans difficulté. L'administrateur actuel en raconte volontiers l'histoire.

Les braves gens de Wang-tchou depuis longtemps voulaient voir le Père. Maintes fois, ils étaient venus en ville avec cet espoir (au moins soixante fois, assurent-ils aujourd'hui). Mais, parvenus à sa porte, ils hésitaient, tremblaient.

« Comment aborder un grand homme comme le Père ? De quels rites se servir pour le saluer ? »

Toutes ces choses sont encore aujourd'hui, pour nos paysans, un vrai problème, un épouvantail... Et alors, le Père était à peine connu ! le démon avait beau jeu à troubler leur cerveau par mille folles terreurs !

Le Père priait pour obtenir des catéchumènes. Eux, pendant ce temps, tournaient autour de sa maison, passaient et repassaient devant sa porte, et finalement s'en retournaient plus défiants qu'ils n'étaient venus.

Enfin, un beau jour, las de tergiverser, ils se hasardèrent à parler au portier.

— Quelle affaire vous amène ?

— Nous voudrions voir le Père et nous faire chrétiens.

Le portier bondit de joie. Il n'en croyait pas ses oreilles.

— Père ! des catéchumènes ! !

Inutile de dire si l'accueil qui leur fut fait les rendit moins défiants à l'avenir. Un catéchiste leur fut donné pour préparer le terrain.

Un peu plus tard, le Père se rendit en personne à Wang-tchou, et, ce jour-là, tout le pays fut sur pied pour contempler le grand homme d'Europe. Rien ne manquait à la fête : bannières, pétards, musique, la première réception du Père est restée célèbre dans les annales du Kai-tcheou.

Dès lors, les catéchumènes se firent inscrire par centaines, et les villages des environs voulurent aussi avoir leur catéchiste.

A Si-li-tchoang, un bachelier rendait la vie dure aux catéchumènes par ses vexations, mais d'une façon si habile qu'il était difficile de porter plainte au tribunal.

— Bah ! patientez, leur disait le P. Japiot ; c'est trop peu de chose pour que je puisse intervenir ; ce ne sont que des coups d'épingles. Si cela devenait une grosse affaire, j'interviendrais ; mais pour le moment, cela n'en vaut pas la peine.

« Ah ! se dirent les gens, le Père veut une grosse affaire ; nous en ferons une ! »

Peu après, ils écrivirent une lettre au Père Japiot, qui se trouvait alors en ville, et la firent porter par un des leurs, un pauvre vieux du village. Sur la route, des jeunes gens déguisés, chrétiens eux aussi, devaient l'attaquer, le malmener sérieusement et aller aussitôt en ville accuser le bachelier et les païens d'avoir fait le coup

Ce n'était pas mal combiné : agression à main armée, blessure d'un chrétien, vol d'une lettre écrite au Père. La « grosse affaire » était trouvée. Le Père, certes, n'en demanderait pas davantage.

Ainsi fut fait.

Malheureusement, le pauvre vieux reconnut un des assaillants et, ne comprenant rien à cette tragi-comédie, menaça de tout raconter au Père.

Ce fut sa perte. On l'acheva, on porta son cadavre en ville, et on annonça au Père que les païens avaient assassiné le courrier qu'ils lui adressaient.

Le P. Japiot, trompé, en parla au mandarin. Celui-ci fit d'abord arrêter quelques païens ; puis, en bon Chinois qui connaît son monde, il soupçonna les catéchumènes, et en fit saisir quelques-uns. Aussitôt les coupables prirent la fuite ; la vérité fut connue, et le Père — inutile de le dire — abandonna la cause des coupables.

Pauvres gens de Si–li–tchoang ! quelle perte de face ! Aussi n'osèrent-ils plus parler de christianisme. Tous les catéchumènes reculèrent, et le bon grain qui germait fut écrasé.

C'est ainsi en Chine ! Il faut s'attendre à des déceptions, à des échecs. On prie, on travaille, on croit toucher au but, puis subitement tout s'écroule, et les catéchumènes retournent à leurs idoles. Tantôt le Père, voyant leur affaire injuste, n'a pas voulu les aider ; tantôt le 6e et le 7e commandements leur semblent trop durs ; tantôt les sorciers les effraient.

Mais les mérites gagnés par le missionnaire ainsi éprouvé retombent en pluie de grâces sur des villages mieux disposés.

Si–li–tchoang en est un exemple mémorable.

Peu après la triste affaire, de nombreux villages se déclarèrent chrétiens. Le meurtre de Si-li-tchoang avait fait connaître la vraie religion sous un mauvais jour, sans doute ; mais il avait mis en lumière l'esprit d'équité des missionnaires.

En Chine comme partout, c'est par les écoles que s'implante le mieux le christianisme.

REPAS DES INONDÉS

Le P. Japiot en ouvrit le plus possible.

Des *écoles mangeantes* (1), s'il vous plaît ! voilà qui était alléchant.

Pourtant, malgré cette aumône des *momo* (pains) et du millet, offerte chaque jour à qui viendrait, les classes restaient presque vides. « Le *Si yang jenn* (homme de l'Occident) arrachait, disait-on, le cœur et les yeux des enfants. »

---

1. Aujourd'hui, la modicité de nos ressources ne nous permet plus ce genre d'apostolat, et cette œuvre, qui pouvait être pratique au début, n'est plus guère possible maintenant.

Cette rumeur n'a rien d'invraisemblable, puisque, aujourd'hui encore, en Chine, il y a des fabriques de remèdes humains. Et puis, l'invraisemblance n'est pas pour rebuter la crédulité populaire, au contraire, surtout en Extrême-Orient.

Pour apprivoiser les petits du Kai–tcheou, le P. Japiot fit venir des enfants chrétiens du Nan–lao, la sous-préfecture voisine. Ainsi il fut évident, pour tous ceux qui voulaient se donner la peine de regarder, que nos élèves conservaient leurs deux yeux et leur cœur. Dès lors, le chiffre des élèves ne cessa plus d'augmenter.

En 1897, sept ans après la fondation, les supérieurs envoyèrent au P. Japiot le P. Jung comme vicaire.

La marche en avant continuait et le mouvement des conversions était magnifiquement lancé, quand se déchaîna la tempête de 1900, l'insurrection des Boxeurs. Le fruit de dix ans de lutte acharnée contre le paganisme sembla anéanti. Comment allaient résister des chrétientés si nouvelles à un ouragan si brutal ? Comment donner sa vie pour une religion que l'on connaît à peine ?

Beaucoup de nos chrétiens s'enfuirent, d'autres s'en tirèrent en apostasiant extérieurement. Mais, en réalité, rien ne fut définitivement perdu, et lorsqu'un an après, la paix conclue, le P. Japiot revint de Chang-hai où il s'était réfugié et compta son troupeau : Kai–tcheou avait 788 baptisés !

Le bon Dieu ne tarda pas à rappeler à lui son serviteur.

Le P. Jung continua l'œuvre et la conduisit au succès. Il rassembla tous les jeunes gens qui avaient jadis fait quelques études au collège de Kai–tcheou, il fit donner une instruction sommaire à de braves paysans, peu lettrés sans doute mais de bonne volonté, et il les lança comme catéchistes à l'assaut des villages païens. La foi, le zèle et la science de ces apôtres improvisés ne furent pas toujours à la hauteur de leur tâche. Mais le missionnaire, énergique, infatigable, toujours par monts et par vaux, suppléa, par sa merveilleuse connaissance de la langue et des usages du pays, à tout ce qui manquait à ses collaborateurs.

Il ne se contenta pas d'inviter les gens à entrer dans la bergerie ; se souvenant du *compelle intrare* de saint Paul, il les y poussa.

Quand il tenait un homme, il lui fallait la famille entière ; quand il tenait une famille, il voulait tous les voisins ; il lui fallait non pas des individus, mais des chrétientés.

Tel de mes catéchistes actuels s'en souvient bien. Sa femme est aujourd'hui une excellente chrétienne et ses filles sont catéchistes; mais ce ne fut pas sans mal. Chaque fois qu'il allait saluer le P. Jung, à sa visite, au milieu des autres chrétiens :

— Eh bien ! ta femme et tes filles vont-elles à l'école ? de mandait le Père.

C'était chaque fois une *perte de face* pour mon Chinois. Les filles ne voulaient pas entendre parler de christianisme. Aussi, un jour, n'y tenant plus, il fit acte d'autorité en rentrant à la maison :

« Vous irez à l'école ! » déclara-t-il et il sut se faire obéir.

Bientôt les femmes du Kai–tcheou furent chrétiennes et se firent apôtres. Les jeunes brus, en retournant chez elles dans les villages voisins, parlèrent du christianisme à leurs parents et le leur firent désirer.

Les païens s'habituèrent à la grande barbe du missionnaire. Ne le voyaient-ils pas sans cesse passer dans leur village, à cheval, en char, à bicyclette ? Un jour, ils s'enhardirent jusqu'à lui parler. Venu à Kai–tcheou, à l'automne de 1911, je pus assister à la procession interminable des catéchumènes accourus des quatre points cardinaux pour chercher des catéchistes.

De son côté, le collège prospérait. Il s'était dilaté ; il comptait alors 80 élèves.

Ceux qui avaient fini leurs études, les plus grands, qui en sortaient chaque année, s'en allaient, comme catéchistes, ouvrir de nouvelles chrétientés.

Le P. Jung était aidé dans son œuvre éducatrice par Maître Liou, surnommé « le Trappiste », et voici pourquoi.

Travaillé du désir de plaire le plus parfaitement possible à Dieu et de gagner surabondamment des mérites pour le ciel, il songea un jour à quitter Kai–tcheou pour la Trappe de Notre-Dame de Consolation située à quatre journées au Nord de Pékin.

Il s'en ouvrit au P. Jung.

— Écoute, lui dit le Père, à mon avis tu es fait pour l'apostolat ; mais je ne voudrais à aucun prix mettre obstacle à un vrai appel de Dieu. Va à la Trappe, si tu t'y crois appelé ; je ne te retiens pas.

Maître Liou partit… et revint.

— Père, mon lit à Kai-tcheou n'est pas moins dur que celui de la Trappe, et mon bol de mil n'est pas, là-bas, moins appétissant qu'ici ! Alors à quoi bon ?

De fait, les Chinois sont endurants : une brique pour oreiller, une planche pour lit, et ils dorment comme des bienheureux.

Maître Liou continue à gagner des mérites au collège, en infusant à la jeunesse la foi et la piété.

Quand la révolution vint couper les queues, il ajouta à ses nombreuses occupations celle de coiffeur. Moyennant quelques sapèques que les enfants déposent dans la tirelire de la Sainte-Enfance, il coupe et tond.

A la fin de décembre 1911, le P. Jung, dont j'étais devenu vicaire, m'envoya dans une chrétienté de l'Est, pour y passer la fête de Noël. Quel ne fut pas mon étonnement, en sortant le matin pour aller célébrer la messe, d'entendre, de tous les côtés, la cloche en fer des villages voisins sonner la prière… Il y avait donc des chrétiens dans cette brousse !

Le P. Jung, lui, resté à Kai-tcheou, avait de son côté, une surprise non moins agréable. Il vit, pendant la veillée de Noël, son petit troupeau grossir d'une façon inquiétante. Les hommes seuls étaient venus, cependant, et sa petite église était pleine.

— Tout le monde debout ! s'écria-t-il ; avancez en vous serrant le plus possible ; puis asseyez-vous.

La foule obéit ; on se tassa, comme on sait le faire en Chine. Le vide se fit au fond de l'édifice ; mais il fut bientôt rempli par de nouveaux arrivants. Que faire ? Les hommes continuaient d'affluer de la campagne. Quand l'heure de la messe sonna, plus des deux tiers de l'assistance étaient à genoux dehors faute de place dans le lieu saint.

Saint Joseph avait donc amené les pierres vivantes, et le P. Jung songea à lui construire une église de dimensions capables de les recevoir. Il en confia le plan à M. Henri Lamasse, des Missions Etrangères de Paris, alors curé de Moukden et architecte réputé. Cet excellent missionnaire rémois s'inspira des belles églises de sa ville natale, pour tracer, jusque dans les moindres détails, le plan de l'église de Kai–tcheou. Et comme jadis pour construire les cathédrales tous les chrétiens riches et pauvres apportaient leur obole, les néophytes de Kai–tcheou se mirent à l'œuvre. Les uns prêtèrent au P. Jung leur attelage de bœufs pour les charrois de pierres et de briques ; les autres, leurs bras.

Dès l'automne de 1913, on travailla aux bases de l'édifice. Le clocher devait s'élever bien au-dessus des remparts de la ville, il fallait assurer les fondements : catéchumènes et chrétiens se mirent à *damer* pendant plus de deux semaines, tout en poussant des hurlements en cadence pour s'exciter au travail. Celui qui dirigeait la manœuvre ne variait guère ses couplets en me voyant passer :

« *Hai* ! *Hai* ! *Hai* ! voilà le P. Kia (1) qui fait des photographies; mais il ne nous en donnera pas, *Hai* ! *Hai* ! *Hai* !... »

Et le pilon, lancé en l'air, comme une plume, retombait en faisant trembler le sol.

Le soir, tous ces braves gens, parqués dans un dortoir improvisé, avant de s'endormir, côte à côte, sur leur couchette de paille, apprenaient les prières et le catéchisme avec les jeunes élèves du collège, heureux d'être maîtres à leur tour.

Pour les fondements, il fallait trouver des pierres. Pas facile dans notre immense plaine de sable ! Heureusement, autour de la ville, existent de séculaires ponts de granit, sur d'anciens cours d'eau maintenant desséchés ; il y avait aussi de vieilles stèles abandonnées. Mais comment en faire l'acquisition ? Comment y toucher sans révolutionner des familles, des villages ? Des sapèques et des pourparlers avec les notables païens aplanirent les difficultés. Et le P. Jung put doter son église d'indestructibles

---

1. C'est mon nom chinois. Quand nous arrivons, on nous choisit, dans la langue monosyllabique, un *tzeull* dont la prononciation soit aussi rapprochée que possible de notre nom européen. Parfois, on en reste loin. Avouez en effet qu'entre *Kia* et *Cannepin*, il y a une certaine différence !

fondements en pierre de taille, à l'abri du salpêtre qui, en vingt ou trente ans, ruine tous les édifices chinois.

Lorsque les grands froids interrompirent les travaux, l'édifice se dessinait déjà au-dessus du sol ; des montagnes de briques s'élevaient dans la cour, attendant la mise en œuvre du printemps.

L'hiver permit au P. Jung de conclure les derniers achats et à nos gens de terminer les charrois. Dès que revint la belle saison, on vit revenir également l'essaim des maçons et des menuisiers. Bientôt l'église Saint-Joseph domina tout Kai-tchéou, les maisons, les pagodes, les remparts.

On s'occupa de son aménagement intérieur. Les chrétiens apportèrent des aumônes pour qu'on la décorât de vitraux de couleur, d'une cloche, de statues.

L'église n'était pas encore achevée, qu'elle pouvait servir de reposoir le jour de la Fête-Dieu. Il y eut foule.

De braves paysans qui n'avaient jamais vu le confessionnal, s'en servirent de travers. L'un raconta ses péchés, avant l'ouverture du guichet, devant la petite planche et s'en retourna soulagé. Le Père, le voyant communier, lui demanda ensuite :

— A qui t'es-tu confessé ?

— Mais à vous, Père.

— Quelle pénitence t'ai-je donnée ?

— Ah ! ça, je n'ai rien entendu.

— Moi non plus.

Un autre, pour être sûr d'être entendu, ouvrit la porte du confessionnal et s'y engouffra avec le Père.

La construction de l'église ne ralentit pas l'élan donné aux œuvres ; bien au contraire.

Autour du clocher, il y avait déjà le collège des garçons, l'œuvre des œuvres ; mais il fallait une école pour les filles. Tant que la famille n'est pas entièrement chrétienne, la foi et la persévérance des hommes restent en danger.

Une école féminine fut ouverte avec des annexes, un orphelinat, un hospice pour les vieilles mendiantes sans asile.

Ces pauvres femmes vinrent, d'abord, difficilement chez nous. Tant de bruits absurdes couraient dans le peuple contre les Européens !

Une de ces malheureuses, d'abord attirée par la charité, s'enfuit un beau jour de l'hospice. Et pourquoi ? Elle avait vu une de ses compagnes mourir et personne n'avait *pleuré* à ses funérailles.

Depuis lors, un catéchiste va pleurer aux enterrements :

« Je pleure ma vieille grand'mère qui est trépassée ». Et toute la corporation des septuagénaires de sangloter par-derrière.

Elles sont nombreuses maintenant à l'ombre du grand clocher, les pensionnaires courbées par le grand âge ! Elles ne pensent guère à s'enfuir ! Elles filent ; elles tissent des ceintures, des scapulaires, etc. Elles attendent que le bon Dieu leur ouvre la porte du paradis.

Et, chaque jour, dans la belle église, avec les catéchistes, avec les vierges, avec les élèves garçons et filles, appuyées sur leur bâton, cahin, caha, elles viennent, les bonnes grand'mamans, grossir le cortège des communiants.

Deux cents communions chaque jour, dans cette ville toute païenne il y a vingt-cinq ans ! Voilà ce Kai–tcheou rebelle à la foi, qui, en 1890, n'avait pas un chrétien. Aujourd'hui, il en compte 7.692.

— Mais, me demanderez-vous, tous ces païens dont vous avez lavé les fronts, ont-ils reçu le don de la foi avec le baptême ?

Permettez-moi, avant de vous répondre, d'interroger à mon tour.

Les baptisés des vieilles nations chrétiennes mettent-ils toujours leurs actes en parfait accord avec leur croyance ? Sont-ils tous même des croyants ? Hélas non ! Il en est qui ne pratiquent pas ; il en est qui ont perdu la foi de leur baptême. Nos Chinois, non plus, ne sont pas tous des saints ; mais le grand nombre est profondément croyant.

Le bon Dieu choisit ses élus où il lui plaît. Écoutez ceci.

Un chrétien, de son métier ramasseur de fumier sur les routes, vint à tomber gravement malade. Il demanda et reçut l'extrême-onction.

La cérémonie terminée, il se souleva péniblement ; il tira de ses couvertures, une belle ligature de sapèques (environ un franc) et la tendit au missionnaire :

— Tenez, Père ; vous célébrerez, s'il vous plaît, une messe pour le repos de mon âme.

Le P. Jung examina les sapèques ; il n'y en avait pas une seule petite (1).

--- Mais, dit-il, je n'ai jamais vu une ligature aussi belle, et tu es pauvre !

— C'est vrai, je suis pauvre, mais j'avais de quoi vivre, et chaque jour, je prélevais la plus grosse des sapèques que j'avais gagnées, et je la mettais de côté pour l'heure de ma mort.

Un autre chrétien, assez tiède, étant lui aussi sur le point de mourir, demanda également l'extrême-onction. Comme le Père l'exhortait à bien se préparer :

— Père, répondit-il, sois sans crainte ; c'est pour cette heure que je me suis fait chrétien.

Je n'en finirais pas si je voulais raconter tous les traits édifiants dont j'ai été moi-même le témoin.

En ces vingt-cinq années, saint Joseph, le laborieux ouvrier, n'est pas resté inactif ; il a ouvert à son divin Enfant des milliers de sanctuaires vivants dans le cœur de nos Chinois. Et, non content des pauvres oratoires qu'il lui a bâtis dans la campagne du Kai-tcheou, et qui ressemblent à l'étable de Bethléem, il lui a charpenté une magnifique église, au cœur même de la ville.

Un riche païen qui ne sait pas à qui le Kai-tcheou est redevable de sa prospérité, visitait dernièrement nos œuvres ; il admirait !

Tout à coup il s'arrêta ; il avait aperçu, près de l'église, des ruches d'abeilles :

— Ah ! dit-il, je comprends, voilà le porte-bonheur : les abeilles !

---

1. Presque toutes les ligatures chinoises sont composées de grandes et de petites sapèques. Les petites n'ont pas de valeur ; mais l'usage en tolère un certain nombre, et nous pouvons souvent mesurer la ferveur de nos néophytes au nombre plus ou moins grand de petites sapèques qu'ils nous offrent.

Pour nous, c'est plus haut que nous allons chercher la cause de tant de grâces. C'est à Notre-Seigneur que nous renvoyons notre reconnaissance, à Lui dont la croix s'élève bien au-dessus de la ville et des campagnes païennes, à Lui qui a retiré tant d'âmes de l'idolâtrie, à Lui qui a réalisé le rêve de son serviteur, le P. Japiot.

Aussi, tout à la joie, nous chantons du fond du cœur : *Christus vincit, Christus imperat, Christus regnat. Alleluia !*

CHAPITRE XI

UNE GRANDE VILLE QUI S'OUVRE A LA FOI

Par le P. P. JUNG

Ta-ming-fou, la préfecture de grande renommé . — La Mission de Taming et
les anciens Jésuites. — La second fondation : Mgr Languillat monté dans
une corbeille par-des us les remparts. — Les Boxeurs ; a ruine. — Troisième fondation : le collège chrétien. — L'école de français. — Diabolique
école de l'Etat. — L'apostola par la T. S. F. — Projections sur la vie de
Notre-Seigneur. — L'inondation. — Il faut une église ! — Notre-Dame de
là Treille en Chine. — Les nefs de l'église invisible. — Le catéchisme au
clair de la lune. — Un nuage sombre.

Le voyageur, qui, venant du nord, traverse le Tche-li et s'a-
vance vers le Fleuve Jaune, lorsqu'il est arrivé à 400 kilomètres
de Pékin, commence d'apercevoir bien loin vers le sud une longue
muraille sombre. Peu à peu elle monte au-dessus de l'immense
plaine monotone, elle se couronne de créneaux énormes, elle se
fortifie de demi-lunes et de bastions, et, bien haut dans le ciel
d'un bleu profond, elle jette les massives constructions de ses
portes monumentales. Plus on approche, plus la route se fait
animée : files de brouettes à voiles qui avancent en grinçant,
chars, cavaliers, porteurs demi-nus courbés sous le bambou
lourdement chargé.

On pénètre dans un faubourg populeux, on passe un vieux
pont de pierre très arqué, on franchit deux portes séculaires
et on entre en ville.

Rues relativement régulières et propres; va—et—vient de mille
gens empressés, mais silencieux ; riches boutiques et pittoresques
échoppes, entassées les unes sur les autres. Ici, point de ces terrains non bâtis, de ces marécages malsains, de ces aspects déser-
tiques qui attristent Pékin ; partout les signes d'une activité

intense et joyeuse : c'est Ta-ming-fou (1), la capitale du Tche-li-sud.

Chose curieuse, cette ville provinciale si excentrique, si éloignée de tous les chemins de la civilisation, s'ouvre avidement aux progrès et aux inventions de l'Europe. Poste, télégraphe, téléphone, banque, rien n'y manque, sauf le chemin de fer.

Ta-ming se trouve placé entre les deux plus grandes lignes de la Chine : celle de Pékin à Hankeou, à 70 kilomètres à l'ouest ; et celle de Tien-tsin à Nanking, à 200 kilomètres à l'est. En juillet 1914, le contrat fut signé qui devait relier ces deux lignes l'une à l'autre en passant par Ta-ming ; mais la guerre interminable ajourne sans fin l'exécution de ce projet.

En attendant, nos commerçants profitent habilement de la gare de Hantan qui les unit à Pékin et du port très vivant de Long–wang–miao sur le Weiheue, à 9 kilomètres à l'est, qui les met en communication fluviale avec Tien-tsin.

Aussi le commerce est-il intense, et le mouvement d'affaires étonnant. Je pourrais nommer tel commerçant qui en fait aujourd'hui pour plus de trois millions par an (2).

Ta-ming est de plus la grande place militaire de tout le Tche-li-sud. La proximité du Fleuve Jaune, la fréquence du brigandage expliquent ce fait. C'est ici que réside le général avec des troupes assez nombreuses.

Enfin avec ses innombrables écoles primaires, avec ses dix écoles primaires supérieures, avec son fameux *Tchoung–hiao–tang* (sorte de grand lycée de l'Etat, où l'on fait des études anglaises, de la physique, de la chimie, des arts et métiers) Ta-ming est un foyer intellectuel de grand rayonnement.

On voit donc qu'à tous les points de vue cette ville est un centre et que la conquérir à la vraie religion, ce serait du même coup jeter dans une immense région les semences du salut.

---

1. *Ta-ming-fou* veut dire : préfecture de grande renommée.

2. Je veux parler de M. Wang, converti au catholicisme , qui a bien voulu me communiquer son chiffre d'affaires : cigarettes, 500.000 dollars, pétrole 200.000, sucre 90.000, savon 13.000, divers 4.000. Le dollar chinois équivaut à la moitié du dollar américain.

Or, cette cité si favorisée au point de vue militaire, commercial et scientifique, où en est-elle au point de vue qui seul finalement importe, au point de vue religieux ? Hélas ! c'est presque encore le désert, mais le désert semé d'espérances, on va le voir.

Nos anciens Pères, les Jésuites des XVIIᵉ et XVIIIᵉ siècles, avaient parfaitement compris l'importance de cette ville ; ils s'y étaient fortement établis, et l'on montre encore, dans le quartier nord-ouest, l'emplacement de leur école et de leur chapelle. Ces Jésuites étaient-ils des Portugais de la résidence de Tchang–tei–fou (100 kilomètres à l'ouest), ou des Français de la mission de Pékin, ou peut-être de Wei–tsounn (100 kilomètres au nord) ? Impossible de le dire.

La tradition locale n'a retenu que ce touchant détail : quand vint la persécution de Kien–loung (1736-1795), un missionnaire continua de venir régulièrement malgré l'évident danger de mort. C'était un Père déjà âgé, qui s'appuyait sur un bâton. Déguisé en marchand, il parcourait Ta–ming, vendant de petits objets de cuivre. Mais au bout de son bâton, il y avait une médaille ; les chrétiens le reconnaissaient à ce signe. La nuit venue, ils se réunissaient au lieu fixé, se confessaient et, le lendemain, avant le lever du jour, ils entendaient la messe et communiaient.

De cette première fondation il n'est absolument rien resté, et quand en 1857 le Pape fonda le Vicariat apostolique du Tche-li Sud-est et le confia aux Jésuites, dans toute la région de Ta–ming, il n'y avait pas un village chrétien, pas une seule famille chrétienne. Certes, ce ne fut pas le désir qui manqua aux nouveaux missionnaires de pénétrer dans la mystérieuse capitale du sud ; mais l'entreprise était hasardeuse, délicate, à cause des défiances païennes. L'antique cité bouddhiste gardait jalousement ses portes, et les vieux lettrés xénophobes avaient juré qu'elle resterait vierge de tout contact avec la religion des « diables d'Occident ».

Aussi nos premiers Pères (les PP. Octave et Dubar, arrivés en 1861) n'y entraient-ils qu'en cachette, à travers des difficultés invraisemblables ; et quand notre premier évêque, Mgr Lan-

guillat (1), en 1862, voulut pénétrer dans Ta-ming, il dut recourir au
moyen qui servit à saint Paul pour sortir de Damas : une corbeille
le transporta la nuit au-dessus des remparts. Je ne puis m'attarder
à raconter cette dramatique aventure, ni les laborieux commen-
cements de la mission de Ta-ming. Toujours est-il qu'on parvint
à fonder un petit collège *en payant les élèves* ! On ouvrit une
humble chapelle, et l'on commença une résidence.

TA-MING-FOU — SON ÉGLISE CATHOLIQUE. — SON COLLÈGE FRANÇAIS.

Survint la révolte des Boxeurs (1900) ; tout fut envahi, pillé,
jeté par terre, rasé ; il ne resta plus pierre sur pierre ! Même les
calices, qu'on avait enfouis dans le jardin, furent déterrés et
fondus en monnaie par les brigands, ennemis jurés de la religion
chrétienne. Les Pères s'enfuirent à grand'peine et peu s'en fallut

---

1. Mgr Languillat fut hébergé par la famille *Tch'ai*, dans son habitation
de la rue de Mongolie, non loin du collège actuel. Arrivé du Kiang-nan dans la
mission en 1857, Mgr Languillat avait établi sa résidence épiscopale à
Tchao-kia-tchoang jusqu'en 1861, puis à Tchang-kia-tchoang près Sienhshien,
la résidence actuelle, à 300 kilomètres au nord de Ta-ming, jusqu'en 1865.
A cette date, le Saint-Siège le nomma Vicaire apostolique du Kiang-nan et
il fut remplacé par Mgr Dubar.

qu'ils ne cueillissent la palme du martyre comme leurs frères du nord, les PP. Isoré, Mangin, Denn, Andlauer.

Ainsi, de tant d'efforts il ne restait que l'impérissable mérite devant Dieu.

Mais l'Église catholique n'est-elle pas une éternelle recommenceuse, et la persécution une semence de chrétiens ? Un an ne s'était pas écoulé que les missionnaires rentraient dans la ville persécutrice et recommençaient leur apostolat sur le même plan. Il était évident que c'était par une œuvre scolaire qu'il fallait attaquer le bloc impénétrable du paganisme.

Mais comment créer un collège sans élèves ? Allait-on encore se résigner à payer ? quel succès pouvait-on espérer ? Des collégiens de familles païennes, dans une ville toute païenne, dont les condisciples sont tous païens, ont-ils quelque chance de devenir chrétiens ?

On se décida à organiser d'abord, dans Ta-ming, un foyer de prières, un milieu chrétien où l'on recevrait les quelques âmes païennes de bonne volonté que la Providence ne manquerait pas de recruter.

Quelques pauvres villages des environs s'étant convertis, on en réunit les garçons à Ta-ming, on leur bâtit un dortoir, quelques classes, une chapelle, et le collège commença. L'entreprise, placée sous la protection de Marie, prospéra au delà de toute espérance : bientôt la petite école chrétienne jouit en ville d'une grande réputation de bon ordre, d'instruction sérieuse et surtout de pureté de mœurs. Quelques bonnes familles païennes, révoltées par l'immoralité scandaleuse des écoles de l'Etat, sollicitèrent l'admission de leurs fils.

Les Pères répondirent que tous les païens admis devraient nécessairement suivre le même règlement que les chrétiens, donc assister aux catéchismes et aux prières, sauf celles qui se font à la chapelle. En revanche, ils promettaient qu'on ne ferait aucun baptême sans permission expresse des parents.

Ces conditions furent acceptées, et, dans les rangs joyeux des chrétiens aux figures ouvertes, on ne tarda pas à voir circuler de jolis petits païens distingués, timides, portant je ne sais quel nuage de tristesse sur le front. Leurs défiances s'évanouirent vite au contact de la chaude et joyeuse bonté qui les entourait. Ils devinrent les plus empressés aux jeux, les plus attentifs aux leçons. Le catéchisme surtout les intéressait et il n'était pas rare que le premier en cette matière fût précisément un païen.

Cependant on devine combien de messes, de prières, de sacrifices étaient offerts par les Pères de la maison pour leurs chers enfants païens. Ils étaient venus de si loin les chercher, ils avaient quitté tant de bien-aimés pour les sauver ! Ta-ming allait-il enfin s'ouvrir à la foi ? Telle était la question angoissante, tel était l'enjeu de tous ces efforts héroïques. Les chers petits, ils ne se savaient pas le point de mire de tant de prières, de tant de désirs, de tant d'amour !

Or, un soir, un des petits païens frappe à la porte du Père.

— Entrez !

L'enfant entre, tout craintif, tout embarrassé.

— Que veux-tu, mon petit ?

Il ne parvient pas à surmonter sa timidité ; mais le Père voit de grosses larmes qui commencent à remplir les yeux noirs du gamin.

— Allons, mon enfant, qu'est-ce qu'il y a ? Dis-le-moi, je te consolerai

— Père, dit brusquement l'enfant, je veux être baptisé !

Dès lors, ce fut une succession de demandes semblables. Les enfants s'amenant les uns les autres, et l'on commença à baptiser.

Un trait seulement pour donner une idée de la bonne volonté de nos chers Chinois.

C'était un jeune homme de quatorze ans, déjà marié et riche. Il se nommait *Tchang*.

Après quelques mois passés à l'école chrétienne, il demanda le baptême. Le père et la mère permirent, mais la grand'mère, fervente bouddhiste, et qui aimait éperdûment son petit-fils, jura par tous ses diables que jamais l'eau baptismale ne souillerait le front de son petit-fils. Par prudence, on attendit.

Au nouvel an et aux quatre grandes fêtes bouddhistes, la vieille mégère se démenait du matin au soir pour contenter ses démons. Elle achetait des idoles de carton, brûlait de l'encens et faisait des offrandes dans de multiples bols.

Or, le jeune Tchang aimait sincèrement sa grand'mère, et plus sa foi devenait profonde, plus il se désolait à la pensée qu'elle honorait le diable et tomberait en enfer. Un jour de nouvel an, il rentre subitement dans sa maison, éteint les bâtons d'encens, casse les bols liturgiques, déchire les affiches de bonzes et va jusqu'à briser l'idole de *Tsao-wang*.

Sur ce, la vieille arrive et, à la vue du désastre, éclate en une fureur diabolique. Mais le brave enfant de s'écrier :

— Grand'maman, c'est moi, c'est moi ! Tout cela, c'est faux !

La colère de l'aïeule tomba à plat, désarmée par ces simples paroles du petit-fils chéri.

Un jour, le missionnaire lui dit :

— Tchang, si ton père et ta mère venaient à mourir, supposons que ta grand'mère te force à aller à la pagode, que ferais-tu ?

— Je n'irais pas.

— Et si elle te faisait battre ?

— Frapper ! qu'on me frappe, je n'irai pas.

Quand on fut bien assuré de sa persévérance, on fit renouveler par écrit le consentement de ses parents et on le baptisa. Ce fut une journée du Ciel.

La première école de Ta-ming est devenue maintenant une florissante école de section, d'où l'on vient de 300 *lis* à la ronde (160 kilom.).

L'œuvre ainsi conçue était évidemment incomplète, il fallait maintenant aborder de front les païens et surtout les lettrés.

Tous les catholiques d'Europe qui s'intéressent à la conversion de la Chine souhaitent ardemment que les missionnaires parviennent à mener à la vraie foi des familles mandarinales. Ils ne soupçonnent pas les effroyables difficultés d'une telle entreprise. Ils pensent que si l'apostolat des anciens Jésuites de Pékin fut si fructueux, c'est qu'ils convertirent des lettrés, des mandarins ; et ils ont raison. Ils pensent qu'une famille mandarinale convertie entraînerait beaucoup d'autres conversions et ils ont encore raison.

Or, c'est à cet apostolat des lettrés que la Providence mène peu à peu les Jésuites de Ta-ming, et c'est cela qui donne main-

LES ÉLÈVES DE FRANÇAIS LISANT UN JOURNAL.

tenant à cette maison son avenir plein d'espérance. D'abord, quelques lettrés, voyant que le vent était à l'étude des langues étrangères, prièrent les Pères d'enseigner le français à leurs fils. Il y eut pour commencer (1902) trois élèves. Puis, s'adjoignirent à eux les trois fils du commandant de la place, les fils des deux colonels, celui du plus grand marchand de sel de la préfecture, d'autres encore ; on le voit, c'était dans la classe des fonctionnaires que se recrutaient les nouveaux élèves et l'élément militaire coudoyait le civil.

Les Pères comprirent toute l'efficacité apostolique de l'œuvre que la Providence leur confiait. Dès 1903, il y avait vingt élèves aux classes de français. On appela ces cours le *Fa-wenn* (*Fa* signifie France, et *wenn*, littérature).

Le 5 février 1904 fut pour le collège naissant un jour de triomphe : dans la plus belle salle de notre maison, en présence des mandarins civils et militaires, avaient lieu les premiers examens de français. Ils furent brillants ; la glace était rompue entre mandarins chinois et missionnaires catholiques.

En 1914, le nombre des élèves augmentant toujours, on leur construisit un beau bâtiment à étage.

En 1917, l'école de français atteignit la centaine, avec quatre baptêmes de païens dans l'année.

En 1918, nous avions neuf enfants païens baptisés et vingt-six catéchumènes, tous d'excellentes familles.

Si l'on songe à l'incroyable difficulté des conversions parmi les les lettrés chinois, à la montagne de préjugés bouddhistes et confucianistes qui barrent la route, aux oppositions formidables que ces chers jeunes gens trouvent parfois dans leurs familles, on sera étonné de ce chiffre et, avec nous, on remerciera la Providence.

Pour ces enfants, que l'eau baptismale a lavés, le grand désir maintenant, la grande préoccupation, c'est de convertir leurs parents. Un jour, je dis à l'un d'eux, Tchang :

— Commence par ta mère ; pour ton père, on verra après.

— Père, me répondit-il, vous n'y êtes point. En Chine c'est par les hommes qu'il faut commencer ; les femmes suivront toujours.

— Eh bien ! c'est cela. Commence par ton père, fais la communion pour lui et Dieu t'exaucera.

Depuis ce moment, il n'a pas manqué un seul jour sa communion, même pendant les vacances. Tant de prières produisent leur fruit. M. et Mme Tchang viennent tous deux à la messe de temps en temps, et il y a bon espoir qu'ils aboutissent enfin au baptême.

J'attribue tant de bénédictions, qui sont descendues sur cette famille, à la charité de M. et Mme Tchang. L'Écriture ne dit-elle pas que « la charité couvre la multitude des péchés ? »

C'était pendant l'hiver de 1916, une pauvre vieille mendiante de Ta-ming, sans abri, se mourait de froid. M. et Mme Tchang lui donnèrent asile dans leur propre maison, la réchauffèrent, la vêtirent et l'installèrent dans une petite case près du magasin. La nuit, la vieille dormait dans cette case, où on lui brûlait un peu de bois ; le jour, elle trottinait par la ville, mendiant sa nourriture. Quand elle n'avait pas recueilli assez, ses bienfaiteurs ajoutaient ce qu'il fallait pour qu'elle contentât son appétit. Cela dura une année.

Au printemps de 1917, Mme Tchang apprit l'existence de l'hospice catholique pour les vieilles et désira y placer sa protégée, de plus en plus impotente, malpropre, malodorante et infectée de bêtes innombrables qui envahissaient le magasin. Je lui fis répondre que, si elle voulait mettre sa pauvre vieille à l'hospice, elle devait l'y conduire elle-même, voir la vierge et tout régler avec celle-ci directement. Je savais bien que cette vierge fervente et modeste pouvait aider Mme Tchang à se rapprocher du catholicisme : elle-même s'en doutait aussi, et par crainte d'être amenée à laisser ses anciennes habitudes païennes, elle répugnait à entrer en relations avec le personnel de l'hospice.

Enfin, elle se décida, amena sa protégée, causa, fut charmée ; elle revint, fut retournée et se décida à aller à la messe tous les dimanches. Maintenant les relations sont de plus en plus cordiales et ne manqueront pas de porter leurs fruits. Peut-être ferai-je mentir mon cher Tchang et baptiserai-je sa mère avant son père.

Au *Fa-wenn*, tous ne se convertissent pas (1) ; mais, même sur ceux qui restent païens, le contact avec la vraie religion laisse des traces : sympathie pour les missionnaires, respect pour le catholicisme, mépris et dégoût pour le culte idolâtrique. Et puis **la**

---

1. Pour le moment pourtant, tous les élèves de la classe supérieure, — un seul excepté, — sont ou baptisés ou catéchumènes (Décembre 1919).

porte du cœur reste toujours entr'ouverte à la grâce, parfois au dernier moment celle-ci presse plus fort, entre et sauve l'âme.

En septembre 1913, entrait au *Fa-wenn* un grand jeune homme de vingt ans, marié, d'une des premières familles mandarinales de Ta-ming. Il s'appelait *Ou-tsou-yao* (l'éminent ancêtre). Il réussit fort bien dans ses études. Mais hélas ! la volonté n'était pas à la hauteur de l'intelligence : mou, langoureux, sans énergie, proie facile de toutes les tentations, il flirtait en ville, et, de notoriété publique, sa conduite était peu régulière.

Après quatre ans, le cours entièrement parcouru avec succès, il partit pour Tien-tsin, où il se mit au service du corps d'occupation français comme interprète, avec 40 piastres par mois. Mais un mois ne s'était pas écoulé que le colonel, exaspéré par sa mollesse et sa timidité, le remercia. Il en fut réduit à accepter une place dans une banque, à 18 piastres seulement par mois.

Cet insuccès le fit un peu rentrer en lui-même ; certains dimanches, on le vit à la messe à Saint-Louis, paroisse française de Tien-tsin ; parfois même il alla voir le Père procureur de notre mission.

Or, un soir de septembre 1917, il tomba subitement malade et fort gravement. En toute hâte, on le transporta à l'hôpital de la concession française, dirigé par les Sœurs de Charité. Trois de ses anciens condisciples de Ta-ming vinrent l'y visiter dans la soirée, et, le trouvant au plus mal, lui parlèrent de Dieu, de l'éternité, du pardon des péchés, du baptême. Ou-tsou-yao ne manifesta ni résistance, ni assentiment, et les amis se retirèrent.

Durant la nuit, le mal fit des progrès effrayants. La bonne Sœur qui le veillait ignorait absolument les antécédents de son malade. Pourtant, voyant le danger, à tous risques, elle se mit à lui dire tout doucement :

— Mon cher ami, savez-vous qu'il y a un bon Dieu, qui vous aime, qui veut votre bonheur ?

— Oui, je sais, ma Sœur.

— Ah ! vous croyez en Dieu ?

— J'y crois, ma Sœur.

— Savez-vous que ce Dieu est prêt à vous pardonner tous vos péchés, si vous vous repentez ?

— Ma Sœur, aidez-moi à me repentir.

La Sœur, de plus en plus étonnée, l'aida à faire son acte de contrition. Mot par mot, d'une voix haletante, mais d'un air pénétré, repentant, il répétait les paroles libératrices.

Il était minuit ; visiblement la vie s'en allait. La Sœur lui dit :

— Savez-vous ce que c'est que le baptême ?

D'une voix mourante, il balbutia :

— Je sais... donnez vite !

La religieuse répéta les actes de foi et de contrition, auxquels il s'unit de son mieux. Puis, elle mit de l'eau dans la cuvette et baptisa notre pauvre enfant prodigue.

A peine la formule sacramentelle était-elle terminée que son visage s'illumina d'un sourire, il devint plus calme ; plusieurs fois encore, aidé par la Sœur, il renouvela les actes de foi, d'espérance, de contrition, puis vers deux heures, il mourut doucement en prédestiné.

Certes, nos Pères qui, pendant quatre ans, sans succès visible, ont cultivé cette âme bourbeuse de païen, n'ont pas perdu leur peine.

Le lendemain, je recevais un télégramme m'annonçant la mort. J'allais aussitôt dans la cour du *Fa-wenn* ; quand les joueurs furent tous réunis et le silence établi, je leur dis :

— Ou-tsou-yao est mort.

Tous alors, païens et chrétiens, d'une seule voix un peu effrayée, demandèrent :

— Baptisé ou non ?

Ce fut de nouveau pour moi la confirmation que, même chez nos païens, la foi aux punitions éternelles et à la vertu purificatrice du baptême est ancrée dans leurs cœurs, dès qu'ils ont passé quelques semestres chez nous ; tous savaient la vie peu régulière de leur condisciple, tous étaient convaincus que, sans le baptême, il tombait nécessairement en enfer ; de là leur question angoissée, à laquelle, Dieu merci, je pus donner une réponse rassurante.

Pour atteindre tout le monde, au *Fa-wenn* et à l'école chrétienne, mon zélé prédécesseur, le P. Paul Jubaru, ajouta, en 1913, une école élémentaire pour les enfants païens.

Ils sont venus nombreux, toujours à cause de l'horreur des parents pour l'immoralité diabolique des écoles païennes.

Et ce n'est pas seulement la volonté, c'est l'intelligence même qu'on pervertit dans ces abominables écoles.

Un jour, un ancien élève de l'école de l'État, entré au Fa-wenn, me dit :

— Père, je veux devenir chrétien.

— Est-ce que tu crois toute la doctrine chrétienne ?

— J'y crois.

— Avant de venir au Fa-wenn, est-ce que tu croyais en Dieu, au Ciel, à l'enfer ?

— Je croyais à *Lao-tien-ye* (Dieu ; littéralement : vieux père du Ciel), mais je ne savais pas qu'il y avait un Ciel et un enfer.

— Est-ce que tu crois à l'enfer ?

— Oui, s'il n'y avait pas d'enfer, Dieu ne serait pas juste. J'ai peur d'aller en enfer, c'est pour cela que je veux être baptisé.

— Et à l'âme, est-ce que tu y crois ?

— Quand j'étais petit, j'y croyais, mais à l'école, j'ai cessé d'y croire. Le maître nous répétait souvent en expliquant Confucius et le Commentaire de Tchou–hi : quand l'homme est mort tout est mort.

— Et maintenant, crois-tu à l'âme immortelle ?

— J'y crois.

— C'est parce que les Pères te l'ont dit ?

— Non, les Pères ne m'ont rien dit ; ce sont mes condisciples.

Ainsi donc, voilà un jeune homme auquel l'école confucianiste avait enlevé la foi naturelle à l'âme survivante après la mort. Quand le jeune homme sut tout son catéchisme et eut été dûment éprouvé, je lui dis :

— Le christianisme, cela va loin. Sais-tu ce que c'est que le martyre ?

— Père, je sais.

— Suppose qu'on te dise : « Si tu vas à la pagode, on te coupe le cou. »

— Père, on me coupera le cou.

Avec la permission des parents, j'ai baptisé Tcheng-siang, perverti par l'école païenne, converti par l'école chrétienne.

A l'école élémentaire, tous les enfants sont de la ville, tous externes, tous païens et tous... catéchumènes de désir.

ANCIENNE ÉCOLE DE TA-MING-FOU

Oui, il n'y en a pas un qui, s'il était libre, ne demanderait le baptême. Les chers petits, ils aiment tant venir à la chapelle ; ils boivent des yeux les cérémonies ; la liturgie catholique exerce sur eux une attraction magique. Le dimanche, quand vers trois heures sonne le Salut, on les voit dans les rues quitter leurs jeux et venir à nous en courant, malgré les protestations de quelques camarades. Je pourrais citer un enfant que son père battait cruellement quand il venait à la chapelle et qui récidiva maintes fois courageusement.

Malgré les signes de bonne volonté, nous ne baptisons que rarement, à bon escient, après attente et épreuves, car les familles étant entièrement païennes il y a *periculum perversionis*.

Pour créer l'ambiance chrétienne, dans laquelle peut vivre et se nourrir la foi des petits, je résolus d'instituer un catéchisme public pour hommes. Mais, comment les attirer ?

Je pris un prétexte scientifique : les marchands et les lettrés de Ta-ming se piquent de science, de progrès, de civilisation. Depuis deux ans, nous avions installé sur nos toits un poste récepteur de télégraphie sans fil, qui donnait, tous les soirs à 7 heures, les dépêches françaises de Shang-haï et japonaises de Dalny, près de Port-Arthur. Je communiquais ces nouvelles en ville et c'était merveille : comment le Père sait-il, à 7 heures, ce qui s'est passé à Shang-haï ou en Mandchourie à 4 heures ? et de plus toutes les nouvelles du *Si-yang* (Europe), que nous ne recevons que le surlendemain par les journaux de Tien-tsin ? Cela les intriguait.

J'annonçai donc une conférence avec projections sur la télégraphie sans fil. Païens et chrétiens, petits et grands, riches et pauvres, civils et militaires, tout le monde pouvait venir ; les femmes seules étaient exclues. Ce fut un succès inimaginable : tous les mandarins civils et militaires, tous leurs secrétaires, le président et les membres de la Chambre de commerce, les élèves de l'école de l'Etat en uniforme, des ouvriers, des marchands, des soldats ; salle archicomble, en tout 400 personnes environ. A la fin, discrètement, je dis un mot du Créateur et annonçai une conférence pour le dimanche suivant sur le système solaire. Puis il y en eut une sur les éclipses ; puis sur les inondations, et chaque fois le petit mot final sur le Créateur s'étendait, se dilatait, prenait importance et portée. Enfin j'osai aborder de front les sujets religieux et mon auditoire ne s'en montra que plus intéressé.

Aujourd'hui, je suis bien loin des détours et des précautions du début. Le Ciel éternel, le feu de l'Enfer, le Jugement dernier, un Dieu-enfant, une Vierge-mère, toute l'histoire sainte, tout le dogme, tout le catéchisme y passent et surtout la vie et la passion de Notre-Seigneur ; tout, sauf l'Eucharistie, que je réserve, comme dans la primitive Église, pour le catéchuménat.

La séance se passe fort simplement, comme une causerie. Tous les dimanches à trois heures, les portes de la grande salle s'ouvrent et le public, qui attendait dans la cour et dans la rue, s'engouffre ; les personnages publics s'asseyent sur des chaises près de moi, les autres sur des bancs. Quand tout le monde est installé, on baisse les rideaux, on fait le silence et j'allume l'acétylène ; hélas ! pauvre petit chalumeau, bien insuffisant pour une pareille salle. Je projette la première vue et l'explication commence ; je ne discute pas, je ne prouve pas, j'expose. Je ne compte que sur l'affinité de l'âme pour le vrai et sur l'action intérieure de la grâce. Quelle surprise à chaque nouvelle vue ! Cet appareil de projection est un mystère pour eux. Quel silence religieux pendant que je parle ! Quelles réponses spontanées quand j'interroge ; car j'interroge, je converse le plus possible. Je montre Notre-Seigneur qu'on a déjà vu dans l'image précédente et je demande :

— *Choei* ? Qui est-ce ?

Ils le reconnaissent et répondent en chœur :

— *Tien–tchou Jesou*, Dieu Jésus.

A la Passion, je leur montre notre Sauveur garrotté et leur dis :

— Voyez, il pouvait se délivrer ; il est tout-puissant, il est Dieu. Vous avez constaté dans la vue précédente que d'un seul mot il a terrassé ses ennemis, maintenant, il ne les terrasse pas ; c'est pour réparer nos péchés, il veut bien subir la punition à notre place.

— Est-ce qu'il nous aime ?

Tous, d'une seule voix, répondent :

— *Ngai* ! il nous aime !

— Faut-il l'aimer ?

Et ce n'est qu'un cri :

— *Kai-tong-ngai* ! il faut l'aimer !

Sans doute parmi ces actes de foi, beaucoup tombent des lèvres ; mais d'autres ne jaillissent-ils pas du cœur ? N'y en a-t-il pas qui sont sincères, que la grâce de Dieu surnaturalise et qui acheminent vers la justification ces pauvres âmes païennes ?

D'ailleurs, le plus important, c'est ce que fait mon catéchiste avant et après la conférence. Toute la journée du dimanche, dans une chambre attenante à la grande salle, depuis 8 heures du matin jusqu'à 7 heures du soir, il est à la disposition des païens. C'est un va-et-vient continuel ; il y a toujours là une dizaine d'hommes à l'écouter, à l'interroger, à feuilleter ses catéchismes et ses livres de prières. Peu à peu ainsi ils se familiarisent avec la vraie religion, et déjà plusieurs villages d'alentour sont venus demander de devenir chrétiens à la suite de conversations que quelques-uns de leurs membres — ouvriers en ville — avaient eues avec le catéchiste, sans compter bien des individus isolés qui sont devenus catéchumènes après les conférences.

Pour tout ce bien, Dieu soit béni, et qu'il achève son œuvre de salut !

Après les hommes, les femmes ! comme dirait mon cher petit Luc.

Au sud de notre collège, de l'autre côté de la rue, sont installés l'école des filles païennes et l'hospice des vieilles, dirigés par trois vierges chinoises : de la vraie vertu, je vous assure.

A la fin de 1917 et au début de 1918 le Tché-li a été désolé par d'épouvantables inondations.

La ville envahie par de lamentables théories de femmes, de fillettes, de petits enfants, nus et affamés. Nos héroïques vierges dans l'école de filles et ses dépendances, en reçurent plus de 200. Vite on prépare dans d'immenses marmites de la soupe pour tous ces affamés. Une vierge surprit cette conversation entre deux petites bambines de 10 ans.

— Enfin aujourd'hui j'ai mangé à mon soûl : j'ai mangé cinq grands bols de *mi*.

— Et moi, j'en ai mangé sept.

Cela seul donne une idée de leur faim, car ces bols sont grands, et le *mi* est une soupe de millet, épaisse et très nourrissante.

La faim du corps étant apaisée, on s'occupa de la faim des âmes. Je fis abattre du bois dans notre propriété, je fis faire du pisé et, en moins de huit jours, s'éleva une vaste chapelle pouvant contenir 300 personnes. C'est de la boue séchée et des branches fragiles. Dans quelques années tout sera par terre ; mais quel service a rendu ce provisoire ! Activement les vierges se mirent à catéchiser toutes ces femmes. Cela dura presque trois mois, après quoi plus de 40 reçurent le baptême avant de retourner dans leurs villages ; d'autres y achèveront certainement leur éducation chrétienne.

Maintenant les inondées sont reparties cultiver leurs terres enrichies de nouvelles alluvions ; les vierges sont tout à leur école ; et ainsi, garçons d'une part, filles de l'autre, des deux côtés de la rue grandit notre espérance. Dans peu d'années, nous marierons ces nombreux jeunes gens ; les ménages chrétiens ou favorables

NOUVEAU COLLÈGE DE TA-MING-FOU (FA-WENN).

au christianisme se multiplieront,ils nous donneront leurs enfants; ceux-là nous les baptiserons sans crainte, et alors, la paroisse catholique de Ta-ming sera fondée !

La paroisse de Ta-ming ! Quel rêve ! et ne donnerait-on point mille fois tout le sang de ses veines pour le réaliser ! Que cette grande ville, pleine de pagodes, de superstitions et de diableries, se peuple de chrétiens, et que cette forteresse du paganisme devienne une cité de lumière qui éclaire tout le Tchéli-sud, quelle séduisante vision d'avenir ! Mais, que dis-je ? Dès maintenant le rêve se fait réalité : la paroisse de Ta-ming, j'entends l'église spirituelle, la réunion des âmes croyantes est fondée ; elle se bâtit tous les jours ; tous les jours de nouvelles pierres, les unes communes, les autres bien ciselées par des vertus de choix, s'ajoutent à l'édifice et bientôt, certainement, ce sera dans la cité de Dieu la grande affluence des invités qui veulent tous prendre part au festin.

Mais où est la salle du festin eucharistique ? A une âme, il faut un corps ; à une paroisse, il faut une église; et nous n'avions pas d'église à Ta-ming !

La chapelle du collège, courte, étroite, sans clocher, en tenait lieu pour les hommes ; et, pour les femmes, de l'autre côté de la rue, c'était la misérable chapelle de terre des inondés, qui coulait sous la pluie et, bientôt, ne serait plus qu'un amas de boue. Impossible de réunir sous un même toit toute la famille catholique et, surtout, point de grenier pour rentrer la surabondante moisson qui, de toutes parts, blanchit. Il était urgent de bâtir une église. Et quelle église allons-nous bâtir ? Il y a dix ans, pour 1.000 ligatures (1.000 francs), on élevait une vaste grange ; on dressait un autel au bout et telle est aujourd'hui l'église de beaucoup de nos villages convertis.

Mais, à Ta-ming, dans cette grande ville commerciale qui se pique de civilisation et de progrès, une chapelle-grange serait une honte pour les chrétiens, une répulsion pour les païens, pour tous un scandale. Que penseraient les mandarins ? Dans ce pays où « la face » est tout, que diraient ces familles mandarinales en route vers la foi ? Quelle pierre d'achoppement que le démon exploiterait habilement pour retarder ou même empêcher les conversions !

Au contraire, quel puissant appel extérieur au salut, quel motif décisif peut-être pour tant de familles hésitantes, si en ville, le catholicisme a « la face » !

J'ose affirmer que celui qui doterait Ta-ming d'une cathédrale avec un haut clocher dressant la croix jusqu'au-dessus des remparts, celui-là, du même coup, sauverait des âmes innombrables et assurerait l'avenir de la vraie foi dans toute la contrée.

Sans doute, toute conversion vraie part de motifs surnaturels ; mais ce clocher ne poserait-il pas dans tous les esprits le point d'interrogation auquel la grâce répondra si la volonté est bonne. Mon prédécesseur, le P. Jubaru, avait parfaitement compris cette nécessité ; et déjà, il avait soumis un plan d'église à nos supérieurs;

mais il pensait alors pouvoir différer jusqu'à la fin de la guerre, afin que les aumônes, taries par l'épreuve, recommencent à venir de France.

Cette fois, il est impossible d'attendre davantage. Les jours de fête, dans notre petite chapelle, c'est un entassement d'hommes et de femmes, de garçons et de filles qui risque de scandaliser, et tous encore ne peuvent trouver place. Que sera-ce dans deux ans ?

Aussi, comprenant l'impossibilité de différer davantage et que Dieu veut un acte de confiance aveugle, avec l'approbation de mon évêque et de mes supérieurs, ayant obtenu une aumône considérable quoique insuffisante, comptant pour le reste sur la Providence, j'ai entrepris la construction de l'église de Ta-ming.

J'ai acquis près de l'école de filles le vaste terrain d'un *yamen* (tribunal) ruiné ; le R. P. Lamasse, des Missions Etrangères de Moukden, architecte diplômé, m'a dressé gracieusement les plans d'une belle cathédrale. Nous la dédierons à Notre-Dame de la Treille, patronne de notre nouvel évêque, Mgr Lécroart ; en chinois, — car Notre-Dame de la Treille est ici inconnue — ce sera Notre-Dame de Grâce, afin que par elle, canal des grâces divines, la foule pitoyable des païens soit amenée au port de la Vérité catholique.

Et maintenant, j'écris ces lignes au bruit formidable du pilon : 150 ouvriers païens, grands, forts, demi-nus, suant, soufflant, criant, se démènent pour bétonner les fondations. Ils sont simples et droits, dociles et joyeux comme les paysans de ma chère Lorraine.

Non loin de là, une quarantaine de carriers, tous païens aussi, travaillent les pierres, que des bateaux amènent des carrières du Honan. Pauvres gens, ils ne gagnent que 300 sapèques par jour (30 centimes) et encore je les traite plus généreusement que bien des entrepreneurs.

Nous profitons de la construction de l'église matérielle pour élargir toujours, pour allonger sans fin, les nefs invisibles de l'église spirituelle.

A tous ces ouvriers, deux jeunes Chinois, postulants de la Compagnie de Jésus, font tous les jours le catéchisme ; et ces

pauvres âmes affamées les écoutent avec une docilité enfantine.
Bien plus, il y a quelque temps, l'idée me vint de leur montrer et
expliquer durant la première heure de la nuit des projections sur
l'histoire sainte et la vie de Notre-Seigneur. Entreprise hardie,
presque téméraire : ils sont si fatigués après la rude journée de
travail sous notre soleil torride ! Comment retarder encore leur
court sommeil ? Je m'attendais à quelque vingt ou trente auditeurs ; ils vinrent plus de cent ! Et c'est ainsi tous les soirs.

Dans le décor incomparable de nos nuits d'Extrême-Orient, au
sein de ce silence mystérieux qui descend sur la ville apaisée, sous
l'immense voûte de velours noir piquée d'étoiles scintillantes, ils
se groupent, les pauvres, les misérables, les chéris du bon Dieu.
Les uns vêtus de leur chemisette blanche, les autres demi-nus sous
la brise qui sèche leur sueur, ils se pressent au plus près de la toile
à projections ; et là, ardemment, passionnément, ils regardent, ils
écoutent : c'est la chute d'Adam et Ève, le déluge, le passage de
la Mer Rouge ; c'est l'Enfant de Bethléem adoré par des pasteurs
et des rois ; c'est la sanglante Passion ; c'est le ciel ouvert et les
perspectives de l'Éternité... Tout un monde inconnu qui se révèle
à eux. Je sens à leur silence respectueux, à leurs réponses confiantes, à leurs visages recueillis, que la grâce les travaille (déjà
plus d'un s'est déclaré catéchumène), et je pense que les anges de
Dieu, planant sur mon humble auditoire, y distinguent amoureusement les élus de la Patrie.

Le 2 Juillet 1918, nous avons béni solennellement la première
pierre de notre chère église. Quelle belle journée, et quel spectacle !

Sur cette terre païenne encore, mais depuis un an labourée de
nos désirs et ensemencée de nos prières, sur ce sol du vieux
yamen, souillé de tant d'idolâtries, mais que déjà nos fondation
marquent du signe de la croix ; sur ces quelques arpents arraché
de haute lutte aux défiances païennes, se groupent toutes no
espérances pour l'avenir chrétien de Ta-ming ; élèves du *Fa-wenn*
si gracieux dans leurs toges bleu-ciel ; élèves de l'école chrétienne,
portant au cou leur médaille ; élèves de l'école païenne, presque
tous catéchumènes ; plus loin, au delà des barrières, les vierges,
les femmes, les fillettes innombrables et, sur le chantier même,
recueillis, intéressés, nos ouvriers, croisant leurs bras musclés sur

leurs poitrines nues ; tous maintenant, sans exception, apprennent leurs prières et veulent devenir chrétiens.

Et nous, les missionnaires du Tché-li-sud, réunis autour de notre supérieur, le R. P. Héraulle, qui préside la cérémonie, avec quelle émotion ardente nous suivions la sublime liturgie : «*Signum salutis pone, Domine Jesu Christe, in loco isto* ! — Qu'un signe de salut, Seigneur Jésus-Christ, soit posé en ce lieu !... Que règnent ici la vraie foi, la crainte de Dieu et la fraternelle dilection ! — *Ut vigeat vera fides hic, et timor Dei, fraternaque dilectio.* »

Un lourd nuage sombre, chargé de grêle, planait sur toute cette cette scène...

Et dans mon cœur, au milieu des plus riches espérances, un nuage inquiétant assombrissait l'horizon : il me manquait encore 10.000 francs ! Que ferai-je quand l'aumône reçue sera épuisée ?

Les élèves de nos trois écoles savent ma détresse ; ils réunissent quelques *toung tzeuls* (sous de cuivre qui valent 20 petites sapèques, donc deux centimes), et viennent, triomphants, me les offrir :

— Pour l'église de la Sainte Vierge !

Bons petits ! ils pensent qu'avec cela je vais pouvoir acheter une colonne !

Mais nous avons confiance en la Providence et nous marchons de l'avant !...

CHAPITRE XII

UNE « GRANDE FACE »
POUR LE CATHOLICISME

Par le P. P. MERTENS

NOTRE-DAME DE LA TREILLE A TA-MING-FOU

Échafaudage en spirale. — 800 kilos de cordes. — Menace d'effondrement. — «Une messe pour mes ouvriers ! » — La marche du monolithe. — Le cantique de l'Ecclésiastique et la cantilène du maçon chinois. — La prière soulèverait des montagnes ! — Merci aux moines d'Europe ! — La croix rédemptrice plane sur *Ta-ming*.

Un an après, 3 *Août* 1919.

L'église Notre-Dame de la Treille à Ta-ming est achevée ! Je veux dire l'extérieur : les murs, le clocher. Hier, on a hissé sur la flèche haute de 40 mètres l'énorme pierre fleuronnée qui la couronne ; et à 11 h. 1/2, la croix rédemptrice s'est dressée sur la grande ville païenne.

Nous avions espéré finir le 31 juillet, fête de St Ignace ; mais Notre Bienheureux Père, — pour éprouver les confiances —

nous gratifia d'un bel orage de Chine, qui faillit jeter bas l'échafaudage de la tour.

Cet échafaudage ! c'était déjà une merveille d'impéritie, d'*à
peu près*, de laideur et de fragilité.

Figurez-vous dix massives et hideuses colonnes de 40 mètres,
constituées chacune par une trentaine de perches juxtaposées et
superposées à la diable, assujetties par des cordes ! En tout, 300
perches, 800 kilos de cordes.

Le P. Jung avait bien remarqué une certaine inclinaison des
perches, et dans l'échafaudage une tendance à se développer en
spirale. Mais les contremaîtres n'écoutèrent guère ses avis, et,
plus l'échafaudage monta, plus il manifesta ses malencontreuses
prétentions à la forme hélicoïdale.

Bref, le jour de St-Ignace, il « tirebouchonnait » plus que jamais,
et sa consistance était toute problématique ; l'orage vint qui ne
raffermit rien ; et le lendemain 1er août, le radieux soleil de
Chine, séchant les cordes mouillées, compromit tout définitivement : les jointures se disloquaient ; écoperches et boulins jouaient
grand jeu dans leurs gaines de cordes trop lâches ; et la brise
quoique légère imprimait à notre fragile château de bois d'in-
quiétantes oscillations.

Monter le fleuron terminal dans de pareilles conditions, c'était
marcher à un désastre : tout aurait infailliblement craqué sous
la pression.

Déjà les ennemis de « la Religion du Maître du Ciel » se gau-
dissaient et allaient répétant en ville : « Les diables d'occident
sont punis de leur orgueil ; leur bâtisse va s'effondrer ; jamais ils
n'achèveront leur fameuse pagode ; et ils n'obtiendront pour
prix de leurs efforts qu'une formidable perte de face ! »

Pour la religion catholique, en effet, grande perte de face, ou
grand succès, tel était bien l'enjeu de la journée.

Cependant, dans le collège on priait, et sur la tour on travaillait.
Tout le vendredi 1er août se passa à resserrer les cordes, à re-
dresser les perches, à ajouter des traverses ; les clous finirent par
entrer dans la construction et quand vint la nuit, les deux tiers
de l'ouvrage étaient raffermis ; mais le faîte penchait encore vers
le sud, faisant mine de piquer une tête sur le toit de l'église.

Par bonheur, on avait en réserve un stock considérable de fils de fer venus de Tien-tsin. Fébrilement, toute la soirée, on travaille à en tresser 4 forts câbles de 100 mètres chacun. Demain, on les assujettira, on redressera par eux le sommet de l'échafaudage ; et on tentera enfin l'opération décisive.

Le soir du 1ᵉʳ août, bien tard dans la nuit, alors que le P. Jung achevait son bréviaire, un homme frappe à sa porte. C'était le chef des travaux. Il s'appelle *Petit-Maître* ; il a 30 ans, il aime ses hommes. Timidement, il tire une piastre d'argent, la dépose sur la table. « Père, dit-il, c'est pour mes hommes… demain… dites une messe pour eux ! »

Le lendemain 2 août, fête de Sᵗ-Liguori, nous disons tous la messe pour la grande affaire. Dès le point du jour, on commence à assujettir les 4 câbles. Ils descendent du haut de l'échafaudage ; enjambent la rue, l'arc-de-triomphe, les fils téléphoniques et télégraphiques, les boutiques chinoises, et viennent s'attacher d'un côté dans une cour du collège, de l'autre dans le magasin d'un riche marchand chrétien.

Vers 9 heures, l'échafaudage est redressé, c'est encore très « à peu près ». Mais les contremaîtres et les ouvriers n'y regardent point de si près et se montrent pleinement satisfaits.

Criant et gambadant, ils vont chercher la grosse pierre qui attend sous un hangar. C'est vraiment une belle pièce, un superbe monolithe, venu des célèbres carrières du Honan. Elle pèse 500 kilos, poids respectable en Chine, quand on songe qu'il faudra par les rudimentaires moyens chinois porter ce bloc à 40 mètres dans l'air.

Et puis elle est artistement sculptée. Octogonale à la base, elle s'arrondit peu à peu, se sertit d'un anneau de pierre comme d'une bague au doigt de l'Église fiancée du Christ ; puis elle fleurit en grand lys épanoui, et du sein des pétales surgit un gros bourgeon d'où germera la Croix.

Nos hommes, sans donner une seconde à l'esthétique de la pierre, la garrottent de cordes, l'encerclent d'un carcan, l'emprisonnent de poutrelles, l'enlèvent enfin dans une clameur sauvage, et le fier monolithe sort du hangar, s'avançant vers la tour. Quelle marche triomphale et drolatique !

Ils sont là une soixantaine sous le soleil de feu, nus jusqu'à la ceinture, et fous de joie, qui se pressent autour du fardeau, les muscles tendus, les torses cuivrés et suants, les bras et les jambes entremêlés : un de ces entassements de chairs humaines familiers au pinceau de Rubens. Ils se tirent, ils se poussent, ils rient aux éclats, et se disputent en riant ; les tresses se mêlent, les pieds s'écrasent, les mains se crispent sur les épaules des voisins, les bâtons plats des sous-chefs claquent sur les cuisses et les échines ;

LES ÉCHAFAUDAGES DE L'ÉGLISE

tous hurlent et se démènent comme une bande de possédés. Mais de leur informe masse mouvante émerge, toute blanche et sereine, la belle pierre fleurdelisée qui progresse tranquillement vers l'église.

Enfin, la voilà sous les poulies et les cordes qui doivent l'enlever. Nos gens s'arrêtent, s'épongent, s'assoient, boivent le thé traditionnel, s'étendent et sommeillent un peu, tandis que les chefs prennent leurs dernières dispositions, et que dans les rues avoisinantes la foule s'amoncelle.

Après une demi-heure de repos, les tam-tams retentissent ; c'est le signal du grand effort final d'où tout dépend. L'équipe, renforcée des maçons de la sacristie, est portée à 100 hommes. Une dizaine grimpent avec *Petit-Maître* sur le faîte pour y diriger la manœuvre, et ensuite y maçonner la pierre.

Les autres se préparent. On se lave le dos à l'eau fraîche, on rajuste les tresses, on serre les ceintures, on relève les pantalons au-dessus des genoux ; enfin, on s'attelle aux cordes.

Vous autres, hommes d'Occident qui bâtissez avec des élévateurs, des grues, des tracteurs mécaniques, vous n'avez aucune idée des méthodes chinoises. Quatre grosses cordes de 100 mètres sont attachées à la pierre, montent en haut, passent chacune dans sa poulie, redescendent et s'insèrent dans les poings vigoureux des tracteurs humains. Du haut de la tour, « Petit-Maître » va chanter le premier vers de la complainte des maçons, les cent hommes le répèteront à grands cris en donnant de toute leur force le premier coup de traction. « Petit-Maître » lancera ensuite le deuxième vers, on lui répondra par une deuxième traction chantante ; et l'on continuera ainsi jusqu'à ce que la pierre soit rendue. « O aimable simplicité du monde naissant !... »

Maintenant tous sont à leur poste, silencieux. Les Pères, silencieux aussi, regardent, le chapelet en main. Seul notre Père Supérieur est absent : depuis un an il travaille à faire dresser sur le sol de Chine la chère église mariale qu'il porte dans son cœur ; c'est lui qui a tout dirigé ; lui qui a vaincu tous les obstacles ; mais aujourd'hui, il pense qu'on a plus besoin de sa prière que de sa direction ; et il est à la chapelle, priant.

Tout en haut de l'échafaudage, « Petit-Maître », d'une voix haute, ferme et solennelle, entonne lentement la cantilène du métier ; et les cordes attendent, raidies. L'instant suprême est venu : est-ce la pierre qui va monter, est-ce l'échafaudage qui va céder ?

Il est 10 h.. Et nous songeons qu'en France, en Belgique, en Italie, il est 2 h. du matin. Les moines achèvent matines.

Ils ne nous connaissent pas, ces milliers d'humbles veilleurs à la garde de la Sainte Église ; ils ignorent notre petit Vicariat perdu dans les plaines de l'Extrême-Asie ; et pourtant l'invisible Communion des Saints nous unit à eux, nous réconforte de leurs mérites, et Ta-ming-fou va profiter de leur prière.

Ils chantent là-bas, ces frères inconnus, encapuchonnés de bure, dans la pénombre mystérieuse, sous les voûtes gothiques de leurs exquises chapelles ; ils chantent, et ce qu'ils chantent maintenant, c'est le Cantique de l'Ecclésiastique, prophétisant la conversion des peuples (Laudes du samedi, 4e psaume) :

« Seigneur, Dieu de toutes choses, disent-ils, manifeste enfin la lumière de tes miséricordes ! Envoie ta crainte salutaire aux Nations qui t'ignorent, afin qu'elles connaissent qu'il n'y a pas

L'ÉCHAFAUDAGE DU CLOCHER

d'autre Dieu que toi ! Afin qu'elles aussi racontent tes grandeurs !»

Et cependant nos cent tireurs de cordes, avec de grands cris et de grands efforts, répondent à l'appel de « Petit–Maître ». Les cordes se tendent, mais la pierre ne bouge pas ; c'est le sommet de l'échafaudage qui avance d'un pied vers le nord.

« Seigneur, Dieu de toutes choses, continuent les moines de nos lointaines patries, Seigneur, Dieu de toutes choses, élève ta main sur les Nations païennes. Qu'elles voient ta puissance. Qu'elles te connaissent enfin comme nous l'avons connu, car il n'y a pas d'autres Dieu que Toi, ô Seigneur ! »

Et « Petit-Maître » courageusement entonne le deuxième vers ; toute la foule des travailleurs lui répond. La pierre se penche mais ne décolle pas ; et le faîte avance encore d'un demi-pied vers le nord.

Mais là-bas, dans l'Occident christianisé, la grande vague de la prière catholique, qui tous les jours fait le tour du monde, ne perd rien de sa puissance. Elle se déplace seulement vers l'Ouest, et tandis que les voix françaises s'éteignent avec les cierges, dans les austères couvents d'Espagne, les Bénédictins, les Franciscains, les Dominicains chantent à leur tour le psaume de « la plus grande chrétienté » et les ondulations de la « Toute-Puissance suppliante » nous parviennent jusqu'en Chine :

« Renouvelle, ô Seigneur, tes miracles de jadis ; *innova signa et immuta mirabilia* ! glorifie ton bras, et manifeste la force de ta dextre : *Glorifica manum et brachium dextrum* ! Supprime notre adversaire et abats notre ennemi ! Hâte-toi, souviens-toi de ton but rédempteur, afin que les païens eux aussi racontent tes merveilles ! »

Et « Petit-Maître » comprend que maintenant, les cordes étant parvenues à leur maximum de tension, l'échafaudage ne bougera plus ; que puisqu'il n'est pas tombé, il résistera, rigide désormais ; et malgré les peurs de ses compagnons, d'une voix victorieuse, il lance au-dessus de la ville le troisième vers de sa cantilène. Les voix unanimes lui répondent, avec une traction plus vigoureuse que jamais, et la pierre enfin quitte le sol !

Dès lors ce ne fut plus qu'une ascension triomphale. Je sors du chantier pour jeter un coup d'œil dans la rue. Toute la foule silencieuse, la tête levée, le cou tendu, les yeux en haut, regarde monter, avec la pierre de l'église, la gloire grandissante du christianisme.

La pierre brille maintenant toute blanche en haut du clocher. On décide de monter aussitôt la Croix. Ce n'est plus qu'un jeu. Quoique en fer, elle est bien plus légère que la pierre. Elle monte dans une immense clameur d'enthousiasme, et à 11 h. 1/2, elle se plante fièrement sur le fleuron, dominant toute la contrée à 60 *lis* à la ronde.

O crux, ave, spes unica ! Puisses-tu régner ! et commander !… et appeler les âmes au salut dans notre cher Tché-li-sud ! Puisses-tu réunir dans tes bras des gerbes sans nombre pour l'éternelle moisson !

Et maintenant les ouvriers sont partis. L'église est bâtie ; mais il n'y a encore ni autel, ni croix, ni statues, ni pavé, ni plafond, ni vi-

L'ÉGLISE EN CONSTRUCTION ET LES OUVRIERS

tres : ce n'est qu'un désert vide, où le Dieu de l'Eucharistie n'a pas de tabernacle, où les fidèles ne peuvent prier. Impossible d'achever maintenant : nous sommes à bout de finances. On attendra. Un jour sûrement nous viendront de France des statues, des vitraux, des autels, en un mot, de quoi achever un temple digne de N.-D. de la Treille, la divine chancelière du Tché-li sud-est.

CHAPITRE XIII

LA CONQUÊTE DE TSING-FONG LA MORTE

Par le P P. MERTENS

Au loin sur la plaine désertique montent les remparts blancs. — Une tabagie qui devient presbytère. — Colère du mandarin. — Les procès. — Les temps héroïques et la grange-chapelle. — Nouvelle chapelle. — École de filles. — Manœuvres diaboliques. — L'évêque arrive. — Victoire !

Au fond d'un recoin perdu de la grande province du Tché-li, à 450 kilomètres au sud de Pékin, à des lieues et des lieues de toute gare, de tout port, de tout consulat, trône au sein de la plaine immense, une très vieille cité païenne, riche en pagodes bouddhiques. Elle se nomme d'un nom chantant, car *Tsing-fong-hien* signifie : la ville d'abondance et de clarté, mais ses abords portent un cachet de tristesse, de sévérité, de désolation désertique, et surtout d'isolement et d'inaccessibilité mystérieuse qui resserre étrangement le cœur. Il vous semble qu'après un interminable *Gobi*, vous aboutissez à une cité morte dans un pays d'outre-tombe. J'en ai gardé pour ma part une impression ineffaçable.

Je revenais du Sud, par une journée torride, et voici que, vers le milieu du jour, Tsing-fong commence à se montrer. Tandis que le char me berce de son cahotement monotone, là-bas, bien loin devant moi, de blanches murailles montent solennellement dans la gloire du septentrion doré.

Les rayons de midi s'accrochent à leurs créneaux, et leur confèrent un miroitement de marbre. Éblouissantes, dentelées, formidables, elles règnent dans les lointains inconnus du désert ; aucun clocher, aucun minaret, aucun monument n'émerge pour rompre leur grandiose uniformité, et elles développent sans obstacle, de l'est à l'ouest, leur long barrage armé de tours comme d'énormes dents d'ivoire.

L'inondation encercle la ville, et bientôt la chaussée s'engage entre deux étangs immenses d'un bleu sombre aux reflets métalliques. Le soleil donne à plein sur les surfaces d'acier, qui vous renvoient ses flèches impitoyablement ; la chaleur devient insupportable.

A droite et à gauche, à demi immergés, des saules pleureurs, avec des tombeaux ; sur l'un d'eux, un vieux mendiant endormi, à la poitrine cave, étale son corps maigre comme un squelette ; plus loin, une bande de grands garçons sautent comme des démons sur les ruines d'une pagode.

Leurs longues tresses noires s'agitent en l'air et retombent sur leur dos cuivré ; ils poussent des cris rauques, sans écho, qui accentuent encore les silences impressionnants de la plaine.

Il y a cependant une musique continue qui monte douce et mélancolique du pied des remparts. C'est là, dans les roseaux, qu'on jette les bébés dont les parents veulent se défaire (1).

----

1. L'infanticide a-t-il disparu dans les grandes villes côtières ? Je le souhaite. Il n'en est pas moins certain que, dans l'intérieur, il sévit toujours. Le Chinois qui juge qu'il a assez d'enfants, se débarrasse sans vergogne du nouveau-né, surtout si c'est une fille. J'ai donné plus haut des détails sur ces faits. Parfois, le petit condamné est jeté vivant du haut des remparts ; parfois, on l'apporte mort dans une corbeille, et on le dépose au milieu des roseaux. De toute façon, on évite de l'enterrer, afin que les chiens le mangent au plus tôt et que son âme ne revienne pas rôder autour de la maison natale pour le malheur des parents assassins. J'ai vu moi-même un de ces petits innocents avant qu'il fût dévoré ; le P. Cannepin, curé de Tsing-fong, en prit la photographie. Mais quoique tout frais, il était certainement mort et nous ne pûmes le baptiser. De ces abominables usages du paganisme, il en est que l'on peut dire ; il en est d'autres qu'on peut tout au plus indiquer tant ils sont obscènes ou horribles, comme le dépeçage des enfants vivants.

Au risque d'allonger démesurément cette note, j'ajoute un fait qui s'est passé ici, à la porte de Ta-ming et dont je suis témoin oculaire. Vers le soir, un domestique vint me dire : « Père, il y a un bébé exposé sur le pont de la porte Est, le Père veut-il le baptiser ? » Je prends une bouteille d'eau et j'y cours ; c'était à 300 mètres. Arrivés au pont, nous ne trouvons pas l'enfant. « Où l'a-t-on mis ? — Là, sous le rempart dans les roseaux, répondent quelques vieux qui vendaient des galettes aux passants. » Nous nous avançons, écartant les hautes herbes, fouillant avec soin, et voilà que, juste au pied des remparts, j'aperçois un petit bras nu qui sort de dessous une grande feuille. Mon compagnon soulève la feuille. Quel spectacle ! Le pauvre petit agonisait, tordant les bras, crispant les

Cette mélopée des roseaux pleurant les petits Chinois tués, ces cris d'enfants sauvages, ce squelette de mendiant dormant sur le lit que lui prête un mort, voilà les seuls signes de vie que j'aie aperçus à l'entrée de Tsing-fong. Sans doute, une fois la porte franchie, les encombrements de chars et de brouettes, les pagodes brillantes de tuiles vernissées jaunes et vertes, les *paifangs* (arcs de triomphe) peuplés de dragons qui grimacent et de toutes les figures horrifiques de la mythologie païenne, les grouillements de la foule loqueteuse entre les boutiques fumantes, tout cela m'eut vite rendu l'impression du monde habité.

Mais, hélas ! l'aspect inaccessible de la vieille cité cuirassée de ses remparts blancs n'était que le symbole d'une chose trop réelle : l'inaccessibilité désespérante de cette ville et de toutes les âmes qu'elle renferme à l'effort de l'apostolat catholique.

Dans l'Occident chrétien, les mots d'apostolat, d'évangélisation, de mission lointaine, suscitent la vision d'un François Xavier en étole et en surplis, qui lève sa croix sur une foule docile. Que nous sommes loin du vrai ! de ce pauvre missionnaire entrant en ville dans sa charrette poudreuse au milieu de l'indifférence du peuple et de la haine des mandarins, et se trouvant tout seul dans un océan d'hommes !

Par quel bord attaquer la muraille infrangible du paganisme ?...

---

mains et haletant misérablement. On avait eu la pudeur de lui laisser un linge autour des reins. Il frissonna sous l'eau du baptême ; puis nous le recouvrîmes de la grande feuille, et partîmes le cœur serré... Ce matin, je suis repassé. Il n'y avait plus que le linge. Le petit corps aura été dévoré tout entier par les chiens... Mais l'âme est au ciel.

Pourquoi n'avoir pas porté l'enfant au collège ? dira-t-on. Parce que, si le collège en recueille un seul, il lui faudra bientôt en recueillir des centaines. Dès qu'on saurait que nous prenons ces pauvres bébés, on aura vite fait de les déposer tous à notre porte. Mais alors, n'ayant ni locaux ni ressources suffisantes, si nous voulons nourrir les rescapés de l'infanticide, il nous faudra forcément congédier maîtres et élèves, car nous ne pouvons mener de front les deux œuvres. Pour le moment, nous croyons mieux travailler à la gloire de Dieu en soulageant la misère spirituelle avant la corporelle, en convertissant d'abord les adultes, qui pourront à leur tour christianiser leur famille.

Aussi, combien sont désirées des religieuses qui puissent ajouter à notre œuvre l'œuvre indispensable de miséricorde corporelle ! Seules, en effet, des religieuses le peuvent ; car la grande majorité des petits enfants abandonnés sont des filles ; et, si l'on n'avait des femmes pour s'occuper d'elles, qu'en ferait-on et où les mettrait-on, jusqu'à leur mariage, ces filles sans parents et sans famille ?

Or, ces dernières années, une brèche a été ouverte dans cette enceinte infernale de Tsing-fong ; notre nouvel évêque — Mgr Lécroart, — l'a élargie. Par sa seule venue, il a emporté, si j'ose dire, la place d'assaut, et a conquis dans Tsing-fong droit de cité au catholicisme.

Rien comme ces faits ne donnera aux lecteurs d'Europe une idée plus juste, plus vive de ce qu'est au vrai l'évangélisation d'une ville chinoise.

Je voudrais, par ces quelques lignes d'histoire vécue, par ces vues prises à même le réel, abolir en eux la fausse conception des conversions rapides et plus ou moins en masse ; leur faire sur prendre, entre les paroles de deux pauvres Chinois qui causent sur le pas d'une porte, les premiers cheminements de la grâce, et suivre dans le labyrinthe des banals événements de la vie au jour le jour, les progrès de cette chose sublime entre les sublimes : la conversion d'une ville.

— Bonsoir, vieux frère, dit un passant, en s'inclinant devant un propriétaire qui prenait le frais sur le pas de sa porte ; as-tu mangé ?

— J'ai mangé. Et toi, grand frère, d'où viens-tu ?

— De Han-tsounn.

— Et comment t'appelles-tu ?

— Je m'appelle Kai-seu ; et toi ?

— Je m'appelle Tchang.

Tout en causant, Kai-seu avait avancé la tête vers l'intérieur. « Oh ! oh ! fit-il, pas étroit ton terrain. Tu as de la place à revendre... » Il y eut un silence. Puis Kai-seu ajouta plus bas : « Moi, je cherche un petit terrain dans les environs pour vendre du tabac. » Nouveau silence ; le propriétaire chinois, bien plus défiant que le Normand, réfléchissait.

— Qu'en penses-tu, vieux frère ? insista Kai-seu. Donne-moi donc un bon conseil !

— Moi, tu sais. répondit le propriétaire, je n'ai nulle envie de vendre.

— Si pourtant on te payait un bon prix, insinua Kai-seu d'une voix tentatrice.

— Vrai, je t'assure que je n'ai nulle envie de vendre, laissa tomber le propriétaire d'une voix de moins en moins décidée.

Il toussa deux ou trois fois, pour se donner encore une minute de délibération intime, puis il ajouta :

— Après tout, pour te faire plaisir, je veux bien y penser encore, nous pourrons en reparler.

— Eh bien, à demain, vieux frère !

Tel était le dialogue que tenaient, un soir de septembre 1912, deux Célestes dans la rue ouest de Tsing-fong. Peu après, le propriétaire envoyait ses entremetteurs à Kai-seu; le contrat était débattu, accepté, signé ; Kai-seu bâtissait un mur d'enceinte, pendait sur la porte l'enseigne : *Tabagie* ; et... c'est ainsi que la religion catholique s'introduisit dans Tsing-fong. Oui, la religion catholique ; car Kai-seu, chrétien de vieille date, n'était que le prête-nom du Père Ministre de Kai-tcheou.

Et vraiment, il n'y avait pas d'autre moyen de s'introduire dans une ville où les mandarins et les notables, enragés xénophobes, avaient juré que jamais chapelle catholique ne s'élèverait.

Une fois dans la place, le malin Kai-seu, pour mettre une façade païenne devant ses opérations apostoliques, s'associa dans son commerce son vieil oncle, fervent bouddhiste, dévot à tous les diables et dupe de toutes les superstitions.

Tandis que celui-ci s'occupait avec ferveur à vendre son tabac et à brûler ses bâtons d'encens à Tsao-wang, Kai-seu songeait à élargir la propriété, encore trop étroite pour une chapelle. Une coutume chinoise, transformée en loi, lui prêta main-forte : « Tout propriétaire a droit de préemption sur les terrains avoisinant sa propriété. Tout contrat de vente concernant ces terrains doit lui être montré ; et s'il veut payer le même prix que l'autre acheteur, c'est lui qui acquiert et non son concurrent. » En un mois, Kai-seu eut acheté tout le terrain nécessaire.

Cependant, deux étapes restaient à franchir pour parfaire l'œuvre : d'abord substituer le missionnaire à Kai-seu, la chapelle à la tabagie ; et puis surtout obtenir l'enregistrement par les mandarins de cette nouvelle propriété catholique.

C'est encore par une pantalonnade de sa façon que le madré Kai-seu franchit la première de ces étapes.

Des voisins avaient intenté un procès à la tabagie naissante pour je ne sais quelle question de mur mitoyen et cela menaçait de tourner mal.

Kai-seu dit à son oncle : « J'en ai les bras cassés ! Nous allons devoir dépenser des sapèques, et qui sait si nous gagnerons ?

— Hélas ! répondit l'oncle, j'ai peur comme toi, mais que faire ?

— Hélas ! hélas ! gémit longuement Kai-seu. » Puis, après quelques minutes de lamentations : « Ecoute ! Il y a peut-être un moyen...

— Lequel ?

— Un moyen bien extraordinaire...

— Dis toujours !

— Proposons aux *Chenn-fou* (prêtres catholiques) de nous acheter notre tabagie.

— Crois-tu qu'ils voudront ?

— Peut-être.

— Alŏrs essayons ! »

Et voilà qu'un beau jour, nos deux marchands de tabac se présentent devant le Père J..., préalablement mis au courant par Kai-seu.

Ils se jettent à genoux, font maintes prostrations ; Kai-seu commence à pleurer ; le vieil oncle l'imite. (On sait que les Chinois jouissent du privilège de faire fonctionner à volonté leurs glandes lacrymales.) « Ah ! *Chenn-fou !* aie pitié de nous !

— Qu'y a-t-il, mes pauvres amis ? dit le Père compatissant.

— Ils nous font un procès, gémit Kai-seu.

— Ils nous rendent la vie insupportable, ajoute l'oncle.

— Et que puis-je faire pour vous, braves gens ? interroge le Père.

— Si le Père voulait bien, dit l'oncle, il pourrait acheter notre propriété. »

Bref, après s'être fait prier suffisamment, le Père consent ; le contrat est conclu.

Pour la dernière étape, — l'enregistrement officiel, — on faillit échouer, et le missionnaire dut donner de sa personne.

Le mandarin de Tsing-fong commençait à flairer dans l'affaire une mauvaise odeur d'Europe ; cette tabagie si subitement créée et agrandie n'allait-elle point tout à coup se transformer en un repaire de diables d'Occident ? Tantôt il se rassurait disant : « Jamais les Pères n'auraient choisi pour homme d'affaires un niais comme Kai–seu (1) ! » Tantôt il reprenait peur et disait à Kai–seu: «Tu sais, si c'est pour le Père que tu achètes, moi, je te ferai mettre en prison. » Le Père J ..., mis au courant, résolut de brusquer les événements.

Un jour, il arrive chez le mandarin avec tous les contrats précédemment conclus, et lui demande d'enregistrer la propriété qu'il a nouvellement acquise par l'intermédiaire de Kai–seu.

— Comment, s'écrie le mandarin, vous achetez la tabagie Kai–seu ! Mais vous ignorez, grand homme d'Europe, que la loi chinoise vous oblige, avant l'achat, d'avertir tous les voisins de Kai–seu : tous ont le droit de préemption sur vous.

— Ce n'est pas à Kai–seu que j'achète cette propriété ; je l'ai achetée, par l'intermédiaire de Kai–seu, à son propriétaire primitif.

— Vous n'avez pas le droit d'acheter ainsi par intermédiaire.

— Excusez, Monsieur, la convention passée entre le gouvernement chinois et le gouvernement français, le 20 février 1865, et précisée encore par notre ambassadeur Gérard, le 14 avril 1895, spécifie que les missionnaires catholiques ont le droit d'acheter par intermédiaire.

Le mandarin bouillonnait de colère : « Jamais, je n'enregistrerai cet achat, cria-t-il. »

Sur ce mot violent, le P. J... quitta le *yamen* ; la lutte ouverte était commencée.

Je n'ai pas le loisir d'en narrer les péripéties. Finalement le *taotai* de Ta-ming (préfet supérieur aux autres mandarins) donna tort au mandarin de Tsing–fong ; les achats de Kai–seu furent enregistrés et. le 11 février 1913, le P. Cannepin prenait possession de la tabagie, comme curé de Tsing–fong.

En un instant, cigarettes, caisses, tabac, enseigne furent déménagées ; et le lendemain, 12 février, le Dieu de Bethléem, des-

---

1. Kai-seu est doué d'une physionomie fort inintelligente, qui fut, dans toutes ses opérations, un important facteur de succès.

cendant sur un minuscule autel de planches pourries, commençait
à résider dans l'antique cité du diable.

Les premiers temps furent durs, très durs ; pour maison, une
case de terre dont le toit fuyait ; pour nourriture, l'invariable millet
chinois ; pour compagnie, un catéchiste rien moins qu'intelligent,
et autour de soi l'indifférence, l'hostilité, la muraille inattaquable

LA MAISON DU MISSIONNAIRE A TSING-FONG

du paganisme millénaire (1,. Ah ! voilà la vraie souffrance du
missionnaire, la souffrance insoupçonnée en Europe, l'isolement.
Être *tout seul dans un océan d'hommes* ! Ils sont là qui se pressent
autour de vous, qui dévorent des yeux le « diable d'Occident »,

1. Je dis : l'indifférence, l'hostilité. Un jour, un Chinois manque de respect
au Père. Celui-ci l'empoigne par la tresse et le jette dans la cabane aux outils.
Puis il le fait lier par son catéchiste et son cocher à un arbre devant la maison.
Peu après, l'individu fut relâché sain et sauf ; mais tout le monde sut en ville
qu'on ne manquait pas impunément au Père, et ce fut d'un excellent effet.
En Chine, si le missionnaire ne sait pas se faire respecter, il est perdu ; il ne fera
pas de bien.

qui vous cornent aux oreilles des compliments incompréhensibles,
vous passent leurs bestioles avides de sang européen, ... et vous
êtes seul, absolument seul, séparé d'eux par le triple abîme de la
race, de la langue et de la religion !

Pas un ami !...

Si ! il en reste un, l'Inséparable, l'Unique ! Sans Lui, le missionnaire ne demeurerait pas vingt jours à son poste d'abnégation;
Celui pour qui on a tout quitté, et qui tient lieu, — si délicieusement, si surabondamment, si divinement, — de père, de mère,
de frères, de sœurs, de patrie, de nouvelles, de logement et de
famille ; celui auquel on dit et l'on redit sans fin ces folles litanies
d'amour, qui doivent le faire sourire et qui nous font tant de bien ;
Celui-là reste !

Le curé de Tsing—fong installa le divin Prisonnier dans sa plus
belle pièce : une case de terre de 10 mètres carrés, dotée d'une
fenêtre aux vitres de papier et d'un toit de tuiles. Il crépit à la
chaux les parois de boue séchée ; fit un riche plafond de papier
gris, étendit une natte sur le parquet de briques, piqua dans le
mur quelques pauvres saintes images : l'Ange gardien, la Sainte
Famille, saint Michel ; une draperie de soie aux couleurs criardes
entoura les tréteaux de l'autel ; quatre chandeliers, de bois, deux
bouquets de fleurs artificielles firent l'ornementation ; et ce fut
là que, jour et nuit, *pernoctans in oratione*, le divin Zélateur des
âmes pria pour le salut de Tsing—fong. Le Père, lui aussi, priait
dans l'étroite chapelle déserte, et pendant de longues semaines il
implora la lumière : Comment entamer le bloc du paganisme ?

Quand il eut bien prié, une idée lui vint ; il obtint de la résidence
centrale quelques médicaments classiques et il fit annoncer en
ville qu'il avait de bons remèdes pour les enfants malades et ne
demandait jamais de sapèques.

Au début on vint peu, défiance tenace à l'endroit du diable
d'Occident. Puis, quelques cures merveilleuses de dysenterie
achalandèrent le prêtre-médecin. Bientôt, ce fut la procession
lamentable de toutes les misères enfantines : les fiévreux, les gros
ventres, les maladies d'yeux, la terrible dysenterie. Ces chers
bambins vont tout nus en été ; les pluies subites, si fréquentes en

Chine, les surprennent dans ce costume, leurs petits corps fragiles prennent froid, et ils meurent par milliers dans un seul district. Les parents ne les regrettent guère, il leur en reste, des enfants ! il leur en viendra d'autres !

Cependant peu à peu, sous le médecin des corps, perçait celui des âmes. Nombre de petits moribonds furent baptisés, et dès que Tsing-fong eut, en paradis, ce bataillon d'intercesseurs, la partie fut gagnée.

Quelques familles demandèrent le baptême et tout doucement on substitua les catéchismes aux consultations. La chapelle, d'abord déserte, devint trop étroite ; le Père dut changer son autel de place, dire la messe juste devant la porte, les catéchumènes à genoux y assistant du dehors. Mais le nombre augmentait toujours, la moitié à peine de l'auditoire pouvait voir le célébrant. Et puis, comment obliger ces pauvres gens à rester immobiles au dehors, même sous la pluie, même sous la neige ? Évidemment, il fallait bâtir.

Le Père tâta sa bourse : absolument vide ; dénombra ses débiteurs : rien que des créanciers ; énuméra ses espérances : toutes négatives ; implora la générosité de Monseigneur : « L'an prochain, dit la réponse, je devrai restreindre votre budget. Conséquence de la guerre ! » Que faire ? On était en janvier 1915. Les grandes pluies commencent en juin ; il fallait absolument qu'à cette date tout fût couvert... ou renoncer à dire la messe dominicale devant le peuple fidèle.

Le curé de Tsing-fong adressa un appel désespéré vers la France. Malgré la guerre, il fut entendu. En avril, une aumône arrivait de Nancy : 2000 francs ! Quelle joie ! Quel *Te Deum* dans le cœur du missionnaire ! Quelle prière longtemps continuée pour les bienfaiteurs nancéens !

Puis vite à l'ouvrage. Pas même trois mois pour tout achever.

Terrassiers, maçons, charpentiers consentirent à travailler pour 360 sapèques (36 centimes) par jour.

Le Père surveillait, dirigeait, réquisitionnait les bonnes volontés, surtout pressait, pressait l'ouvrage, car la saison s'avançait. Quand arriva l'époque ordinaire des pluies, murs et charpente étaient finis, mais pas une tuile de la toiture n'était encore posée :

vienne une de ces formidables averses, ordinaires à cette époque, la bâtisse allait être compromise. Alors ce furent les messes, les prières continuelles, les communions des chrétiens pour obtenir que Dieu retardât les orages. Ils furent exaucés : le soir même du jour où fut posée la dernière tuile, éclata le premier orage, terrible, formidable, dévastateur... mais inoffensif. Avec quelle reconnaissance, en se promenant sous la toiture infrangible dans le bâtiment encombré d'outils, l'heureux missionnaire égrena ses chapelets de *merci*.

A peine le souci de l'église à bâtir était-il fini, qu'un autre surgit à l'horizon ; telle est la vie dans une mission qui prospère spirituellement : la Providence, par les conversions qui lèvent, nous mène tambour battant à des œuvres toujours nouvelles, toujours plus grandes, et l'on goûte la joie de ne jamais se reposer. Les enfants affluaient. Après l'église, les écoles ! Le P. Cannepin, ayant reçu une seconde aumône, voulut commencer celle des filles.

De l'autre côté de la rue, se trouvait un terrain idoine avec quelques bâtisses misérables, mais suffisantes. Le propriétaire était un païen sympathique. Un jour, il vint dire au Père :

— Si le Père veut acheter ma maison, je la lui céderai à bon compte.

— Tu es bien généreux, répondit le Père, mais je n'en ai pas besoin. Que veux-tu que j'en fasse ?

C'est ainsi qu'il faut répondre ; car, dès que le propriétaire chinois croit qu'on a besoin de son terrain, il ne vous fait plus que des prix inabordables.

Peu après, notre homme revient : « Père, si tu veux de ma maison, je te la cède pour 700 ligatures de grosses sapèques (1). C'est pour rien.

— C'est trop cher, dit le Père, surtout pour une maison dont je n'ai que faire. Ah ! si tu me la donnais pour 600 ligatures, peut-être !

Le propriétaire accepte pour 600 ligatures ; mais les voisins

---

1. La ligature vaut normalement 1 franc. Elle se compose de 1.000 sapèques trouées enfilées dans une corde. Pour transporter 1.000 francs, il faut donc un tombereau. — 1 grosse sapèque vaut 2 petites.

païens, mis au courant du contrat suivant l'usage et la loi, décidèrent de faire échec au curé ; ils s'associèrent pour réunir les 600 ligatures et se déclarèrent acquéreurs. Par le fait, le Père était évincé. Vrai coup du diable, car c'était la ruine de l'école des filles, nul autre terrain n'étant propice.

Cependant, quand le curé de Tsing-fong eut bien répété son *fiat*, la Providence intervint et arrangea tout.

Les concurrents s'étaient bien déclarés acquéreurs, mais n'avaient nullement payé ; bien plus, ils ne parvenaient pas à réunir la somme nécessaire ; des disputes, parfois orageuses, éclataient dans leurs conciliabules : « Qui payerait la grosse part ? Qui serait le maître dans cette propriété en indivis ? Et qu'en ferait-on ? » Tant et si bien que le Père apprit la situation. Il fit dire au propriétaire : « Tes voisins t'ont roulé ; tu n'auras pas ton argent avant des mois ; tandis que, si tu me vends à moi, ce soir même les 600 ligatures seront dans ta poche. » Le soir même, l'achat était conclu, signé, payé, et le Père prenait possession de sa future école.

Rage, désespoir, trépignements dans le camp du diable. Mais rage impuissante comme celle des damnés. Et maintenant, de joyeuses bambines jouent, étudient, chantent triomphalement leurs cantiques à la barbe des païens dépités. Le Père a même eu la cruauté, en construisant un mur de clôture, de voiler entièrement l'entrée de leur pagodin. Plus moyen de faire la prostration à Tsao-wang.

Malgré tous ces succès, la situation était loin d'être assurée. L'hostilité irréductible des notables faisait régulièrement tourner tous les procès au désavantage des chrétiens. Quel obstacle pour les conversions !

Les choses en étaient là, quand une rumeur se répandit en ville : « L'ambassadeur de la grande France va venir. » Les païens, ne sachant point ce que c'est qu'un évêque, se servaient de ce terme pour désigner S. G. Mgr Lécroart, qui venait d'être sacré évêque à Changhaï le 2 février 1918. En effet, le nouveau Vicaire apostolique s'était annoncé pour le 10 avril.

A cette nouvelle, délibération agitée des notables et du mandarin :« Recevoir officiellement l'évêque, n'est-ce pas favoriser le *Tien–tchou–kiao* (la religion catholique) ? Ne pas le recevoir, alors que Monseigneur est entré triomphalement dans la grande ville de Ho–kien–fou, accompagné du mandarin, de tous les notables et de tous les habitants, ne serait-ce pas une perte de face pour Tsing–fong ? » Les notables finirent par décider d'aller à la rencontre de l'évêque aux portes de la ville. Le mandarin n'y alla point, mais envoya son palanquin et ses soldats.

Le jour venu, vers midi, à 4 kilomètres au nord de la ville, sous l'ombrage de grands bouquets de saules, une foule nombreuse est assemblée : musique, drapeaux, palanquins. Chrétiens et païens viennent à la rencontre de Monseigneur. Le char épiscopal s'arrête et l'évêque apparaît avec sa soutane amarante qui rougeoie, son chapeau à glands verts et or, et sa croix pectorale brillant au soleil.

La foule, sur le sol de la vieille Chine, se prosterne à genoux et reçoit une première bénédiction. Monseigneur monte dans le palanquin, et le cortège se met en marche au son de la musique, aux flottements d'une centaine de drapeaux. Dans les champs, les cultivateurs, qui entendent les tam-tams et voient s'agiter les étendards rouges et verts, accourent en costume de travail, c'est-à-dire nus jusqu'à la ceinture, et portant leurs instruments aratoires, qui un rateau, qui une pelle, qui un hoyau. Le coup d'œil est pittoresque.

Douze cavaliers, envoyés par le mandarin, qui arrivent au grand trot, ouvrent la multitude et présentent les armes à Sa Grandeur. Ils ont vraiment bel air avec leurs casquettes à galons rouges, leurs boutons d'or, leur uniforme gris-perle et leurs fines épées dressées, qui étincellent au soleil de midi.

A la porte de la ville, tous les notables, en grand costume de cérémonie, attendent Monseigneur. Celui-ci descend de sa chaise, s'approche d'eux et, à la face de tout le peuple, l'évêque catholique et les personnages officiels de Tsing-fong se saluent et changent quelques paroles amicales.

Puis, à peine Monseigneur est-il installé dans le presbytère, que le mandarin se présente pour le saluer ; tous les notables l'entourent. Salutations courtes, conversations banales mais d'importance incalculable pour l'avenir : devant tout leur peuple, ce mandarin et ces notables se sont compromis ; ils se sont déclarés les amis du Père ; ils ne pourront plus ensuite, sans perdre la face, lui faire une guerre ouverte. Désormais, la position est conquise, et le catholicisme poursuivra sans obstacle dans Tsing-fong-la-Morte son œuvre de vie.

CHAPITRE XIV

ENTRÉE DE L'ÉVÊQUE
DANS SON « VILLAGE » ÉPISCOPAL (1)

Par le P. A. WETTERWALD (2)

L'évêque de Marie, reçu par Marie. — L'épousée du mariage mystique. —
Ego sum pastor bonus. — Des Zachées sur des arbres qui ne sont pas des
sycomores. — L'impression des soldats païens. — Le grand triomphe de
Ho-kien-fou. — Évêque et mandarin.

Sien-hsien, 16 *février* 1918.

Il est inutile de parler longuement de notre voyage de Changhaï
à Po-tow-chen (3). Les voyages heureux n'ont pas d'histoire, pas
d'histoires non plus ; et le nôtre fut heureux, grâce surtout aux
dispositions prises par le F. Le May, cet aimable et intelligent
organisateur.

Voyez comme les bons anges arrangent les choses ! Le train
arrivant à Po-tow-chen non seulement n'avait pas de retard,
mais était de cinq minutes en avance. Le temps de descendre nos
bagages, de les faire transporter, en passant le canal impérial,
jusqu'à la maison où attendaient les deux chars de Sien-hsien, de
les charger sur ces voitures, et avant 1 h. 1/2 nous roulions, au

---

1. On ne peut dire « *dans sa ville épiscopale* », car la résidence du Vicaire
apostolique est *Tchang-kia-tchoang,* village de 600 âmes à un petit kilomètre
au nord de la sous-préfecture de Sien–hsien.

2. Le P. Wetterwald, compagnon de Mgr Lécroart pendant son voyage à
Changhaï, assista au sacre de son évêque et aux brillantes réceptions de
Zi-ka-wei et autres centres chrétiens de cette belle mission.

Rentré dans le Nord, il raconte ici ses impressions sur l'accueil que fit à
Monseigneur sa mission du Tché-li. On a conservé à cette lettre son caractère
intime.

3. *Po-tow-chen* est la gare de chemin de fer la plus rapprochée du centre
de la Mission. On y quitte la voie ferrée pour les routes de terre.

grand trot de nos mules, précédées de deux cavaliers, sur la route de notre *home*.

Avant d'arriver à Sien-hsien nous avons à passer par deux chrétientés ; il était réglé d'avance que Monseigneur acceptait une petite réception de ces braves gens, entrait dans leur église pou

RUE D'UN VILLAGE CHINOIS.

une courte prière et les bénissait. Ainsi fut fait, sauf que la petite réception devint une « grandiose » cérémonie, nous préparant d'avance aux surprises de Sien–hsien.

Depuis 25 ans que je suis en Chine je ne me rappelle rien d'aussi beau, d'aussi spontané, d'aussi réussi.

A 5 ou 6 kilomètres en avant de Liou-sinn, un cavalier arrive, bride abattue, il descend, met genoux en terre, reçoit la bénédiction de Sa Grandeur et repart au galop. Déjà nous voyons le clocher de la petite église, et bientôt nous entendons le joyeux carillon de la cloche. Une belle procession vient au devant de nous musique en tête, bannières déployées. Des milliers de spectateurs dont le plus grand nombre sont païens, se pressent pour voir, je ne dis pas pour acclamer ; ici nous en sommes encore au vieux protocole suivant lequel le respect doit passer avant l'enthousiasme. Respect et émotion, on lit cela sur toutes les figures, et Monseigneur doit être bien consolé que sa bénédiction, la première, tombant sur ces pauvres païens contienne pour eux une grâce initiale de conversion. Mais ce qui consola surtout Sa Grandeur ce fut de voir, en entrant à l'église, au-dessus du maître-autel et de sa parure de fête, accueillant le nouvel Evêque avec un sourire maternel, une statue de Notre-Dame. L'évêque de Marie accueilli par Marie, n'est-ce pas de bon augure ?

Les chrétiens, sachant que Monseigneur était pressé par le temps, n'insistent pas pour baiser l'anneau, ni pour faire accepter une collation, mais en gens pratiques, avec une attention bien filiale, ils avaient préparé deux petits paquets de desserts qu'on nous remet dans la voiture.

Nous eûmes à peine le temps de faire honneur à ces « délicatesses » ; déjà apparaissent dans un nuage de poussière les cavaliers de la seconde étape. Cette fois, c'est toute une escorte, une demi-douzaine de chevaux et trois ou quatre voitures de maître ; c'est un bruit carillonnant de grelots et de sonnettes, et c'est aussi déjà la foule ; car de tous les villages, à la vue de ce cortège serpentant sur la route poudreuse, on accourt, on se presse pour voir le « très grand homme ».

Rappelez-vous que nous sommes au nouvel an, et qu'ici, dans le nord, nouvel an veut dire grand *farniente* de 15 jours. Cette fois-ci personne ne se trompe, je ne puis plus me faire passer pour l'évêque comme jadis au passage du Kiang. Monseigneur a ses insignes, sa croix pectorale qui rutile aux feux du soleil couchant ; sa voiture est la première selon les exigences du protocole chinois.

Aux approches de Ling-chang-seu, le spectacle est vraiment joli. Faisant le fond du décor, la coquette église tout nouvellement construite avec son grand clocher pavoisé aux couleurs nationales et pontificales. Au premier plan la musique qui nous attend. La foule est énorme, très bariolée tant par les couleurs ondulantes des bannières et des oriflammes, que par les chatoiements des costumes aux nuances infinies. A travers ces flots pressés et pressant, tant bien que mal nous arrivons à l'église.

Prière pour l'Évêque et même pour son modeste compagnon, aspersion de l'eau bénite, bénédiction que tous reçoivent à genoux après avoir fait à Monseigneur les quatre prostrations du nouvel an. Sa Grandeur dit quelques mots du cœur, promettant de revenir bientôt pour un long séjour parmi eux.

L'escorte nous reconduit hors du village à 3 ou 4 kilomètres, presque en vue de ce que nous appelons la montagne St-Joseph.

A 6 h. 1/2 nous y arrivions. C'est là que Monseigneur va passer la nuit, tandis que je continue jusqu'à Sien-hsien même où l'on nous attendait avec une impatience facile à comprendre.

Le lendemain fut vraiment un beau jour pour notre Mission. L'église de Sien-hsien, la « jeune épousée » du nouvel évêque, a fait les choses royalement. Dans la matinée je sortis pour voir les décorations et prendre une petite vue d'ensemble. Tous les gens qui m'abordent ont une grande rose à la boutonnière, même les tout petits enfants, et cela seul met déjà dans le paysage une note infiniment gaie.

Ils me disent : « Eh bien ! Père, pensez-vous que ce sera aussi bien qu'à Zi-ka-wei ? »

Je réponds : « Hum ! aussi bien qu'à Zi-ka-wei ! comme vous y allez ! Et pourquoi pas mieux encore ? Essayez toujours. » Et un bon vieux ajoute : « Du moins ce sera le même cœur ! »

Il avait raison le brave vieux. Le bon cœur de nos chrétiens, leur grand esprit de foi, leur amour pour la Sainte Église se sont manifestés avec un élan admirable. L'enthousiasme avait gagné même les païens, et ils ont apporté leur coopération, et comme on parlait de les payer: « Non, non, votre grand homme est le nôtre aussi, c'est pour nous aussi (ils auraient pu dire : surtout) que ces missionnaires viennent en Chine. »

Le cortège venant de la montagne devait entrer par la porte nord du village. Cette porte avait été magnifiquement décorée.

par les Séminaristes. Plus loin la tente où Monseigneur revêtirait ses habits pontificaux et l'enceinte réservée, jalonnée par des mâts de verdure. Cette partie de la décoration était surtout l'œuvre des païens. Depuis cette tente jusqu'à l'église, la décoration se continuait très variée, pour aboutir au portail même de la cathédrale et se terminer dans une envolée de drapeaux jusqu'au sommet de la croix.

A neuf heures précises, le premier signal est donné par trois coups de canon, — du plus gros des canons de notre arsenal anti-boxeur. — Monseigneur monte en palanquin. Le cortège qui est allé chercher Sa Grandeur est ainsi composé : Un piquet de cavalerie avec leurs trompettes, le fusil en bandoulière : c'est une députation de la garnison de Sien-hsien-ville. Derrière eux, quarante cavaliers d'honneur, représentant toutes les chrétientés des environs, hommes et chevaux portant comme cocarde une grande rose écarlate. Puis deux musiques avec leurs immenses drapeaux triangulaires. Précédant la chaise de Monseigneur, à pied, les administrateurs des paroisses voisines ; et derrière Sa Grandeur, les voitures des PP. Ministres de Section, chacune précédée de son cavalier. Sur les 7 kilomètres qui séparent la montagne de la Résidence, la haie humaine était ininterrompue.

C'était vraiment tout le pays qui était là : païens et chrétiens, accourus pour bénir celui qui venait au nom du Seigneur et pouvait dire, comme l'exprimait l'inscription en lettres d'or sur la porte de la Résidence : *Ego sum pastor bonus.*

Cependant un autre cortège se forme à la sacristie : celui des enfants de chœur, en longue et gracieuse théorie, des séminaristes et des prêtres en surplis, des bannières de procession, du dais sous lequel ont pris place, en chape, le R. P. Recteur et ses deux assistants. Ce cortège se rend, par la rue pavoisée, à l'enceinte réservée. Très pittoresque coup d'œil. Partout des grappes humaines qui, avec leurs roses à la boutonnière, semblent des grappes de fleurs. Des Zachées juchés sur des arbres qui ne sont pas des sycomores, mais c'est aussi : *ut viderent Jesum.* Pas de cris, pas de désordre, un bourdonnement continu. Tout à coup un cri s'élève : *Lai-leao* ! Le canon tonne, les cloches sonnent à toute volée ; on entend les fanfares des trompettes ; on aperçoit les cavaliers d'honneur, à la tête desquels s'avance, sur un cheval puissant, le majestueux F. Schmitt.

Sa Grandeur descend de chaise, baise le crucifix, revêt ses habits pontificaux et fait son entrée aux accents d'un triomphal *Benedictus*. Sous sa main tous les fronts s'inclinent ; le spectacle est vraiment d'une religieuse grandeur.

A l'église, après le *Te Deum*, l'évêque reçoit l'obédience des prêtres qui tour à tour viennent baiser son anneau. A la sortie, le piquet d'honneur, composé de soldats païens, fait la haie, présente les armes et les trompettes sonnent aux champs. Monseigneur leur fait un salut aimable et gracieux qui les a fort touchés. Tous les païens d'ailleurs, profondément impressionnés, ne tarissaient pas d'éloges.

Les jours suivants furent consacrés aux réceptions du Séminaire, etc. ; à la visite officielle de Monseigneur au Sous-Préfet, aussitôt rendue par celui-ci ; aux députations de plus de 20 paroisses voisines, qui défilèrent devant Sa Grandeur, chacune apportant ses présents : fruits, poissons, pâtisserie, œufs, volaille, etc....., présents, non des Rois Mages, mais des Bergers de Bethléem, car ce n'est pas parmi les riches que le nouvel évêque est envoyé, mais bien parmi les humbles et les pauvres. Espérons que les Rois Mages viendront à leur tour, quand l'étoile du nouvel épiscopat aura brillé à leurs yeux et que la grâce intérieure, étoile de l'âme, les aura attirés.

Le spectacle que l'on avait vu à Sien-hsien se renouvela à peu près le 5 mars, jour où Mgr Lécroart fit sa visite à la grande ville de Ho-kien-fou et à son Sous-Préfet. Foule invraisemblable, mais sympathique. Pas d'ordre, pas de désordre : c'est le brouhaha chinois. Précédée des cavaliers avec leurs trompettes, des fantassins marchant au son du tambour, de la musique avec ses drapeaux, la chaise de Monseigneur tâche, tant bien que mal, de se frayer un chemin à travers les rangs pressés des curieux. Devant la tente du Sous-Préfet, le palanquin s'arrête, Sa Grandeur en descend, en grand costume amarante, gants, croix, etc. Vous devinez l'effet sur ces Chinois qui, sûrement, n'ont jamais vu cela de leur vie. C'est l'ébahissement des yeux écarquillés, des cous tendus. On se bouscule pour voir.

Après les présentations, après quelques mots de politesses, Monseigneur passe chez nous, s'assied quelques instants. Sa Grandeur est un peu fatiguée. Elle non plus ne s'attendait pas au grandiose de cette réception ; elle en est ravie, A. M. D. G. Pour la religion c'est un beau jour, c'est une aurore plutôt : *haec est spes nostra*. Monseigneur retourne alors à la tente officielle remercier ces messieurs. Nous remontons tous en char et filons par des rues détournées pour être à la résidence avant Sa Grandeur et préparer la réception liturgique.

Nous n'avions pas à nous presser. Il fallut plus d'une heure au cortège épiscopal pour venir de la porte Est à la résidence. Par le spectacle que nous eûmes sous les yeux devant notre porte nous avons pu juger de tout le parcours, et c'est presque merveille que le palanquin n'ait pas été écrasé par la foule. De notre perron, aussi loin que la vue pouvait atteindre, dans l'enfilade de cette immense rue, c'était littéralement une mer de têtes humaines, un flux et reflux vivant. Imaginez, serpentant là-dedans ce long cortège, cavalerie, fantassins, musiques, porte-bannières, porte-drapeaux, et précédant immédiatement la chaise épiscopale, le catéchiste de Monseigneur sur son cheval, qui se cabre à chaque pas sous la poussée de la foule. Imaginez-vous aussi Monseigneur, dans sa chaise, faisant des actes de patience.

Tout était prêt à la résidence. Les enfants de chœur et le clergé dans le *keu-ting*, le collège faisant la haie depuis la porte d'honneur jusqu'au perron. Il y eut une minute de poussée formidable quand la musique commença à monter pour entrer chez nous. Un tas de gens voulaient se faufiler avec les musiciens ; les deux sergents de ville qui gardaient la barrière étaient débordés. Nous leur prêtâmes main-forte et j'empoignai moi-même plusieurs individus pour les faire redescendre un peu plus vite qu'ils n'étaient montés.

Enfin Monseigneur est là, nous le recevons au haut de l'escalier, et sous le vestibule nous nous inclinons tous devant lui. On ferme la barrière, et la foule peut ainsi voir jusqu'au fond du *keu-ting* sans pénétrer dans l'enclos. Les enfants du collège entonnent une cantate, la musique joue, et c'est ainsi que Monseigneur entre. Il baise le crucifix, il s'habille ; et le cortège s'ébranle, musique en tête, vers la chapelle. Nous chantons le *Sacerdos et Pontifex*, puis le *Te Deum*. A la chapelle, tout le peuple baise l'anneau ; pour finir, bénédiction épiscopale.

A 2 h. dîner en famille, dans le réfectoire orné sobrement mais avec goût. Vers 4 h. Monseigneur alla faire visite au sous-préfet, puis, sans descendre de voiture, déposer sa carte à la porte de tous les notables qui étaient venus le saluer au *Tong-men*. Soirée en famille autour de Sa Grandeur qui est ravie de cette excellente journée. Nous aussi nous sommes tous contents. Jamais Hokien-n'a vu entrée aussi triomphale, jamais le *Tien-tchou-kiao*, ici, n'a eu pareille face.

Aujourd'hui mardi, bonne journée également. A 7 h. 1/2 messe avec chants. A 9 h. commence, au *keu-ting*, le défilé des villages chrétiens. Il y a des villages qui se sont associés ; heureusement, car sans cela la cérémonie eût duré trop longtemps.

Très variés les cadeaux, *pien* d'honneur, bandes de soie rouges avec inscription d'or, cadeaux en nature, en argent, piastres et sapèques... Parfois un petit compliment. N'oublions pas la séance donnée avant le défilé des chrétientés, par le collège : cantate, puis petit discours humoristique par un petit déluré de *Wo-fa-tang*. On riait aux larmes à certains moments.

Le défilé fut interrompu vers 11 h. par la visite sous-préfectorale. On fit salon au *keu-ting*. Causerie d'une bonne demi-heure. La musique de *Chen-kia-ying* jouait dans la cour, et accompagna le sous-préfet quand il sortit pour regagner sa chaise. Nous lui fîmes une belle escorte jusqu'au perron extérieur, ce qui, devant tout son peuple accouru là, en foule pressée, lui donnait une face splendide. Les autres notables apportèrent tous leurs cartes, mais ne furent pas reçus personnellement. A midi, le défilé se termina par celui des musiciens qui vinrent, après tous les autres, recevoir leur image et leur bénédiction.

Et maintenant, Mgr Lécroart réside dans le petit village de *Tchang-kia-tchoang*, à 2 kilomètres de la pauvre ville de Sien-hsien. Sous son énergique impulsion, la Mission prendra les développements que lui vaut le sang de ses nombreux martyrs.

CHAPITRE XV

L'ÉGLISE CONQUÉRANTE PAR LA LITURGIE

Par le P. P. Mertens

Au centre de la Mission. — Tchao-kia-tchoang et le quadrilatère des villages vieux chrétiens. — Foi de chevaliers et caractères de brigands. — Les canons des Boxeurs. — Cavalcade et bénédiction. — L'église en marche. — Conversion d'un fumeur d'opium. — La paroisse de Marie. — Un curé organisateur. — La prière du petit *Yapu*.

Le curé de Fan-kia-kata, dont j'ai esquissé (1) le fécond apostolat eucharistique, est aujourd'hui devenu S. G. Mgr Henri Lécroart, évêque d'Anchialos, Vicaire apostolique du Tche-li-sud-est (2).

L'évêque lillois a été sacré par Mgr Paris à Changhai, en présence de tout le corps diplomatique français, le 2 février 1918. Ces fêtes splendides, la presse française de Chine les a racontées, et plus d'un journal de France s'en est fait l'écho. Changhai, n'est-ce pas comme un faubourg de Marseille échoué à l'embouchure du Fleuve Bleu ?

Aussi ces fêtes, ces discours sont-ils encore de l'Europe ; le lecteur français les conçoit sans peine. Il a dans son imagination des phantasmes tout préparés pour les reconstruire ; cela n'a point la saveur exotique de la vie chinoise pure, cela ne pourrait mériter le titre de « Légende dorée en Chine ».

---

1. Voir ch. VI.

2. Né à Lille le 4 novembre 1864, entré dans la Compagnie de Jésus le 28 novembre 1883, débarqué en Chine juste après la « Boxe », le 5 décembre 1901, Mgr Lécroart, moins d'un an après son arrivée, est nommé curé de Weitsounn, la paroisse la plus populeuse de toute la mission ; il y construit une vaste église qu'il dédie à Marie et pour laquelle il fait venir de France une fort belle statue de Notre-Dame de Grâce. Quatre ans après, il devient Ministre de section, d'abord à Weitsounn, puis à Tchao-kia-tchoang, puis à Fan-kia-kata et enfin, après dix-sept ans de mission, évêque et Vicaire apostolique.

Ce qui est étonnant, hétéroclite, bizarre, absolument inconnu à l'Européen, ce qui, par son caractère de mystique étrangeté, tient

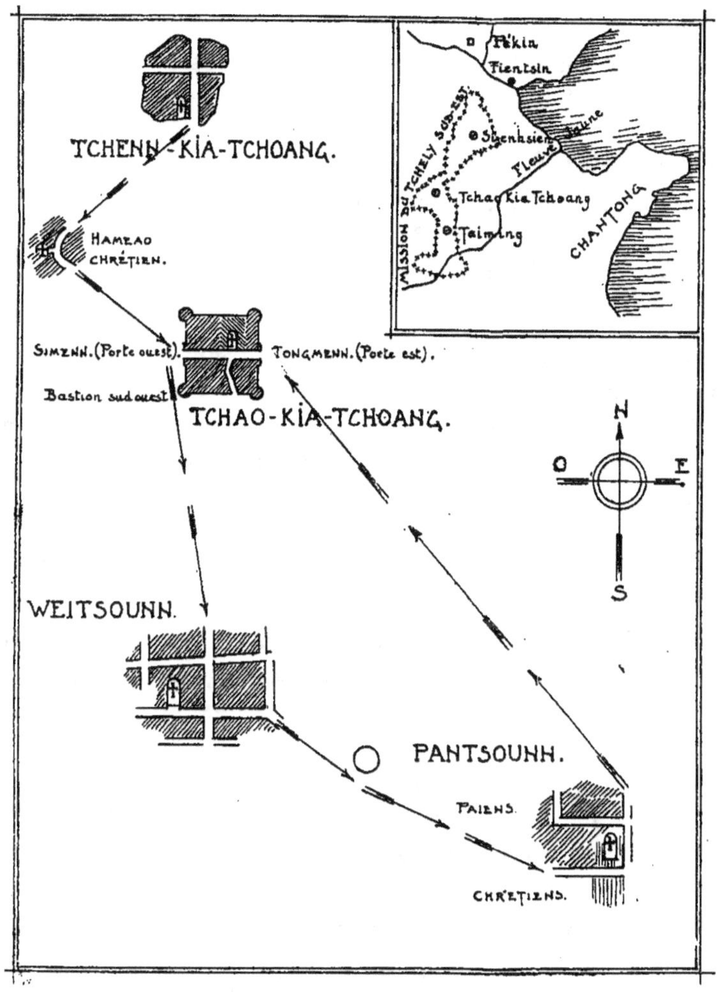

SECTION DU WEI-HSIEN.

vraiment de la légende dorée, c'est la réception du nouvel évêque lillois au cœur de son Vicariat, bien loin de tout chemin de fer, de tout télégraphe, de toute civilisation. Cela, c'est la vraie fête chinoise, bruyante, lumineuse, bigarrée, délirante et à la fois délicieusement pieuse, enthousiaste d'amour et de foi ; cela, c'est l'indescriptible, et pour l'Européen, c'est l'inimaginable, c'est l'inconcevable, car toujours, en lisant, il substituera les discrètes couleurs de l'Occident, les charmantes visions de la douce France, le dessin classique de ses idées latines, au bariolage criard, aux galopades folles, à la tempête de sons discordants, comme aussi à la fièvre de sentimentalité religieuse très profonde et très sincère de l'étrange Extrême-Asie.

Quelque effort donc que fasse le narrateur pour enrichir sa palette, son récit restera pâle au prix de la réalité, et ceux qui ont vu auront à lui pardonner.

Au centre de notre mission, à quatre jours au sud de Sien-hsien, à deux jours au nord de Ta-ming-fou, se trouve un noyau compact de vieux chrétiens, convertis depuis deux ou trois cents ans, peut-être même depuis les missions franciscaines du treizième siècle. Quatre beaux grands villages :

Au nord, *Tchenn-kia-tchoang* ; au milieu, *Tchao-kia-tchoang* avec ses remparts de terre à demi croulants, village tout chrétien, où il n'y a pas une pagode, pas une idole, pas un incroyant ; plus au sud, *Wei-tsounn*, — traduisez : le village majestueux, — avec 1000 chrétiens ; au sud-est enfin, *Pan-tsounn*, communauté riche, distinguée, lettrée, de 350 fidèles, dans un village, hélas ! en grande majorité païen.

Tout autour, dans un rayon de 15 kilomètres, sont disséminées une bonne quarantaine de chrétientés ferventes, si bien qu'au-dessus de l'horizon il y a toujours quelque village où l'on prie le vrai Dieu.

Et pour gouverner tout ce peuple chrétien, pour convertir la masse païenne, il y a cinq prêtres en tout : à Wei-tsounn, un curé et un vicaire ; à Tchao-kia-tchoang, un Ministre de section, un curé et un vicaire (1).

Or, voici que tout à coup, au début de mars 1918, une grande

---

1. Notre mission est divisée en huit sections : à la tête de chacune d'elle, se trouve un Ministre, supérieur du groupe.

nouvelle arrive et se propage en quelques heures : « Le *Liou-tchou-kiao* va venir (1) ! »

Dans ce district, premier centre de la mission, jadis résidence de Mgr Languillat, agglomération la plus compacte et la plus ancienne de chrétiens, Mgr Lécroart a travaillé dix ans. C'est dire s'il y est connu, aimé, désiré, attendu...

Mercredi 13 *mars* 1918. — Nos Chinois ne tiennent plus en place. C'est demain le grand jour ; demain, à midi, l'évêque arrive, c'est la fièvre des derniers préparatifs.

Voici une députation des chefs de Tchao-kia-tchoang qui entre dans notre *keu–ting* (salle des hôtes) : « Père, nous venons vous supplier de nous prêter les canons et les fusils de la sainte Église !

— Les canons de la sainte Église ? répond le Père Ministre... Impossible, mes bons amis ! Vous vous rappelez à Tchang-kia-tchoang, quand la tête d'un jeune homme a été emportée par le coup de canon ; et à Y ..., quand un homme en a été aveuglé ; et à N..., quand un païen a tiré un pétard dans la figure d'un chrétien, qu'une bataille s'en est suivie et qu'il y a eu morts et blessés ? Je ne veux pas d'accidents ! Impossible !

— Père, de grâce, accordez ! nous serons très prudents, supplient nos grands enfants.

— Écoutez, finit par dire le Père, mes canons vous ne les aurez pas. Quant à mes fusils, vous ne les aurez pas non plus. Mais *Hing-jenn* (le maire du village) en a; je lui permets de vous en prêter douze, sous sa propre responsabilité. On peut les porter devant le char de Monseigneur, défense de tirer un seul coup ! »

Quand ils furent partis, je dis au Père Ministre :

— Vous avez donc des canons ? Vous avez des fusils ?

— Évidemment, cher nouveau venu, et il importe que tous les brigands des environs le sachent bien.

— Et ont-ils jamais servi à quelque chose ?

— Certainement, cher nouveau Père. Et d'abord, en 1900, contre les Boxeurs. A la bataille de Wei-tsounn, c'est aux canons

---

1. *Liou* est le nom chinois de Mgr Lécroart. *Tchoukiao* — littéralement « le maître de la religion » — signifie évêque.

de Tchao-kia-tchoang que les chrétientés ont dû leur salut. Ensuite, dans plusieurs échauffourées, et enfin presque récemment. En 1913, quand le mandarin avec trois cents hommes assiégeait quatre-vingts brigands dans un quartier de Wei-tsounn, il n'en vint à bout qu'en empruntant nos canons.

— Et combien avez-vous de canons ? combien de fusils ?

— On ne sait pas, mais tout le monde doit dire, tout le monde doit croire, vous le premier, que j'en ai beaucoup, un nombre fantastique, et que je suis capable, derrière mes remparts, avec mes sept cents chrétiens, de tenir tête à tous les brigands réunis de la contrée.

Pendant le dîner, les chefs du village reviennent à la charge : ils tiennent essentiellement aux canons, ils nous présentent un chrétien, une espèce d'Hercule qui a participé jadis à la bataille de Wei-tsounn :

— Père, avec celui-ci, pas de danger ! vos canons, ça le connaît ; à Wei-tsounn, il a tué des tas de Boxeurs ; le P. Wetterwald, pendant la bataille, lui disait : « Un coup, un mérite. » Et il n'en manquait pas un.

Le Père Ministre finit par leur accorder deux canons et de la poudre ; ils s'en vont au comble de la joie, comme des enfants, un soir de Saint-Nicolas, emportent leurs soldats de plomb et leurs inoffensives mitrailleuses.

Au coucher du soleil, on fait l'essai des canons ; triomphe ! ils partent ! Ils font un bruit infernal qui retentit en longs échos dans la plaine.

Les païens commencent à se demander ce qui se passe dans ce mystérieux Tchao-kia-tchoang qu'ils craignent toujours.

Il faut savoir que le caractère batailleur des gens de Tchao-kia-tchoang est légendaire dans le pays. Ils sont brusques, en effet, fiers, entêtés, audacieux, autoritaires. Comme catéchistes, ils sont merveilleux d'initiative, d'audace, d'endurance. Là où une vierge de Tchao-kia-tchoang est maîtresse d'école, on se passe facilement de catéchiste masculin, elle mène les hommes comme les femmes et rondement.

Fumeurs d'opium, joueurs de sapèques, vrais brigands, coureurs d'aventures, parmi eux on trouve bien des vices ; mais toujours, chez ces individus, la foi survit à la ruine des mœurs, inébranlable, indestructible, avec l'amour de la prière et la dévotion à la sainte Vierge. Aussi, à part quelques exemples terrifiants, pas un n'échappe au dernier pardon.

Il vient de sortir de la prison mandarinale de Wei-hsien un chrétien de Tchao-kia-tchoang. Il y a été retenu huit ans, et pour cause. Or, il a employé ces huit ans à catéchiser et convertir ses compagnons de chaîne. Chaque année, il faisait des baptêmes, surtout avant les exécutions capitales. La plus belle récolte fut celle de 1915. « Trente-cinq baptêmes en un an, Père ! » déclarait-il triomphant.

Le Père Ministre voulut s'assurer de ce que valaient le catéchisme de ce voleur et les baptêmes de ce malandrin. Il se mit à lui poser des questions-pièges de plus en plus embarrassantes. Mais il n'y a pas à dire, la formule baptismale de notre homme était impeccable, et quant aux difficultés catéchétiques, il y répondit avec une orthodoxie dans la doctrine et un brio dans la phrase, véritablement réjouissants, l'instinct de sa foi séculaire le guidant aussi sûrement qu'une théologie bien apprise.

Jeudi, 14 mars. — C'est le grand jour, le Père Ministre me députe au-devant de Monseigneur à Tchenn-kia-tchoang, où se fera comme un prélude discret de la réception solennelle. A mon arrivée, je trouve tous les chrétiens en grande liesse, en grand mouvement. On orne l'église : lueurs, lumières, tentures, grandes pancartes à caractères énigmatiques. On habille les enfants de chœur, on déploie le grand parasol mandarinal bleu et rouge.

Vers dix heures, scène inattendue : une foule noyée dans un nuage de poussière accourt du sud et déferle dans le village. A la faveur d'un coup de vent, je distingue des hommes aux faces de brigands traînant sur des affûts de fortune deux canons préhistoriques.

Ce sont nos gens de Tchao-kia-tchoang, qui, fiers de leurs

canons, ont décidé de les montrer aux autres villages, et d'aller les tirer sur le passage de l'évêque à dix *lis* au nord.

Vers midi, la nouvelle se répand : « L'évêque arrive ! l'évêque arrive ! »

Vêtu du surplis, entouré des enfants de chœur, précédé de la musique, je traverse le village et vais attendre Sa Grandeur sur le tertre de l'entrée septentrionale.

Tout au loin, à l'horizon, un soulèvement de poussière dorée signale l'approche du cortège.

Puis tout disparaît derrière un rideau d'arbres et de villages qui se succèdent. Longue attente.

Enfin, la cavalcade débouche du plus rapproché des villages. En avant, des cavaliers caracolent désordonnément, traçant au grand galop dans les champs de longues traînées de poussière brune qui se croisent et s'entre-croisent comme un dessin arabe. Puis s'avancent les musiques des chrétientés déjà traversées. Puis une trentaine de porteurs de drapeaux.

Ah ! les braves gars, éreintés et ravis d'avoir accompagné l'évêque ! Leurs fronts ruissellent sous les rayons de midi ; leurs longues queues noires, leurs ceintures rouges ou vertes, leurs vestes légères flottent au vent, leurs poitrines cuivrées sont haletantes, et sur leurs larges épaules, sur leur cou robuste s'appuie le classique bambou chinois long de 3 et 4 mètres, au bout duquel se balance un grand étendard triangulaire, aux franges vertes, aux lettres rouges ou or.

Après eux, marchent en rangs une douzaine de soldats débraillés qu'a députés je ne sais quel mandarin militaire ; puis les piqueurs de Monseigneur, et enfin son beau char rouge et bleu, aux roues ferrées très hautes, aux mules superbes. Il faut tout cet apparat dans ce pauvre pays païen où les idées ne pénètrent que par les yeux ; et le nouvel évêque, heureusement, parce qu'il connaît sa Chine et ses Chinois, daigne s'y prêter dans une vue apostolique.

Entouré des enfants de chœur et des chefs de chrétientés, je m'avance à travers ce brouhaha, parviens près du char, mets un genou en terre, et tandis que les soldats rendent les honneurs, que les clairons sonnent aux champs, je baise l'anneau de Sa Grandeur et reçois sa bénédiction. Puis volte-face, entrée solennelle dans le village au pas de procession. Tambours qui battent, cuivres qui font rage, drapeaux qui flottent, cloche qui appelle, cris, pétarades, coups de fusils, mules qui se cabrent, chevaux qui fuient, âcre odeur de poudre, et, au milieu de tout cela, la théorie des petits enfants de chœur roses et le char de l'évêque bénissant, quel étrange mélange ! Des centaines de païens sont là, regardant

MONSEIGNEUR REMONTE DANS SON CHAR.

bouche bée, n'en revenant point, ne pouvant détacher leurs regards de la croix d'or qui brille sur la soutane. Ah ! ils n'ont plus envie maintenant de sourire de mon pauvre surplis et de mes marmots en soutanelle ; ils sont muets d'admiration ; ils plient le genou parmi les chrétiens ; ils observent comment on se signe, et j'aperçois une vénérable vieillard païen, bien connu, qui, gauchement sur son vieux corps longtemps séjour du diable, trace la croix salvatrice.

Ah ! quelle grâce de choix, quel appel extraordinaire que le passage de l'évêque !

Sur les physionomies, mobiles, impressionnables, véridiques de ce peuple-enfant, on peut lire le remous d'idées, d'impulsions, d'attirances qui se fait jour au fond des âmes obscures, et déjà pour quelque élu la lutte entre Satan qui s'obstine et Jésus qui veut entrer.

« Qu'est-ce donc qu'un *Tchou-kiao* ? Que signifie cette croix qui rayonne sur la poitrine de l'évêque, cette croix qu'il trace sans cesse dans l'air, tandis que les chrétiens la tracent sur leur corps, cette croix qui se dresse sur les quatre clochers ?

« Est-ce bon ou mauvais ce *Tien-tchou-kiao* (l'Église catholique) qui défend de mentir, de voler, d'avoir plusieurs femmes ; qui interdit les mauvaises pensées ? Qu'est-ce surtout que ce *Tien-tchou Jesou* (Dieu Jésus) dont ils parlent constamment, surtout à la mort ? »

… Christ Jésus, que votre grâce leur réponde et que votre évêque soit vraiment votre précurseur !

La foule chrétienne s'engouffre dans l'église en chantant à pleine voix la sublime prière chinoise pour l'évêque :

Dieu, notre Seigneur très miséricordieux, pour nous instruire, tu as établi le Tchou-kiao; et tu as choisi un homme très vertueux pour supporter ce grand fardeau, pour gouverner les affaires de l'Église, pour donner aux prêtres la dignité sacerdotale, pour faire les saints Sacrements, et pour ainsi nous sauver. Dieu, Seigneur très miséricordieux, moi maintenant, je te remercie pour le bienfait du Tchou-kiao, je te supplie de lui donner la puissance, afin qu'il soit digne de sa charge, capable de nous soigner, nous, ses brebis; et qu'ainsi, tous ensemble avec lui, nous montions au céleste royaume. *Yamoung, Yamoung !* (Amen).

A la foule prosternée, Monseigneur donne une première bénédiction, pâle avant-signe des splendeurs qui vont suivre.

Pendant cette cérémonie, tout à coup des cris joyeux à la porte, une galopade effrénée : ce sont nos canons qui repassent à toute vitesse pour aller prendre position à la porte ouest.

Monseigneur remonte dans son char ; je monte aussi dans le mien qui est venu me chercher, et d'où je vais pouvoir suivre dans tous ses détails cette scène inoubliable. A partir de ce moment les soldats païens sont remplacés autour de Sa Grandeur par les soldats chrétiens, porteurs des fusils du *Hing-jenn*. Ce sont tous des héros de la bataille de Wei-tsounn ; ils auraient gagné la victoire d'Austerlitz qu'ils ne seraient pas plus fiers. Quels admirables types de brigands !

Voyez celui-ci avec sa riche chevelure d'ébène luisante et crasseuse ; son grand front carré très noble, son cou musclé et sa belle taille svelte. La veste ouverte laisse voir le torse, où se balancent le scapulaire, et cinq ou six médailles. Avec cela des lèvres fines de petit enfant, une expression de douceur confiante, docile ; et le beau regard candide du baptisé ! Le fusil sur l'épaule, le chapelet à l'autre main, il marche presque à reculons, car ses yeux ne quittent guère la croix pectorale. Ah ! il ne faudrait pas qu'un païen murmure maintenant le moindre mot méprisant pour l'évêque ; le fusil partirait tout seul !

Rien ne peint la psychologie des gens de Tchao-kia-tchoang comme l'invraisemblable tragi-comédie qui s'y passa sous la persécution de l'empereur Kia-king (1796-1820).

Un soir, les huit administrateurs furent prévenus que le lendemain, les *Ya-i* (policiers) du mandarin viendraient les saisir pour les emprisonner comme chrétiens. Tandis qu'ils délibéraient sur les moyens de sauver la chrétienté, huit des plus malfamés brigands de Tchao-kia-tchoang se présentèrent : « Avec la vie que nous menons, dit leur chef, nous n'avons guère de chance d'aller en paradis ; il n'y a que le martyre qui puisse nous sauver de l'enfer. Nous vous supplions (et les huit bandits tombèrent à genoux) de nous permettre de nous substituer à vous quand les *Ya-i* viendront vous emprisonner ! »

Ainsi fut fait ; le lendemain nos huit brigands étaient écroués à la prison si désirée ; et comme ils refusaient d'apostasier, les tortures commencèrent. Quand ce fut fini, le chef se dressant sur ses jambes sanglantes dit au mandarin : « Allons, mon fils, imagine quelque chose de plus fort, car ceci ne suffira pas à nous faire apostasier. Songe donc, nous étions déjà chrétiens, alors que nous étions encore dans la moëlle des os de nos arrière-grands-pères ! »

Durant huit mois, presque chaque soir les tortures recommencèrent, et le refus d'apostasier. Nos héroïques brigands, crainte de faiblir, n'arrêtaient point de chanter leurs prières. A la fin, le mandarin se lassa ; il fit appeler les huit : « Vous êtes libres, mes amis, déclara-t-il, retournez chez vous. » Nos brigands se regardèrent, désappointés, tristes. Cette grâce du martyre qu'ils avaient tant espérée allait donc leur échapper !

— Pas de cela, s'écria le chef. Si nous retournons ainsi à Tchao-kia-tchoang, on dira que nous avons apostasié ; nous ne quitterons la prison que si tu nous donnes un certificat de christianisme.

— Un certificat de christianisme ? interrogea le mandarin déconcerté ; comment cela ?

— Voici : à chacun de nous, sur la peau du dos, tu feras graver au fer rouge ces quatre *tzeuls* : « *Tchenn–tien–tchou–kiao* » (*véritable religion du Maître du ciel*).

Ainsi fut fait, et l'on peut croire que les *Ya-i* païens, torturant pour la dernière fois leurs clients abhorrés, ne se firent pas faute de chauffer à blanc le tison-stylet et de l'enfoncer profondément dans les chairs.

Après quoi, les huit bandits-martyrs rentrèrent dans Tchao-kia-tchoang, reçus en triomphe par tout le village, car ils portaient dans leurs brûlures fraîches le témoignage authentique de leur indéfectible foi. *Stigmata Domini Jesu in corpore meo porto* (1).

Mais revenons à notre cortège. On s'approche de la porte de l'Ouest. Nos vieux remparts, les fossés, les toits des maisons, la route, les champs, tout est couvert d'une population bigarrée, païenne et chrétienne. Pourtant nul désordre ; assez peu de cris, assez peu de pétards, du moins pour ce village tapageur qu'est Tchao–kia–tchoang. Seuls, les deux canons, installés au bastion sud-ouest, tonnent à qui mieux mieux.

Un remous dans la multitude : ce sont les chefs des villages chrétiens environnants, en grand costume de cérémonie, qui viennent saluer l'évêque. Le char s'arrête, ils s'agenouillent dans la poussière et sont bénis.

Enfin, on franchit la porte du village fortifié, Monseigneur

---

1. Sur les détails de cette histoire, il existe un joli article du R. P. Gaudissart, intitulé : *Brigands héroïques,* dans la revue *Chine, Ceylan, Magadascar,* 1903, p. 260-264.

descend de char, entre un instant dans la première maison préparée pour le recevoir et reparaît en habits de chœur.

Quel spectacle !

Sous la chaude lumière d'Orient, qui souligne chaque contour, qui met en relief chaque détail, qui fait luire chaque couleur, entre les maisons de terre aux toits plats chargés de monde, dans la grand'rue au bout de laquelle resplendit un clocher blanc, la foule immense est entassée.

LE CHAR EPISCOPAL.

Les païens sont nombreux, mais en minorité, submergés dans la masse chrétienne accourue de partout.

Et sous le grand dais de soie pourpre et fauve, entre les lumières des céroféraires roses, l'évêque s'avance en chape rutilante de gemmes, avec sa crosse et sa haute mitre d'or. A sa vue, dans la foule, il se fait un silence, subit, absolu, craintif, comme si Dieu même venait d'apparaître. Un mot circule, à peine murmuré dans l'infini respect qui étouffe les voix : « *Koei-hia ! Koei-hia* ! A genoux, à genoux ! » et d'un bout à l'autre de la rue, tous les genoux se ploient, tous les corps se courbent, toutes les têtes s'inclinent. Et l'évêque lève sa main gantée de blanc où brille l'anneau ; il bénit.

Or, tandis qu'il bénit, du sein de la masse prosternée, une belle voix d'adolescent (1) pure, sonore, ferme, et pieuse à la fois s'élève dans le grand silence, chantant :

« *Jesou cheng sinn, wo i lai eull!* — Cœur sacré de Jésus, j'ai confiance en toi ! »

Alors, toute la foule chrétienne comme électrisée, se relève, et clamant au grand jour, à la face des païens, ce qu'elle ne chantait jusqu'ici qu'à l'intérieur des églises, elle jette dans l'air le cri de son espérance : « *Jesou cheng sinn!* » A ce nom de Jésus retentissant ainsi sur la terre païenne, je vis le visage de l'évêque dont je tenais la chape, pâlir d'émotion, et je ne pus m'empêcher moi-même de frissonner des pieds à la tête.

O prédiction de la minuscule Judée, prédiction d'il y a vingt siècles : *In nomine Jesu, omne genu flectatur* !

Oui, même dans la lointaine Chine, dans ses recoins les plus inaccessibles !

Cependant la voix, claire et perçante comme une épée, reprend plus haut, plus ferme, l'invocation sacrée, et la foule la répète encore, mais quelle métamorphose sublime s'est faite dans son accent ! Tout à l'heure, c'était la prière qui supplie ; maintenant, c'est la prière qui triomphe.

Dans sa première acclamation, inopinément puissante, la multitude des fidèles a pris conscience de son nombre, de sa force ; les âmes croyantes, jadis éparses et noyées dans l'ambiance satanique, se sont affirmé les unes aux autres leur foi en Jésus ; dans ce nom victorieux qui autour d'elles a rempli l'air, elles ont pris comme un bain de lumière et de fierté, et tout à coup la révélation s'est faite à leurs yeux, de la vitalité de l'Église, de sa grandeur, ce son bon droit, de ses éternelles promesses, et de sa victoire assurée sur le paganisme sans avenir.

Alors, dans le nom de son chef adoré, elle fait passer sa foi, son amour, et son délire d'enthousiasme ; et c'est une clameur

---

1. C'est le *Ling-king*, c'est-à-dire, le conducteur de la prière. Pour que le ton de la prière ne soit ni trop haut pour les grandes personnes, ni trop bas pour les enfants, le missionnaire choisit souvent comme *Ling-king* un adolescent. Un bon *Ling-king*, c'est un trésor pour une chrétienté. Il s'en trouve qui ont des voix merveilleusement pieuses. Tel *Eull-pai*, le *Ling-king* de Tchao-tchoang.

immense, irrésistible, triomphale, qui s'élève, plane, et roule au loin comme un long tonnerre.

Et tandis que le dialogue chantant se poursuit entre le conducteur de la prière et les chrétiens maintenant rangés au milieu de la rue, voici que doucement, lentement, solennellement, entre deux haies de corps païens atterrés, la procession s'ébranle.

« L'Église en marche ! » murmure Sa Grandeur.

Oui, l'Église en marche à la conquête de ces pauvres âmes païennes, à la conquête de cette Chine immense qui s'éveille à la foi !

Mais, grand Dieu, comment rentrerons-nous la moisson si vous n'envoyez des ouvriers ?...

La cérémonie est finie. Tout le monde a baisé l'anneau. Nous rentrons au *Keu-ting*, fatigués, et pour un instant nous parvenons à fermer la porte. Monseigneur alors nous ouvre ses bras, nous presse longuement sur son cœur, et nous retrouvons avec une joie indicible dans l'évêque, le frère, le Jésuite, qui a toujours la même mère que nous.

Mais on frappe obstinément à la porte. — « C'est le mandarin militaire qui veut saluer Monseigneur. »

On ouvre ; les soldats qui ont accompagné l'Évêque, rangés dans la cour, présentent les armes. D'un coup de sa barrette violette, Monseigneur le salue. Puis un jeune homme noir, très distingué, modeste, s'avance, que je n'avais d'abord pas aperçu.

Sur l'invitation réitérée de Monseigneur, après maintes courbettes et excuses, il s'assied. Il est tout jeune, frêle, timide, charmant, d'une exquise politesse. Son long corps fluet se drape d'une robe de soie noire à ramages, belle et riche, sur laquelle se dessinent à la mode chinoise de fantastiques dragons rampant entre des fleurs inconnues. Le visage est bien fait, joli, trop peu masculin, la peau très fine, lisse et sans une ride, transparaît presque ; il est parfumé comme un muscadin ; pas de queue, les cheveux sont taillés à l'européenne, paroles et gestes sont d'une grâce féminine, et la physionomie serait douce comme celle d'un enfant, n'était aux lèvres un pli de désillusion, de mélancolie, d'amertume, et dans les yeux je ne sais quel mauvais éclat sombre, dur, qu'on surprend tout à coup et qui étonne. Pas d'armes, bien entendu, sauf sans doute le revolver inévitable caché dans la ceinture. Je me demandais tout bas : « Cet enfant de luxe, ce bibelot de salon, cette femme, qui est-ce donc ? » Et je fus bien surpris quand notre domestique questionné me dit à l'oreille : « Le capitaine ».

Vendredi, 15 *mars*. — Messe épiscopale toute simple, toute pieuse, à Tchao-kia–tchoang, communions innombrables.

L'après-midi, Monseigneur entend les confessions de qui se présente. Un fumeur d'opium incorrigible, auquel on est obligé de refuser la communion depuis huit ans, veut absolument se confesser auTchou-kiao. Nous l'écartons, crainte de scandale ; il supplie, il pleure : « Je veux sauver mon âme ! Vous savez bien que si je ne fume plus, c'est la mort dans les cinq jours. Est-ce que je suis obligé de me tuer ? »

Et il a raison ; nous le savons tous en Chine : quand cette satanique habitude a tyrannisé un individu pendant quelques années, il ne peut s'en défaire sans danger de mort. Aussi un décret de Rome permet en ce cas d'absoudre, *absque scandalo*, l'habitudinaire repentant s'il parvient à se vaincre et ne continue à fumer qu'autant qu'il le faut pour continuer à vivre.

Monseigneur mis au courant décide d'entendre ce soir, dans sa chambre, le malheureux esclave. Tout l'après-midi, nous le voyons au fond de l'église, à genoux, n'osant lever les yeux comme le publicain de l'évangile. Il se prépare, soupire, bat sa poitrine, frappe le sol du front et répète de temps en temps à haute voix : « Moi, grand pécheur ! Moi, grand pécheur ! »

Le soir arrive ; l'heure du pardon va sonner. On le conduit à la chambre épiscopale ; il entre en tremblant et se précipite à genoux ; puis la porte se referme. Longue et secrète entrevue de l'évêque et du fumeur d'opium.

Enfin, celui-ci reparaît rayonnant, et s'enfuit dans la nuit en sanglotant de bonheur.

Samedi, 16 *mars*. — Messe de Monseigneur à Tchenn-tchoang, simple comme hier, recueillie, très pieuse. Tous communient, depuis de vrais bébés, jusqu'aux plus cassés des vieillards ; ici Monseigneur retrouve Fan-kia-kata. Ces pauvres paysans ont orné leur église et leurs âmes de leur mieux, sans bruit, sans affectation. Et c'est la prière, c'est le colloque avec l'hostie, c'est la joie toute pure et toute unie, qui ne se raconte pas.

EN ATTENDANT LA PROCESSION.

Tout le monde reste en prière, sans un mouvement, tandis que l'évêque, sur un prie-Dieu à demi-couvert d'un lambeau violet, prolonge son action de grâces dans le grand silence, jusqu'à la prière finale qu'il savoure longuement :

O très sacrée, très sereine, très glorieuse Vierge Marie, toi qui seule fus digne de porter dans ton sein le créateur de toutes les créatures, et qui seule l'allaitas de tes mamelles virginales, moi indigne pécheur qui ai eu la présomption de consommer le corps très vrai et le sang très sacré de ton fils, je supplie humblement ta miséricorde d'intercéder pour moi... (1)

Le soir, c'est la réception solennelle de Monseigneur à Weitsounn, sa première paroisse, la plus aimante peut-être, la plus aimée sans doute ; car on garde toujours une prédilection pour son premier poste.

C'est de plus la paroisse de Marie ; or, le nouvel évêque a déclaré solennellement, dans le toast de son sacre, qu'il voulait être l'*Evêque de Marie* :

Le suprême hommage de mon cœur monte à la très sainte Vierge ma mère, à Notre-Dame de la Treille, patronne de ma ville natale et insigne patronne de cet épiscopat qui commence. C'est devant son image que tout petit enfant j'ai tant de fois prié. C'est cette image bénie que je place dans mes armes d'évêque, comme sur un trône de grâce, de miséricorde d'où elle dominera et inspirera toute ma vie. L'enfant de Marie, en cette fête, devient pour toujours l'*évêque de Marie* ; et élevant d'un seul coup mon amour d'enfant et d'évêque à la hauteur de sa miséricorde maternelle, je lui demande, au jour de ce sacre, les âmes qu'elle a rachetées de ses larmes et du sang de son Fils : les âmes de mes chrétiens, les âmes des dix millions de païens qui peuplent mon Vicariat, les âmes innombrables de cette Chine immense qui n'ont pas encore connu la suavité de son amour.

De nouveau, comme à Tchao-tchoang, oriflammes, lumières, pétards, cavaliers, soldats, enfants de chœur, vierges, bannières, procession.

Mais tout a revêtu un caractère plus intime, plus recueilli, plus priant et somme toute plus religieux qu'à Tchao-tchoang. Autant les autres sont expansifs, sémillants, dissipés, tapageurs, tout en dehors, amis de la foule, de ses poussées et de ses cris,

---

1. Quelques jours après, un garçonnet de sept ans, le petit *Natailei* (Nathanael) qui communie tous les jours, disait au Père : «Chenn-fou, je dois devenir prêtre... — Qui est-ce qui te l'a dit ? — C'est Tien-tchou Yesou (Dieu Jésus). — Quel jour est-ce qu'il te l'a dit ? — Le jour que l'Évêque est venu. — Et à quel moment est-ce que Jésus t'a dit cela ? — Père, c'était pendant que je remerciais la sainte Substance. » (Pendant l'action de grâces après la communion.)

autant ceux-ci sont posés, sérieux, doux, dévots. Comparez le Calabrais hâbleur avec le Flamand méditatif.

Et puis Tchao-tchoang est un petit village d'une seule rue, resserrée dans son enceinte ; Wei-tsounn est un bourg spacieux, sans remparts, aux rues multiples et larges ; la procession s'y déploie à l'aise. Et enfin tout est maintenu dans l'ordre par un maître organisateur, le P. Nissen, curé de Wei-tsounn.

Tandis que la procession s'avance, je remarque le manège d'un groupe de jeunes garçons qui sont venus de Pan-tsounn : quand l'évêque passe, ils sont à genoux, s'inclinent, reçoivent sa bénédiction en se signant ; puis vite ils se relèvent, courent en avant, choisissent un endroit propice, là où, dans la personne de son évêque, passera Jésus ; ils en prennent possession, s'y établissent, le défendent contre la foule qui approche, et enfin quand l'évêque vient, ils reçoivent de tout près une bénédiction pour eux. Après quoi, ils vont recommencer plus loin, et ainsi de suite.

Mais j'en vois un qui a trouvé un procédé moins dissipant : je le connais bien ; c'est le petit Yaou, qui veut devenir séminariste, une âme très pure, un visage d'ange.

Il a réussi à se faufiler jusque tout près du dais, juste à ma gauche. Il s'avance tout doucement, tout solennellement, au pas même de l'évêque ; ses mains sont jointes ; et malgré la foule, malgré les couleurs voyantes qui tirent l'œil, il tient constamment le regard baissé comme le plus modeste des novices ; ses petites lèvres roses remuent pieusement. Sans qu'il s'en doute, je le protège d'un signe contre un *haei-tchang* (chef de chrétienté) qui veut l'éloigner, et il peut rester ainsi sans obstacle, à 2 mètres à peine de l'évêque ; quel privilège ! c'est presque la béatitude céleste (1).

Je finis par me pencher un peu et lui dis à mi-voix : « Yaou, qu'est-ce que tu fais ? » Alors levant un instant ses yeux candides, tendant son cou mignon, il me dit d'un ton très bas, très mystérieux, en s'interrompant trois fois comme si c'était un grand secret : « Père... je prie la sainte Vierge... pour le Tchou-kiao ». Puis il se

---

1. Que de fois j'ai entendu nos Chinois, pour se représenter le ciel, prendre leur point de comparaison dans une belle cérémonie liturgique !

replonge avec un sérieux ineffable dans sa prière. Cette prière d'enfant très pur, qui sait de quel poids elle pèsera sur l'avenir de notre évêque, de notre mission ?

Enfin on entre dans l'église où les vierges, les femmes et les filles, en lutte héroïque contre leur curiosité, attendent, bien rangées par catégories. Les hommes aussi, au fur et à mesure qu'ils arrivent, sont disposés par des *hoei–tchangs* qui participent de l'esprit ordonnateur de leur curé.

Quand Monseigneur eut adoré l'Eucharistie quelques instants, il se retourna et j'assistai à la scène touchante du pasteur retrouvant ses brebis, du père revoyant ses enfants. Avec un mélange exquis de dignité, d'amour et de familiarité, il commença : « Mes petits enfants, voilà qu'enfin je revois vos chers visages(1). Tant d'années nous avons vécu ensemble, nous avons prié ensemble. Ensemble nous avons bâti cette église. Vous souvenezvous quand notre belle statue arriva du *Fa–kouo* (la France)... »

Et tous les visages sont épanouis, et des sourires, et des « oui » étouffés, émus, répondent de la foule à son pasteur.

Puis c'est l'interminable cérémonie du baisement de l'anneau. On y distingue facilement d'avec les anciens chrétiens, les nouveaux ; ceux-ci lèchent l'anneau comme ils faisaient à leurs idoles ; ou bien ils baisent avec le nez, car le vrai baiser, par la pruderie païenne, est toujours considéré comme voluptueux

La cérémonie finie, je me retire, car je dois retourner passer la nuit à Tchao-tchoang.

Dimanche, 17 mars. — Au point du jour, mon char me ramène à Wei-tsounn, pour y faire prêtre assistant.

Au loin, dans l'est, le soleil luttait contre des brouillards maussades, ténébreux, qui voilaient son lever ; puis les brumes se con-

---

1. Quelque chose d'inimitable en français confère au discours chinois une allure indiciblement communicative et familière, c'est l'emploi des diminutifs, innombrables dans la langue des Célestes : Vous dites « mien » c'est-à-dire « visage », tous comprennent ; vous dites « mieul » c'est-à-dire « petits visages », tous sourient, tous sentent que vous voulez diminuer la distance entre eux et vous. Monseigneur en fit un large usage dans son discours à ses anciens paroissiens, et chaque fois, je les voyais tressaillir, comme à des mots qui retournent le cœur.

densèrent en nuages aux contours définis ; les corps gigantesques, monstrueux, se dressant, se courbant, se relevant, rougeoyaient fantastiquement, comme au reflet d'une flamme infernale : on eût dit la bataille des Titans. Mais peu à peu les monstres d'enfer s'évanouirent, vaincus par le jour, et quand j'entrai dans le village, le soleil radieux rayonnait sans obstacle sa belle lumière salutaire.

LE PRESBYTÈRE DE WEI-TSOUNN ET SON ANCIEN CURÉ.

O soleil de justice, vraie lumière, Jésus, quand donc vous lèverez-vous sur la malheureuse terre de Chine ?

Tandis que les fidèles, de leurs voix expressives, chantent quelques vieux cantiques de notre France (1), l'évêque s'habille au trône. Prières admirables ! Qui osera nier que l'Église soit une maîtresse incomparable de sublime, quand elle lui fait dire en mettant sa croix pectorale :

Par le signe de ta très sainte croix, daigne, ô Seigneur Jésus-

1. On sait que la voix chinoise est magnifiquement riche en harmoniques. Cela tient, disent les experts, au climat.

Christ, me prévenir de toutes les embûches de tout ennemi !

Et de même que je porte devant ma poitrine cette croix, remplie des reliques de tes saints, accorde à ton indigne serviteur de retenir toujours devant son esprit le souvenir de ta Passion et les victoires de tes saints martyrs.

Autant l'évêque, hier dans sa première allocution, a été amical et familier, autant il est aujourd'hui dans son sermon d'avant la confirmation, grave, doctrinal, plein d'autorité. « Bons amis de la doctrine (1), commence-t-il, recevoir la Confirmation, c'est recevoir qui ? C'est recevoir la troisième personne de la sainte Trinité : l'Esprit-Saint. A votre baptême n'avez-vous pas déjà reçu le Saint-Esprit ? Oui, vous l'avez reçu ; et il a donné la vie à votre âme, la vie surnaturelle ! Mais à ce moment-là, cette vie, c'était encore comme la vie débile d'un petit enfant, qui n'a pas de force et ne peut rien faire de grand. Maintenant le Saint-Esprit va venir vous donner une vie complète, *une vie d'homme*, capable de combattre victorieusement ses ennemis. » Et l'évêque développe, avec une maîtrise impressionnante, toute la doctrine de la confirmation, *sacrement de combat* contre la chair, le démon et le monde.

Ah ! ce sacrement de combat, comme ils en ont besoin, nos chers Chinois !

Je les vois là tous, serrés aussi près que possible du banc de communion, les yeux fixés sur la mitre et la croix pectorale.

Quel contraste avec les enfants païens que je viens de croiser dans les rues ! La physionomie des chrétiens est plus douce ; les yeux sont plus naïfs, plus confiants, plus heureux ; les lèvres ont appris à sourire ; et sur leurs purs visages, erre un reflet très chaste de la beauté divine. Pourtant, païens et baptisés ne sont-ils pas tous du même village, de la même race, des mêmes ancêtres ?

Comment la foi, cette force toute spirituelle, s'y prend-elle pour modeler les corps ? Et comment l'eau baptismale, en coulant par le monde, travaille-t-elle à l'embellissement de l'humanité ? Dieu le sait, mais cette transfiguration par le baptême est un fait indéniable, que tout missionnaire a constaté.

Derrière les enfants se tient le groupe compact, nombreux,

---

1. *Hao kiao-you-menn*. Ce mot remplace le « Mes bien chers frères » de France.

immobile, un peu craintif des jeunes femmes, élevées dans le paganisme, baptisées récemment, et mariées aux chrétiens de Wei-tsounn. Les familles païennes aiment, en effet, à marier leurs filles aux chrétiens, plus doux et plus fidèles ; quant aux familles croyantes d'un même district, elles sont souvent plus ou moins apparentées entre elles, et des unions trop fréquentes ris-

ÉGLISE DE WEI-TSOUNN.

queraient d'appauvrir leur sang. De plus, nombre de jeunes chrétiennes gardant la virginité, les jeunes gens ne trouvent guère de choix parmi elles. C'est pourquoi, dans beaucoup de nos ménages, la femme est une païenne convertie. Ces païennes généralement sont dociles, bien formées par les vierges, et il faut ajouter que la mère de famille en Chine n'exerce pas sur ses fils la même influence qu'en France ; aussi cet usage n'a-t-il généralement point sur la foi des enfants les effets néfastes qu'on pourrait craindre. Les missionnaires, pour désigner ces jeunes femmes mariées, soit chrétiennes, soit païennes, ont ressuscité un mot vieilli, ils les appellent « les brus » ; et la formation, la préservation des « brus » n'est pas un de leurs moindres soucis, on va voir pourquoi.

J'ai signalé ailleurs l'omnipotence néfaste qu'exerce en Chine la mère du mari au foyer de son fils, néfaste, disais-je, pour les enfants ; néfaste plus encore pour les *brus*. On se marie très jeune en Chine. (Le nouveau droit canon qui recule à quatorze ans pour les femmes l'âge du mariage est pour nous une très sérieuse difficulté.) De longues années, les fils mariés restent au foyer de leurs parents avec leurs femmes ; or, tandis que les hommes travaillent aux champs, c'est la belle-mère qui régit à la maison le bataillon des *brus*. Pauvres fillettes timides et fragiles, de treize à quatorze ans, ou guère plus, comme elle les tyrannise ! Dans les familles païennes et parfois même chrétiennes, elle les fait travailler comme des esclaves ; au moindre manque de respect ou d'adresse, elle maudit, elle frappe. Et elle a des moyens coërcitifs effrayants. Elle seule tient la bourse en effet ; qu'une bru lui déplaise, elle laisse ses petits enfants nus et affamés. Elle va plus loin, elle commande à son fils de battre sa propre femme, et quasi jamais celui-ci ne désobéit, car il professe une sorte de respect superstitieux pour les ordres de sa mère. La marâtre montre la pauvre petite femme effarée qui se blottit dans un coin, et elle dit à son fils : « Si tu ne la bats point, je ne suis plus ta mère ! » A cet argument-là, le fils résiste trop rarement, il se met à battre sa femme comme on battrait un chien. L'innocente fillette se jette aux genoux de la mégère, crie grâce, demande pardon d'une faute qu'elle n'a pas commise ; mais le mari ne cesse de battre que quand la marâtre est satisfaite.

Contre leur *pouo-pouo* (belle-mère), les malheureuses brus n'ont qu'une défense : le suicide, et elles l'emploient, hélas ! — Voici la terrible histoire qui vient de se passer ici même à Tchao-tchoang, trois mois avant la venue de Monseigneur. Deux jeunes brus, élevées dans le paganisme, baptisées et mariées depuis quelques années, étaient tyrannisées par leur belle-mère. Un soir, après une longue journée de travail fatigant, celle-ci exige encore qu'elles filent pendant la nuit une quantité notable de coton ; les pauvrettes n'en pouvaient plus ; tandis que la belle-mère et les deux maris s'en vont dormir dans une autre case au delà de la cour, elles se mettent à filer à la lueur de la lampe, épuisant leurs dernières forces, leurs dernières réserves de courage ; mais quand tout le coton fut filé, exaspérées, et décidées à échapper à l'insupportable tyrannie, elles prirent une corde, l'attachèrent, soufflèrent la lampe, enlevèrent leurs scapulaires, car bien des pendaisons n'ont pu réussir tant que le pendu n'avait pas enlevé son scapulaire, et elles se pendirent toutes les deux. L'une d'elles avait un nouveau-né, qu'elle portait nu, suivant l'usage chinois, entre ses vêtements et sa poitrine. Le lendemain, on trouva le petit orphelin qui dormait tranquillement sur le sein de sa mère pendue. — Évidemment les fils de la marâtre ne trouveront plus à se marier, et ce sera sa punition : toute sa vie, seule et sans esclaves, elle devra faire le ménage de ses fils.

Mais en dehors même de ces cas extrêmes, tous et toutes ici, ah ! qu'ils ont besoin de la force divine ! Que vont devenir ces âmes si pures et ces corps que le péché n'a point flétris ? Hélas ! la fragilité, la mobilité de l'âme chinoise autorisent bien des craintes

Chez nous, semble-t-il, parmi les races aryennes, la capacité de soutenir à la fois plusieurs idées au-dessus de l'horizon de la conscience permet les comparaisons qui libèrent, des contre-balancements qui maintiennent l'équilibre mental.

Est-ce l'éblouissement affolant de son soleil, est-ce la chaleur inexorable, qui, des mois durant, baigne son corps suant dans une moiteur malsaine, est-ce la tempête hurlante des vents qui sévit sur ses plaines sans collines ? — le Chinois semble ici peu doué de cette faculté.

Sa psychologie renferme plus d'images que d'idées, plus de désirs que de vouloirs. La sensibilité et l'imagination s'exaltent très vite en face de tout projet nouveau, extraordinaire, difficultueux. Et ainsi, il devient trop facilement, hélas ! la conquête, le prisonnier, l'esclave de l'impression du moment ; celle-ci règne alors sans conteste, sans rivale, confisque à son profit toute l'attention, monopolise toutes les forces psychologiques, et alors c'est la griserie du « *Cheupa, cheupa* ! — Essayons, tentons l'aventure (1) ! »

---

1. Cette *passion de l'aléa*, — pour employer le mot si juste du R. P. Wieger.

Puis, et parfois pour un rien, le Chinois atteint de cette maladie *change d'idée fixe* ; une autre vague s'élève, une autre impression s'intronise ; de nouveau il lui livre toute la maison ; et ainsi il verse toute son âme dans chacune de ses attitudes psychologiques; il se donne tout entier à chaque maître qui passe ; le vaincu d'une passion, puis le vaincu d'une autre..., le vaincu, hélas ! de la tentation après avoir été l'heureux vaincu de la grâce !

Et c'est cet atavisme millénaire de l'impressionnabilité qui fait craindre pour ces charmants petits, purs et naïfs, qui, la tête penchée et les mains jointes, écoutent maintenant l'évêque. Eux aussi, ne deviendront-ils pas de ces âmes nomades, entre le péché qui tue et la confession qui ressuscite ?

Mais qu'on leur donne, à ces âmes chinoises, la fermeté, et du coup, les voilà rendues aptes — puisque se donnant, elles se donnent tout entières — aux plus hautes sublimités de la vie surnaturelle (1).

Dieu merci, cette vertu de fermeté, aujourd'hui l'évêque va la leur donner, dans une large mesure, infailliblement, *ex opere operato*.

Toutes ces petites âmes, mises dans le bien par le baptême, vont y être *confirmées*, par le don de l'Esprit. Ne puis-je donc pas dire que ce sacrement, bienfaisant pour toutes les races, l'est éminemment pour la race chinoise ?...

Et voici que l'évêque se lève chantant :

Que l'Esprit-Saint survienne en vous, et que la force du Très-Haut vous garde des péchés !

Alors, laissant la crosse et la mitre, et dans un long geste, étendant les bras et les mains sur tous les corps qui s'inclinent, il chante :

Tout-puissant et éternel Seigneur Dieu, qui avez régénéré ces chré-

---

— n'a pas été un des moindres auxiliaires des recruteurs français et anglais qui ont embarqué tant de nos Chinois pour l'Europe durant la troisième année de la guerre. — Voir une très fine analyse du caractère chinois dans le magistral ouvrage du P. Wieger : *Histoire des opinions philosophiques et des croyances religieuses en Chine*, p. 697-701. A. Challamel, éditeur, 17, rue Jacob, Paris, 1918.

1. C'est par là peut-être qu'on pourrait expliquer chez nos chrétiens fervents, surtout chez nos vierges, l'aptitude aux très longues prières, les mortifications héroïques et, dans les milieux choisis, les états mystiques.

tiens dans l'eau du baptême, envoyez maintenant en eux, du haut du ciel, votre Esprit septiforme, l'Esprit de sagesse et d'intelligence, l'Esprit de conseil et de force, l'Esprit de science et de piété, remplissez-les de l'Esprit de crainte sainte, et confirmez-les du signe de la croix sur la route de l'éternité !

Alors, deux à deux, les petits anges viennent s'agenouiller devant le grémial de soie ; les parrains, d'un geste un peu rude, rejettent en arrière leurs têtes mignonnes, leurs yeux se ferment dans l'abandon de la confiance, leurs menottes jointes s'appuient familièrement sur les genoux du célébrant, leurs joues bombées tremblent sous le soufflet liturgique, et l'évêque signant les fronts innocents d'un grand signe de croix, dit :

Je te signe du signe de la croix et je te confirme du chrême du salut, au nom du Père et du Fils et du Saint-Esprit ! (1)

---

1. Le curé de Wei-tsounn, que j'ai revu depuis, m'a signalé quelques effets de cette cérémonie : « Dans l'école des filles, il s'est produit une transformation étonnante ; ces turbulentes bambines, que deux vierges ne parvenaient pas à tenir, sont devenues sages comme des images. J'en ai interrogé une des plus indisciplinées jadis, elle m'a répondu : « Père, c'est le sacrement qui m'a changée. » La vierge qui enseigne le catéchisme aux brus m'a dit : « Père, on dirait que la confirmation leur a ouvert l'esprit. »

A L'ISSUE DE LA CONFIRMATION.

CHAPITRE XVI

ÉVÊQUE ET FIDÈLES

Par le P. P. Mertens

Dîner en musique. — Pas de nids d'hirondelles. — Admirables coureurs. — Une famille-souche. — Histoire fantastique des idoles de la porte. — « La tête d'un dragon est tombée des nuages. » — Le patriarche *Tchang-tien-ying*. — Les petites chinoises aux figures de cire. — « Il y avait une fois au temps du grand Ricci... ». — La messe à six prêtres. — Le rêve !

La cérémonie a duré jusqu'à onze heures, à peine le temps de dire un peu de bréviaire, de faire l'examen de midi, et voilà qu'on nous appelle pour la plus étrange des cérémonies : un repas chinois en musique.

Dans le vaste *Keu-ting* (salle des visiteurs), largement ouvert au midi, bondé d'hommes qui vous contemplent, nous sommes assis, condamnés à manger trente-deux plats chinois, tandis qu'une musique infernale, armée de tambours et de cuivres hurlants, fait rage devant nous dans la cour (1).

---

1. La maison chinoise est essentiellement constituée par un long bâtiment regardant le midi et divisée en trois pièces. La porte, toujours au milieu, ouvre sur la plus vaste : le *Keu-ting*, salle des visiteurs ; sur le *Keu-ting*, à droite, et à gauche, ouvrent les portes des deux chambres, l'une pour les hommes, l'autre pour les femmes. Dans nos paroisses munies de presbytère, une des chambres est celle du Père curé ; l'autre est réservée aux missionnaires de passage. Disposition très heureuse, car, forcément, on voyage beaucoup dans la Mission.

L'ordonnance d'un grand repas chinois est mathématiquement réglée par le protocole ; il y a des repas à 16 plats, d'autres à 24, d'autres à 32 ; le nombre des plats chauds et froids, gras et maigres, doit se contre-balancer. Au moment où j'écris cette note, je viens de subir un de ces grands repas.

Voici un extrait du menu : Ailerons de requin, pralines d'arachides, confiture de gentiane, gingembre confit dans du miel, graines de nénuphars, crevettes étranges, etc. etc. ; mais je n'ai pas encore rencontré les fameux nids d'hirondelles, immortalisés par les récits de M. Huc.

Pauvres oreilles assourdies, pauvre palais révolté, pauvres yeux éblouis, tous les sens ont leur mortification, et c'est pour nous faire plaisir !

Après quoi, salut solennel et départ pour Pan-tsounn. Quel pittoresque désordre ! Tout le village est là, chrétiens en habits de fête, païens en débraillé des jours ouvrables, accompagnant nos deux chars que précèdent des drapeaux et des musiciens. A quelque distance du village, s'élève un haut four de briques, seul accident du terrain à bien des *lis* à la ronde. Une partie de la foule y court à l'avance, s'y précipite, y grimpe, et s'y installe au sommet pour voir plus longtemps le char épiscopal. L'autre continue à suivre ; mais l'évêque veut éviter le mélange des deux villages (1) ; il fait arrêter les musiciens et les porte-drapeau, les bénit ; et nos chars, passant entre les deux rangées à genoux, s'élancent au grand trot, pour prendre enfin le contact avec Wei-tsounn. Effort vain ! Tous les jeunes gens se mettent à courir après nous en jetant des cris d'adieux, et ils nous suivent encore, que, déjà, s'entendent des appels de gongs lointains, et s'aperçoivent d'énormes drapeaux rouges et bleus qu'on agite à l'horizon : c'est Pan-tsounn qui s'avance à la rencontre. Alors, sur un signal de l'évêque, nos cochers mettent leurs bêtes au galop, et c'est une course folle, une danse effrénée du char, un tressautement à vous briser les os. De distance en distance, les coureurs haletants sont semés sur la route. Quatre seulement ont assez de souffle pour ne pas lâcher, quatre beaux jeunes gens vigoureux et souples ; ils ont jeté leur veste aux champs, et cambrant leur torse nu, la tête rejetée en arrière, le cou tendu, la longue tresse noire dansant sur les épaules, ils courent, les yeux mi-clos, ils courent jusqu'au bout sans faiblir ; et quand les cavaliers avant-coureurs de Pan-tsounn arrivent, mettent pied à terre et s'agenouillent pour recevoir une première bénédiction, ils sont encore là, ils s'agenouillent eux aussi, et le dernier adieu de Wei-tsounn se mêle au premier salut de Pan-tsounn dans une touchante rivalité d'amour et de vénération pour l'évêque bien-aimé.

---

1. Mélange souvent néfaste ; quand il n'y avait qu'une seule église pour Wei-tsounn et Tchao-tchoang, c'était presque chaque dimanche des disputes.

A l'entrée du village, Monseigneur est reçu dans une large tente rectangulaire en nattes de jonc, comme on reçoit les mandarins à la porte des villes. Il y prend sa crosse, revêt chape et mitre, et la procession se met en marche. Foule énorme comme à Tchao-tchoang, et Wei-tsounn ; mais quelle différence d'attitude ! Là, c'étaient des villages chrétiens ; ici, c'est encore tout païen, sauf une ancienne, fervente, très riche et très nombreuse famille, une véritable *famille-souche*, les *Tchangs* auxquels se sont agglutinées quelques conquêtes récentes de la foi (1).

Partout apparaissent les signes de l'idolâtrie, et, en particulier, à l'entrée de presque toutes les maisons, les peintures superstitieuses des *menn-chenn* (idoles gardiennes de la porte) : *U-tcheu-king-tei* et *Tsinn-chou-pao*, l'un brandissant sa hache et l'autre sa massue.

L'origine de cette superstition est une fantastique légende connue de tous les Chinois, chantée par tous les *chouo-chou-ti* (troubadours qui vont de village en village chantant des histoires et des contes). La voici : Un jour l'empereur Tai-tsoung dit à son favori : « J'ai fait cette nuit un rêve étrange. Un personnage s'est présenté devant moi et m'a dit : « Empereur, je suis le dragon de la rivière King. J'ai offensé Tien (le Ciel) qui a donné ordre à ton ministre Wei-tcheng de me couper la tête, aujourd'hui à midi ; je te supplie de me sauver. » J'ai eu pitié de lui et lui ai donné ma parole que je le sauverai ; va me chercher Wei-tcheng, je l'occuperai jusqu'après midi. » Quand celui-ci fut arrivé au palais, l'empereur l'emmena dans un appartement privé, conféra longuement avec lui des affaires de l'État ; puis ordonna aux femmes de disposer l'échiquier et invita Wei-tcheng à lui servir de partenaire. Cependant midi approchait ; quand le soleil fut juste au milieu de sa course, soudain Wei-tcheng s'affaissa. « Il s'endort », pensa l'empereur. Quelques instants après, Wei-tcheng revint à

---

1. L'influence de cette famille est étonnante dans tout le pays, plus grande peut-être que celle du mandarin. Le fils aîné a fondé à Wei-hsien une banque dont les billets ont la spécialité d'être toujours remboursés entièrement en bonne monnaie ; je dis bien *spécialité* ; car les billets des autres banques jouissent du privilège contraire : il est admis que 10 p. 100 de leur valeur peut être remboursé en mauvaise monnaie.

lui, et se confondit en excuses pour son impolitesse. « Ce n'est rien, dit l'empereur, continuons la partie. » Mais ils n'avaient pas joué trois coups, qu'on entendit un grand vacarme au dehors, et des officiers entrèrent portant une énorme tête de dragon, fraîchement coupée. « Qu'est ceci ? demanda l'empereur. — C'est, répondent les officiers, la tête d'un dragon qui vient de tomber des nuages, devant la galerie des mille pas. » L'empereur regarda Wei-tcheng. « Sire, c'est moi qui l'ai coupée, répondit celui-ci en se prosternant. — Mais tu n'as pas quitté cette salle ! — Sire, pendant que j'avais perdu connaissance, mon âme est partie. Une troupe de *Ya-i* (policiers) célestes lui a présenté un dragon enchaîné avec l'ordre de *Tien* de le tuer ; alors d'un coup d'épée, je lui ai abattu la tête qui est tombée des nuages sur la terre. » Le soir l'empereur était tout mélancolique : il avait promis au dragon la vie sauve et n'avait pas pu tenir parole La nuit, il dormit mal. Vers minuit, il se réveilla en sursaut criant : « Il y a des *Koei* ici ! » (les *Koei* sont les esprits malfaisants) ; puis il tomba dans le délire. Les femmes et les eunuques étaient dans la consternation. Les médecins déclarèrent l'état grave. Au petit jour, l'empereur fit venir ses deux plus braves officiers, Tsinn-chou-pao et U-tcheu-king-tei, et leur dit : « Chers fidèles, dix-neuf ans j'ai guerroyé sans que personne jamais m'ait fait peur. Mais cette nuit, j'ai eu affaire à un *Koei* ; le dragon décapité m'est apparu à minuit, tenant sa tête sanglante, et criant : « Rends-moi la vie, parjure ! » Puis il m'a saisi à la gorge et a failli m'étouffer. Que va-t-il se passer la nuit prochaine ? — Sire, répondirent les deux braves, que votre Majesté se rassure, cette nuit nous la garderons et le *Koei* sera bien osé s'il se frotte à nous. — Merci, dit l'empereur. »

Le soir venu, Tsinn-chou-pao et U-tcheu-king-tei se postèrent à la porte du palais, en grand costume de bataille, tenant l'un une massue, l'autre une hache. Le *Koei* n'osa venir, et l'empereur dormit parfaitement. Il en fut de même les nuits suivantes ; mais bientôt l'empereur s'avisa que ces veilles étaient une fatigue pour ses fidèles chevaliers et que peut-être leur image suffirait à le protéger. Sur son ordre, on les peignit grandeur naturelle avec casque et cuirasse, massue et hache, et on colla les deux peintures sur les deux battants de la grand'porte du palais. Le *Koei* s'y trompa et jamais plus n'osa franchir cette porte (1). »

Depuis lors, le jour de l'an, les Chinois païens collent sur leur porte deux affiches où sont peints U-tcheu-king-tei et Tsinn-chou-pao ; ceux-ci sont chargés de barrer l'entrée de la maison à tous les génies malfaisants, et voilà pourquoi sur toutes les portes de Pan-tsoun nous voyons ces hideuses idoles.

Durant le cortège, la multitude païenne, d'ailleurs, est très calme, attentive, respectueuse, presque sympathique ; quasi tous, par respect, ont déroulé leurs tresses (2), et ils gardent un silence absolu. Mais elle ne se signe pas, ne s'agenouille pas ; l'évêque ne peut pas la bénir, et le petit cortège chrétien, avec ses cierges, ses surplis blancs, ses bannières pacifiques et son évêque scintillant d'or fend la foule païenne comme une barque lumineuse au milieu des flots noirs.

Toute la famille Tchang est là, une centaine de personnes environ, serrée amoureusement autour de son pasteur. En tête les jeunes gens font la police, et supérieurement, je vous assure. J'en distingue un qui ferait merveille comme policeman dans une rue de Londres : un grand diable de 6 pieds, sec et nerveux, muni de bras démesurément longs, et de jambes à l'avenant. Pour ouvrir la foule, il lui tourne le dos, étend ses bras immenses, s'arc-boute sur ses fémurs d'acier, et, d'un coup de jarret, il fait reculer dix hommes à la fois.

Puis viennent les enfants de chœur : céroféraires, thuriféraires, porte-oriflammes, etc. Le petit *Yaou* est là, sanglé dans une belle ceinture de soie orange, balançant l'encensoir, modeste et priant comme hier.

Enfin, portant le dais ou derrière lui, marchent les hommes, les pères de famille, et, au milieu d'eux, juste derrière l'évêque, le patriarche, le bisaïeul, le père et le chef de tous : *Tchang-tien—*

---

1. Voir Léon Wieger, S. J., *Folklore chinois moderne*, p. 394-399,

2. La tresse chinoise pend souvent jusqu'aux jarrets ; elle serait donc gênante pour le travail ou la marche, et on l'enroule alors autour de la tête. Dérouler sa tresse avant de se présenter devant quelqu'un, c'est un signe de respect. Nos Chinois ne prient ou ne parlent au Père, que la tresse pendante, et on n'admet-trait pas que quelqu'un communiât, ayant la tresse enroulée.

ying (1). C'est lui qui a construit l'église. Nous l'appelons le *Siou-tsai*, car il est bachelier de l'empire des Ta-tsing, et effectivement fort lettré ; nous le nommons aussi Caton, à cause de son austérité et de la sévère façon dont il éleva ses enfants. Chaussé de hautes bottes noires du temps de l'empire, vêtu d'une robe de soie sombre, coiffé d'un bonnet de riche fourrure sibérienne, il s'avance entre deux de ses grands fils, majestueux, solennel, égrenant un chapelet blanc. Ses longues moustaches retombent, encadrant le menton rasé, comme sur les peintures de nos paravents européens qui représentent des scènes chinoises. Ses yeux vifs et malins, sous de forts sourcils dont la blancheur dissimule la surabondance, pétillent de joie ; et ce n'est pas, croyez-le, parce que cette entrée triomphale lui donne, devant le pays, une *face* magnifique ; ce vieux croyant savoure évidemment une pensée plus profonde, un contentement tout surnaturel : demain, le dernier de ses fils va recevoir la tonsure cléricale. Vêtu d'un surplis, modeste, recueilli, priant, le jeune homme s'avance, tenant la chape épiscopale ; et les yeux de son père vont du fils à l'évêque, et de l'évêque au fils, et parfois un sourire de pur bonheur relève les moustaches maussades et transfigure le sévère visage du vieux lettré chinois.

On entre dans le quartier chrétien, labyrinthe de ruelles proprettes, étroites, resserrées entre deux murs très hauts sans fenêtres comme dans certaines parties moyenâgeuses du Caire ou de Beyrouth. Pour éviter la confusion, les jeunes Tchang font barrage à l'entrée de chaque ruelle, la procession seule s'y engage ; puis, quand elle a tourné la ruelle suivante, le barrage se déplace, vient

---

1. Un nom propre chinois est composé de deux parties : 1º Le *Sing*, c'est-à-dire le nom de famille ; il est toujours monosyllabique: par exemple, *Tchang*. Le peuple chinois s'appelle lui-même « *Paising* », les cent noms. (En réalité, il y a un peu plus de cent noms de famille en Chine). 2º Le *Ming-tze*, ou petit nom : par exemple, *Tien-ying*. Il est généralement composé de deux mots ; souvent l'un d'entre eux est le même pour tous les enfants d'une même génération (d'un même *peul*, comme on dit). Par exemple, les nombreux garçons du bachelier s'appellent successivement : *Ying-tsing, Ki-tsing, Tcheu-tsing*, etc., et cette même terminaison *tsing* se retrouve dans le nom de tous leurs cousins, aussi éloignés qu'on voudra, du moment qu'ils sont de la même génération. Dans la famille très nombreuse de Confucius, il y a un roulement fixe : les mêmes noms reparaissent toujours au bout d'un nombre déterminé de générations.

s'y établir, et ainsi de suite, jusqu'à ce qu'enfin le cortège soit entré dans l'église toute illuminée pour le salut solennel. Arrivés là, les jeunes gens abandonnent leur office de policiers, et deviennent des orants avec leurs sœurs, leurs mères et leurs pères qui remplissent la nef. Quant aux païens, plus n'est besoin de les surveiller. En grande foule silencieuse, massés sur le perron et dans la cour, — par les trois portes qu'on laisse ouvertes, ils regardent encore ; les idées leur entrent par les yeux, et c'est l'instant peut-être où la grâce très douce frappe au seuil des consciences endormies.

Il se passa alors un fait qui a rendu pour moi inoubliable cette soirée de Pan-tsounn : le décor du couchant se chargea de transformer la cérémonie en une scène majestueuse où tout le sublime de la nature et du surnaturel, durant l'instant d'une minute céleste, se trouva condensé. Le soleil baissait sur l'horizon ; son énorme globe de flammes, roulant sur les terrasses des basses maisons chinoises, projetait à flots dans l'intérieur de l'église les chaudes clartés d'une belle lumière pourpre et dorée ; et quand vint la bénédiction, et que l'évêque lui fit face avec le saint Sacrement, le dernier rayon du soir enflamma l'ostensoir d'or comme un second soleil ; et j'aperçus au fond, tout en tenant la chape, les païens éblouis qui s'inclinaient comme s'ils voyaient Dieu même paraître dans l'hostie...

On nous conduit au presbytère construit aussi par le *Siou-tsai*. Tout a été aménagé royalement, et Pan-tsounn serait un peu le Versailles de notre pauvre mission, n'était que, par suite du manque de missionnaires, le prêtre n'y couche pas dix nuits par an. On passe plusieurs jolies portes ouvragées, sur lesquelles, remplaçant les inévitables dragons du paganisme, se dessinent des sculptures mystiques, et, en particulier, de jolies colombes de pierre qui semblent picorer le faîte.

La maison se compose d'un vaste *Keu-ting* et de deux belles chambres. Tentures, coussins, couvertures soyeuses, fines broderies, images artistiques : les doigts de fée de toutes les jeunes filles Tchang ont passé par là, rivalisant d'habileté ; et sans doute leurs grands frères qui ont été à Tien-tsin ont ajouté leurs idées sur le confort européen.

Quand nous sommes installés, toute la famille se présente pour saluer Monseigneur. Ils sont au grand complet, réunis dans le *Keu-ting*, même la vénérable bisaïeule, femme du bachelier. Sa Grandeur, la voyant fatiguée, la fait asseoir à son côté, — chose inouïe en Chine. Devant les papas et les mamans, toute une population de ravissants enfants. Les petites filles, tout intimidées, gardent une immobilité de statue, absolument ébaubies devant la soutane rouge et la ceinture violette.

Que leur habillement est donc bizarre et d'un exotisme savoureux : pantalons bouffants verts, orangés, violets ; légères vestes à fleurs voyantes, minuscules souliers ; de riches broderies, bracelets d'argent, colliers de corail qui encerclent les cous et les frêles poignets ; maints fins médaillons en pendent par des chaînettes d'or et tintinnabulent au moindre mouvement.

A voir leurs cheveux plats et luisants, leur figure de cire, leur petite queue aux rubans multicolores, leurs gentilles menottes potelées qui s'étalent naïvement sur la soie chatoyante, et leurs traits artificiels immuablement fixés dans l'admiration, on dirait vraiment des poupées du musée Grévin, ou des modèles inanimés posant devant le peintre pour quelque vase japonais.

Au milieu de tout le monde, près du *Siou-tsai*, à la place d'honneur, j'aperçois un étrange personnage que je n'ai pas vu à la procession. Vieux, très vieux, aveugle, absolument cassé, attifé de vêtements antiques qui s'effilochent, à demi écroulé sur une sorte de bâton-massue, érigeant au-dessus de son corps courbé, difforme et ratatiné, un crâne absolument chauve qui boutonne et suppure ; très laid et très commun, il fait un contraste violent avec son entourage si distingué. Et pourtant, tous évidemment, le traitent avec vénération ; tous l'écoutent en silence quand il parle ; même le vieux bachelier lui témoigne un respect manifeste : c'est qu'il est de la génération précédente (1), c'est l'oncle du

---

1. Qu'on ne s'étonne point de voir coexister tant de générations à la fois. Quand on a des filles qui se marient à douze ans, il est facile d'être grand-père à quarante ans. D'ailleurs l'âge du vieux Tchang-tcheng-su étonnerait peut-être nos gens d'Europe : la Chine, pays des mariages précoces, est aussi celui de la longévité prolongée ; les centenaires ne sont pas rares autour de nous : non loin d'ici vit une femme qui a, paraît-il, cent dix-huit ans. Quant au respect du Chinois pour tous les membres de sa famille qui sont d'un *peul* (génération)

Siou-tsai, le légendaire *Tchang-tcheng-su*. Il a le pas sur tous, il préside à tout dans la famille ; mais comme il n'a pas eu d'enfants, on lui doit le respect et non l'obéissance ; sa présidence est plus honorifique qu'effective, et c'est en somme la formule anglaise qui caractériserait le mieux sa situation dans la dynastie des Tchang : *Il règne, mais ne gouverne pas*. Il n'est que l'ancêtre, c'est le *Siou-tsai* qui est le patriarche.

Sans âge déterminé, sans contemporains qui survivent, comme sans postérité qui le continue, sans attache avec aujourd'hui, comme sans influence sur demain, il est déjà de l'autre monde, long sillage du passé à travers le présent, lointaine survivance de l'âge qui a fui sous l'horizon, et parmi les vivants représentant des morts ; je comprends le respect qu'il inspire ! D'ailleurs le vieux, s'il est aveugle, n'est ni sourd ni muet ; il est même un peu bavard et cause fort bien quand il s'agit des morts. Or, Monseigneur l'a lancé sur une bonne piste : les origines chrétiennes de Pan-tsounn.

Quand j'étais jeune homme, commence-t-il solennellement, j'ai souvent ouï dire, à feu mon bisaïeul, ceci : « Il y a longtemps, bien longtemps, quand Pan-tsounn s'appelait Ki-wang-tchoang (lisez : la ferme du prince Ki), le grand *Li Ma-lao* (1) envoya des missionnaires à l'ouest du Chan-tong... etc., etc. » Et ce fut un récit extraordinairement animé, piquant, édifiant, plein d'aventures, de martyres et d'apostasies, de détresses et de relèvements, de machinations diaboliques et de coups de grâce. (Qui démêlera jamais, dans ces récits de nos vieillards chrétiens, la part de la légende et la part de l'histoire ? Il n'y a que des traditions orales, rien d'écrit.)

Et tandis qu'il parle sans fin, en face de ces beaux enfants, en face de cette grande famille qui devient tribu, qui devient la race chrétienne, — j'éprouve les mêmes réconfortantes émotions que

---

supérieur, il est extraordinaire et exerce son influence sur quantité d'actes. Que de fois, entendant les confessions, j'ai vu des marmots de huit ans passer tout à coup devant des pères et des mères de famille qui attendaient depuis plus longtemps qu'eux ; c'est qu'ils sont du *peul* précédent, ils ont le pas sur les autres ; et vouloir, en ce cas, faire passer les grands avant les petits, ce serait bouleverser les idées et les mœurs chinoises.

1. C'est-à-dire *Li* Mathieu : Le P. Mathieu Ricci, S. J.

jadis dans nos belles réunions de famille du Nord. Ah! qu'ils ne se fassent point trop rares là-bas chez nous, ces foyers pleins d'enfants! De la rude Chine qui procrée dans la pauvreté, ou des nations raffinées qui se meurent peu à peu dans la richesse, à qui sera l'avenir ?

Lundi, 18 *mars*. — Devant toute la famille, devant la chrétienté réunie, et les fidèles des environs, Monseigneur, dans une cérémonie inénarrable de piété intime vraiment céleste, a conféré la tonsure ecclésiastique à *Tchang-tcheu-tsing*. Tout le peuple de ses neveux dévorait des yeux le jeune oncle consacré. Quels seront parmi eux les élus du sacerdoce ? N'est-ce pas ici, plus que partout ailleurs, — dans ces milieux chrétiens depuis trois siècles, —que l'Église trouvera des prêtres chinois parfaitement dignes d'elle, et à la hauteur de la chasteté qu'elle exige (1) ?

La cérémonie finie, Monseigneur s'apprête à regagner Tchaotchoang, où il dira demain la messe pontificale avec prêtre-assistant, deux diacres et deux sous-diacres.

Tous les païens sont accourus pour assister au départ. Mais ce n'est plus ni la discipline, ni la presse, ni la craintive ignorance du premier jour. On les laisse aller et venir dans la grande cour où s'attelle le char. Monseigneur, en attendant, cause familièrement avec le bachelier ; et voici qu'une jeune femme païenne s'approche par derrière, saisit tout à coup le pan de la soutane rouge, la baise et se hâte d'aller se perdre dans la foule comme jadis l'hémorroïsse. Une autre lui succède, puis d'autres personnes encore ; quelques-uns s'attaquent même au pendentif vert et or de la ceinture violette qui les fascine... Ce ne sont pas leurs corps qui sont malades, comme en Judée ceux qui touchaient Jésus ! Mais ne peut-on pas espérer quand même des guérisons ? L'évêque n'est-il pas le successeur de ceux à qui le Maître disait : « Vous ferez des miracles plus grands que les miens ! »

---

1. J'apportai, je l'avoue, en arrivant en 1916 dans la Mission, quelques-unes des idées du chanoine Joly sur le clergé indigène. Maintenant j'estime que le digne chanoine, — dont les écrits manifestent non seulement le zèle, mais la perspicacité psychologique, — aurait modifié profondément ses thèses, s'il avait vécu seulement deux années avec les missionnaires dans la brousse chinoise.

Mardi 19 *mars, fête de saint Joseph.* — Tout le pays se mobilise vers Tchao-tchoang pour assister à la messe pontificale, « la messe à six prêtres », comme proclament déjà nos chrétiens enthousiasmés (1).

Monseigneur, pour donner le temps aux villages éloignés d'arriver, a décidé de ne monter à l'autel qu'à neuf heures. Le matin, communions innombrables. J'aide le prêtre qui dit la première messe à les distribuer ; trois grands ciboires pleins y passent, car déjà on est accouru de tous côtés pour la fête ; je suis obligé de renvoyer une partie notable des communiants, en leur disant d'attendre une demi-heure. Je monte à mon tour à l'autel, consacre et recommence la distribution. J'ai déjà dit quelque chose de cette pure joie du missionnaire au Tché-li : les interminables distributions de communions (2). Mais cette fois-ci, c'est trop ; les forces sont dépassées ; je sens la fièvre qui monte ; aussitôt après avoir déposé les ornements, je dois m'aliter et ne puis faire diacre à la messe pontificale.

La cérémonie ne prit fin qu'à midi, aux accents plus triomphants que jamais du *Yesou cheng sinn.* Je n'y assistai point ; mais les chants des chrétiens, que ne parvenaient à étouffer ni les murs de ma chambre, ni le lourd sommeil de la fièvre, transformèrent mon rêve en une vision toute colorée des reflets optimistes de nos espoirs d'apôtres.

C'était une immense et impétueuse montée, comme le *Vers la gloire* de Detaille, mais agrandie encore, idéalisée, surhumanisée. Derrière une procession fantastique, où se mêlent étrangement aux enfants de chœur naïfs jouant avec des encensoirs, aux fillettes blanches comme des cierges, aux prêtres qui passent dans un rutilement de chasubles, des brigands demi-nus portant des

---

1. Aujourd'hui encore, longtemps après le départ de l'évêque, dans les villages où nous allons, la population se classe en deux catégories : ceux qui l'ont vu, ceux qui ne l'ont pas vu. « Moi, j'ai baisé son anneau trois fois ! — Et moi, dix fois ! — Et moi, mon petit neveu a porté sa crosse d'or ! — Toi, tu n'as jamais vu une messe à six prêtres…, etc. »

2. Par toute la Mission, il suffit vraiment qu'un prêtre vienne dire la messe dans un village chrétien, pour que la quasi-totalité des adultes baptisés communie. C'est bien, à part quelques exceptions, le désir du Concile de Trente réalisé : *on communie à chaque messe qu'on entend.*

scapulaires, des cavalcades folles aux drapeaux écarlates, des chars trépidants, et des canons qui bondissent dans un nuage de poussière, je vois s'avancer une foule immense, des millions et des millions. Ils ont les yeux en amande, les tresses pendantes, le teint pâle, la peau transparente, l'air respectueux, docile, recueilli, et ce sont nos chers païens qui s'engagent à leur tour sur la route du salut. Tout en haut du tableau, à gauche, il y a une région brillante : c'est une ville de saphir et d'émeraude qui rayonne comme un soleil ; et en tête de la colonne chrétienne, je crois voir un évêque mitré qui frappe de sa crosse les portes de la Jérusalem lumineuse : « *Attollite portas, principes, vestras!* — Ouvrez, ouvrez, princes des anges, ouvrez à mes Chinois bien-aimés les portes de la cité de Dieu ! »

14 *mai*. — Je reviens de l'extrême-Sud (Kai-tchéou) où j'ai accompagné l'évêque. Dans ce district, qui comptait juste trois chrétiens il n'y a pas vingt ans, il a donné plus de trois mille confirmations !

Palanquins, hallebardes, fusils, musique, pétards, desserts qu'on apporte sur des tables au bord de la route ou de la rue, rien n'a manqué.

Dans les villes, — à Nan–lao, à Tsing-fong, à Kai-tchéou, à Tchang-yuen, etc. , — les mandarins et les *chenn-cheu* (notables) sont venus saluer l'évêque ; témoignage de sympathie pour le catholicisme, très important ; car ces gens-là se sont compromis devant leur peuple, et ne pourraient plus, maintenant, nous attaquer ouvertement sans perdre la face. Et puis surtout, ils ont compris que, derrière le petit missionnaire isolé qui, l'année durant, lutte contre mille tracasseries, misères, procès et influences hostiles, il y a quelqu'un qui l'appuie, il y a une puissance qui peut parler à Pékin, qui a des relations avec l'ambassadeur de France et les vice-rois de la Chine, et qu'à s'y heurter on s'y brise.

Pour le passage du terrible Fleuve jaune qui vient d'inonder tout le pays, le général de Ta-ming avait mis à la disposition de Sa Grandeur son propre bateau, sorte de vaste radeau où devaient prendre place, pendant les deux ou trois heures de la traversée, nos

trois chars, nos six mules et les chevaux de nos catéchistes. Mais
les brigands nous ont empêché de réussir cette expédition.

Au moment où nous montions en char pour gagner la côte, un
cavalier mandarinal, accouru au galop, annonça qu'une bataille
rangée se livrait sur les bords du fleuve entre soldats et brigands,
que ceux-ci semblaient l'emporter, avaient déjà tué nombre
d'hommes et mangé le cœur du colonel. Nous dûmes prestement
remonter vers le nord.

A part cet accroc, on peut dire que la visite épiscopale a été une
marche de triomphe en triomphe.

Mais qu'on n'aille point s'imaginer que ces rayons de Thabor
éclairent autre chose que la pauvreté de Nazareth. La vie de
mission, Dieu merci, ne perd jamais tout à fait sa bienheureuse
efficacité pour produire automatiquement, en qui l'accepte, le
détachement des choses de ce monde.

Partout, en effet, aussi, ce furent les cases d'argile aux fenêtres
de papier huilé, le monotone millet des repas chinois, et le lit de
briques traditionnel où l'on dort si délicieusement après une
journée de char.

J'ai visité, dans notre France, d'admirables cathédrales, j'ai
vu de somptueux palais épiscopaux, aux vastes salles, aux riches
tapis, je n'y ai pas rencontré de prélats plus heureux que dans
cette case en terre de Mong-heue, où l'évêque pouvait tout juste
étendre assez les bras pour dire *Dominus vobiscum*, ou bien devant
cette hutte en tiges de sorgho qui, à Chang-lao, sert d'église aux
chrétiens ; c'est que la joie de voir la foi qui progresse et l'Église
conquérir, poétise toutes choses et jette des reflets d'or sur les
parois de boue.

15 *mai*. — Ce matin au petit jour, Monseigneur est parti, re-
gagnant le Nord : cinq jours de voyage. Les fêtes sont finies, mais
il en reste autre chose qu'un souvenir : le bon grain de la foi, les
germes de l'éternelle espérance, les semences divines de l'amour.
A pleines mains bénissantes, à plein cœur débordant de prières,
l'évêque de Marie les a jetées ; sur les glèbes grises de son pauvre
Tché-li, les semailles sont faites...

Et maintenant la moisson d'âmes va-t-elle lever ? Oh !

l'angoissant problème où se mêlent et s'entrelacent, dans l'enchevêtrement mystérieux de leur mutuelle autonomie, les deux puissances qui décident du tout de la vie : la grâce et la liberté !

Mais tandis que je me demande ce qui va sortir de leur tragique amalgame, je lève les yeux sur le blason de mon évêque, blason tout marial, et j'ai l'assurance d'y lire l'histoire de l'avenir : *Haec est spes nostra.* Une mère donne toujours largement !

FILLETTES EN GRANDE TOILETTE

CHAPITRE XVII

KAI-TCHÉOU, LA CÔTE DE MIEL

Par le P. P. MERTENS

Sur le chemin de l'Extrême-sud. — Le parasol des dix mille noms. — Houle
humaine. — Comment un mandarin distingue le prêtre catholique du pasteur protestant. — « Montrons-nous ! » — L'appel de la cloche catholique.
— Les collégiens. — Les vierges. — Les ravissantes fillettes païennes à la
balançoire. — « Père, veux-tu monter ? » — Côte d'azur et côte de miel.
— 3.000 confirmations à donner ! — Au bord du fleuve Jaune. — Infâmes
brigands ! — On rebrousse chemin.

Mgr Lécroart, après avoir été reçu triomphalement à Ho-kien-
fou et à Tchao-kia-tchoang, est venu dans le Sud faire sa première visite pastorale dans la section de Kai-tchéou. C'est la
section la plus méridionale de notre Mission ; l'évêque n'y est pas
venu depuis douze ans ; 3000 confirmations à donner !

Mardi, 9 *avril* 1918. — Départ de Ta-ming-fou ; le R. P. Supérieur et tous les Pères du Collège français accompagnent Monseigneur jusqu'au char. Un dernier adieu, une dernière promesse
de prières, les cochers font claquer leur fouet, et nos deux chars
s'ébranlent. On passe la haute porte de la ville et on s'engage au
grand trot sur le chemin du Sud.

En tête, le catéchiste sur un cheval à selle rouge ; puis le char
de Monseigneur conduit par le cocher *Lao–wan,* un homme de six
pieds qui, aux yeux des païens, est un argument apologétique de
fort calibre. Enfin mon char, car, au rebours de la mode européenne, le personnage le moins digne marche en dernier lieu.

Longtemps nous courons par la plaine monotone ; ce sont,
avant la fête bruyante, les heures calmes où l'on fait tous ses
exercices de piété, car ensuite, plus un instant de libre ! A quelques
pas devant moi, le char de Monseigneur, d'un mouvement mono-

tone, lève ou abaisse son dôme bleu, et l'on a l'impression que c'est l'horizon qui monte et qui descend ; la même illusion qu'en bateau !

On passe un bras du fleuve ; laborieux ! La première mule ne veut pas monter en bac. On lui bande les yeux ; longs et drolatiques exercices. Nous sommes encore à 15 kilomètres de Nan-lao, qu'un cavalier accourt, s'agenouille devant Monseigneur, et lui annonce qu'il va être reçu solennellement dans cette ville fortifiée.

Deux heures après, les remparts crénelés de la vieille cité marchande commencent à se profiler sur l'incandescence dorée du midi. On approche, la foule massée devant le faubourg nord attend l'évêque. Nous voici arrivés : pétards, coups de fusils, cymbales, drapeaux innombrables, étendards verts, rouges, violets, qui flottent au vent, étalant de grands caractères or ou blanc ; et surtout un magnifique parasol mandarinal, tel que je n'en ai pas encore vu ; on appelle cela un *Wan-ming-san : Parasol des dix mille noms* ; et en effet, de sa circonférence pendent quantité de jolis rubans de soie multicolores, sur lesquels sont inscrits les noms d'une multitude de localités et de notables. Le porteur fait sans cesse tourner le parasol, et les dix mille noms flottent dans un charmant concert de clochettes dorées.

On apporte une table richement ornée et chargée de desserts que la ville offre à l'évêque. Celui-ci remercie, déclare qu'il n'a pas faim, et qu'il goûtera de ces desserts quand il sera arrivé. — La foule grossit à tout moment, pour voir le grand homme ; la soutane rouge, la croix d'or, le chapeau à glands verts, la ceinture violette font sur elle un effet magique.

Mgr Lécroart descend de char, un murmure, un ah ! d'étonnement, d'admiration, de respect court par la foule ; les païens dominent, et beaucoup demandent — « Qui est-ce ? » — Jamais ils n'ont vu un mandarin aussi majestueux ; quelques-uns hasardent : « C'est le grand ambassadeur de la France ». Et le mot fait fortune, c'est ainsi désormais que Monseigneur sera annoncé dans bien des villes... En somme, foule sympathique, pas une seule fois, je n'ai entendu prononcer le mot *yang-koei-ze* — diable d'Occident, — qui est l'injure coutumière des païens xénophobes à notre adresse.

On monte en palanquin, et en route vers la ville. La marée

humaine suit comme une houle immense qui déferle vers la porte. A l'entrée, salut des soldats. On s'engouffre dans la grand'rue Nord-Sud. Un instant, de mon char, j'ai la vision de toute cette rue remplie d'une foule païenne respectueuse venue à la rencontre de l'évêque catholique, océan de têtes qui se dressent, s'abaissent, oscillent. Autour du palanquin surtout, la vague humaine se fait dense et mouvementée comme un mascaret qui remonterait l'embouchure d'un fleuve. Monseigneur sentait le palanquin craquer sous la pression...

Nous arrivons. La porte de la Mission catholique surmontée de la croix s'ouvre à deux battants, puis se referme impitoyablement; les païens font de vains efforts pour pénétrer. Seuls les baptisés et les catéchumènes, tous à genoux, remplissent les cours.

Le Père curé de Nan-lao reçoit l'évêque à la porte de son église comble. Encens, eau bénite, première bénédiction solennelle. On voit dans les yeux la lutte entre la curiosité et le respect. Ils fixent sur la croix qui brille, sur la mozette qui rougeoie, des regards ravis, et puis, de nouveau ils s'inclinent, se replient, se recroquevillent sur eux-mêmes, abîmés dans une sorte d'admiration craintive. L'évêque qui paraît, c'est pour eux comme une théophanie. Et de vrai, l'évêque n'est-il pas l'ostensoir de ce *Tientchou Yesou* (Dieu Jésus) qu'il représente ?

Nous entrons au *Keu-ting* (salle des hôtes). Les toits des maisons voisines sont chargés de païens qui veulent encore voir l'évêque.

Dîner. Les serveurs portent les plats sur un plateau carré à bout de bras ; dans un geste très gracieux, très dégagé, ils font une génuflexion à l'évêque, et tandis qu'ils se tiennent genou en terre, le buste droit, la tête inclinée, les catéchistes prennent les plats, et les déposent devant Sa Grandeur.

Après-midi Monseigneur va saluer le mandarin ; celui-ci rend la visite malgré la pluie. Devant lui un serviteur, la main haute, porte sa carte de visite.

L'entretien, tandis qu'on boit le thé traditionnel, est on ne peut plus cordial. « Vous, dit le mandarin, vous n'êtes pas comme le *Yesou-kiao* (la Religion de Jésus ; tel est le nom qu'ont usurpé les protestants). Eux, ils retournent dans leur pays après un ou deux ans... Eux, ils se marient... Eux, ils ont un traitement. »

Mgr Lécroart, en grande soutane rouge, reconduit le mandarin jusqu'à sa chaise. Quelle *face* pour lui ! Mais aussi quelle *face* pour la Sainte Église ! Ce n'est pas le mandarin que la foule regarde, c'est l'évêque ; et Monseigneur obtient le résultat qu'il désire ; que durant toute la soirée la ville ne parle que du *Tien-tchou-kiao* (l'Église catholique).

L'effet de ces manifestations est double : attirant pour tout ce qui est bon, répulsif de tout ce qui est nuisible.

En effet, pour beaucoup la vision de l'évêque rouge et violet, portant sa croix brillante et bénissant, restera comme un appel, le premier appel de Dieu, une grâce providentielle de choix. Comme on sent ici la profondeur psychologique de cette remarque de saint Ignace : que Dieu seul peut entrer directement dans l'intelligence et dans la volonté ! Toutes idées bonnes et mauvaises, tentations des démons, et inspirations des anges, toutes les idées passent par les sens ou l'imagination avant d'entrer dans l'esprit. C'est vrai pour les peuples les plus affinés, les plus éduqués ; c'est plus vrai encore pour ce peuple chinois, ce peuple de grands enfants mobiles et impressionnables.

Désormais, les païens y regarderont à deux fois avant d'attaquer les chrétiens ; les chrétiens ont un premier appui : le Père Curé ; mais derrière le Père Curé, il y a ce grand homme rouge devant lequel tous les mandarins s'inclinent, que toute une ville reçoit en triomphe. « Respectons les chrétiens car ils sont forts. Ne leur faisons pas de procès, car c'est eux qui gagneraient. »

*
* *

Vendredi 12 soir. — A Kai-tchéou.

Les deux mandarins viennent de sortir ; les notables ont été bénis ; les charmants petits musiciens ont réintégré le collège, la foule chrétienne s'écoule lentement, très recueillie ; on en voit encore par la fenêtre qui esquissent des signes de croix.

Quand le dernier est parti, que le catéchiste a fermé la porte, qu'on se trouve enfin chez soi, quelle détente !

Mgr Lécroart, avec sa simplicité coutumière, commence à raconter les événements de ces grandes semaines qu'il a vécues depuis le jour de son sacre. *Il n'en revient pas d'être évêque* ! Mais la confiance domine encore l'humilité, et la dévotion à la Sainte Vierge perce à chaque bout de phrases, qui embellit le présent et garantit l'avenir.

Puis la pensée faisant à rebours le grand voyage de jadis, revient naturellement vers la douce France, et la litanie des noms très chers, des noms d'amis et de bienfaiteurs, commence de circuler sur les lèvres.

Dans le recul des lointains de l'espace et du temps, les visages n'ont point vieilli ; et en parlant de tel aumônier, de tel officier de 40 ans et plus dont on cite les prouesses, et qu'on a connu jadis, ce sont toujours d'attirantes figures de jeunes hommes qui surgissent du fond de la mémoire. Cette jeunesse pour nous n'a point bougé et c'est encore elle que nous revêtons de tous les lauriers, de toutes les grandes œuvres de l'âge mûr, elle prend alors à nos yeux l'apparence d'une séduction incroyable, et nous l'aimons encore plus qu'autrefois, si c'est possible.

Samedi, 13 avril. — Mgr Lécroart va inaugurer la visite du Kai-tchéou par la confirmation des chrétiens de la ville.

Dès le point du jour, dans la pure lumière des aubes d'Orient, les fidèles en petits groupes arrivent par la rue silencieuse, montent notre haut perron, s'engagent sous le porche, et pénètrent dans l'église encore sombre. La grosse cloche de bronze fondue à Paris juste avant la guerre et qui, pour atteindre notre coin perdu, a voyagé pendant quatre ans, la cloche sonne à toute volée; il n'y a pas deux mois qu'on l'a bénite au cours d'une cérémonie pleine de splendeurs liturgiques. En l'honneur du nouveau pasteur elle tressaille, elle vibre, elle saute d'espoir et de joie dans sa prison de pierre toute frémissante, et sur la grande ville païenne qui s'éveille elle épand ses appels à la croix ; n'est-elle pas la voix de la grâce qui descend du ciel, la vocation au salut pour les pauvres âmes mortes ? Les Chinois qui n'ont jamais entendu que les cloches de fer de leurs pagodes, mal suspendues sur un pieu de bois, écoutent avec admiration les claires notes argentines et leurs

oreilles si musicales goûtent délicieusement les divins appels de
la cloche catholique.

Cependant Sa Grandeur s'habille au *Keu–ting*, et poétiquement,
aux premiers rayons d'or qui filtrent à travers les verrières, la
procession chantante et lumineuse entre dans l'église. O vision
inoubliable ! ô réalité miraculeuse ! symbole inépuisablement
riche de surnaturelles pensées ! Qu'au fond de cette Extrême-
Asie xénophobe, en ce coin excentrique de province, bien loin des
côtes et des chemins de fer, au centre de cette vieille ville ina-
bordable, repaire d'idoles et de sorciers, une grande église catholique se soit bâtie ; qu'avec sa nef et son transept entrecroisés,
elle marque audacieusement la vieille tour païenne du signe de
la croix ; que *la croix* ensuite, portée par son clocher se soit dressée
dans l'air bien au-dessus des remparts, et se montre maintenant
à toute la contrée païenne à 40 kilomètres de distance ;
qu'aujourd'hui enfin cette église pleine d'une foule baptisée
attende son évêque comme une épouse son époux, et fête avec lui
ses noces mystiques, c'est sans doute une réalité admirable, étonnante, si l'on songe qu'il y a trente ans le Kai-tchéou tout entier
ne comptait pas 3 chrétiens !
Oui, réalité sublime, fête joyeuse d'épousailles spirituelles,
entre l'évêque et son peuple, mais symbole mystérieux d'une
réalité plus grande, plus étendue, plus sublime encore ; d'un
mystique mariage où c'est Dieu qui est l'époux ! Derrière l'é-
vêque qui s'avance dans son église en mitre d'or, en crosse brillante, marche N. S. Jésus-Christ qui vient épouser l'humanité,
épouser cette portion trop longtemps déshéritée de l'humanité :
l'immense, la malheureuse nation chinoise, la dernière des grandes
nations païennes !

La scène de la confirmation se déroule ensuite comme à Wei-
tsounn, avec quelque chose de plus émouvant encore. Ce sont des
nouveaux chrétiens, moins à l'aise, plus timides, pour qui cet
évêque qu'ils n'ont jamais vu, est une sorte de divinité, un être
surpraterrestre, un archange du ciel envoyé par Dieu.
Les confirmands s'avancent deux à deux, les mains jointes, la

tête profondément inclinée, n'osant lever les yeux ; et plus ils approchent du grand moment, plus ils tremblent. Il y a tant de crainte dans la psychologie religieuse du chinois !

Monseigneur visite ensuite les œuvres de Kai-tchéou. D'abord le collège chrétien : garçonnets éveillés qui s'avancent en groupe vers l'évêque, s'agenouillent, silencieux, inclinent le front jusqu'à terre, et se relèvent, et brusquement s'écrient tous d'une voix : «*Tchou-kiao-hao* ? Comment va Monseigneur ? — Fort bien, mes amis. Quelle grâce me demandez-vous ? — Monseigneur, un grand congé avec desserts. — Accordé ! »

Puis l'orphelinat : 52 fillettes arrachées aux horreurs du paganisme par la Sainte Enfance.

Puis l'école des « vierges » : une soixantaine de jeunes filles qui se préparent à être catéchistesses. Heureuses enfants tout à Dieu, dont les moindres attitudes exhalent un parfum de vie intérieure !

Quelques chanteuses complimentent le *Tchou-kiao* dans une cantilène très douce et très monotone. Avec leur long papier déployé qu'elles tiennent de leurs fines mains blanches, avec leurs figures de cire impassibles, fixées dans la béatifique insouciance, avec leur ample robe bleu sombre, on dirait des anges chantant dans quelque paradis de Raphaël ou du Pérugin.

L'évêque dit un mot d'exhortation. Cela porte, chaque mot est reçu comme tombant du ciel. « Mes enfants, n'oubliez pas que vous êtes les temples de Dieu. Le St-Esprit y habite. Ne permettez jamais que le St-Esprit soit triste dans vos cœurs. Parlez-lui toujours puisque toujours il est là ; soyez comme un prêtre, qui porte l'Eucharistie. Glorifiez Dieu, portez Dieu dans vos corps ! »

Puis : « Quelle faveur me demandez-vous, mes enfants ? dit l'évêque. — Monseigneur, l'adoration du St-Sacrement tous les mois. — Accordé ! mais à une condition, c'est que vos prières me donnent ici dans le Kai-tchéou, 3000 catéchumènes tous les ans. Si vous ne me les donnez pas, je supprime. — Vous les aurez, Monseigneur, disent cinq ou six voix. — Vous les aurez, répètent toutes les autres, enhardies. — Bien sûr ? — Bien sûr ! clame la bande entière à l'unisson. — Bon, j'y compte ; et maintenant, mes enfants, je veux vous voir jouer à la balle. »

Le charme est rompu. Comme des pensionnaires qui partent en

vacances, toute la bande des sérieuses vierges, des graves chanteuses, des anges impassibles, sort en tourbillon, bat des mains, pousse des cris, et commence à jouer à la balle, courant, sautant, dansant, en présence de l'évêque qui ne peut se tenir de rire.

Mais deux vierges plus âgées arrivent du dehors et rappellent à

COLLÈGE CHRÉTIEN DE KAI-TCHÉOU

Mgr Lécroart qu'un évêque n'a pas le temps de s'amuser : « Nous sommes les maîtresses de l'école païenne, lui disent-elles. Que Votre Grandeur vienne voir nos pauvres chéries, elles ont bien plus besoin de vos prières que toutes ces vierges folles. »

Vite, nous y allons ; car l'heure presse. Une cour avec une balançoire. Toute l'école fait cercle autour de deux mignonnes acrobates qui voltigent éperdument dans l'air. Ce sont les filles de grands commerçants de Kai-tchéou, et leur riche toilette de soie voyante se pare sous le grand soleil de châtoiements inconnus en Europe. Les vestes d'un beau violet pâle, les pantalons de soie rose, les minuscules brodequins vert et or, les bracelets, médaillons, colliers, bagues, épingles, tout cela rit, tout cela chante, tout cela flamboie dans la radieuse lumière, — tandis que les gracieuses gymnastes, ployant les genoux, tirant les cordes, lancent au zénith la balançoire folle ou redescendent en vitesse, suivies du sillage de leurs longues tresses noires aux vingt rubans dorés qui crépitent dans le vent.

Tout à coup un cri : *Tchou-kiao* ! et c'est une fuite inattendue vers la classe. Mais il n'y a nulle peur dans cette dispersion subite, il n'y a que l'instinct de la vanité féminine. L'instant d'après, les fuyardes reparaissent toutes composées, ayant rajusté leur chevelure, raffermi leurs épingles, et passé quelque joli vêtement de plus. Elles font à l'évêque une profonde révérence d'une exquise distinction, puis, sur son invitation, reprennent intrépidement leur jeu.

« Bravo ! » ne peut s'empêcher de dire le P. Gaudissart après un tour de haute voltige. A ce mot flatteur, les ravissantes gymnastes, avec une légèreté incomparable, sautent de la balançoire en mouvement ; elles vont au grave Père qui caresse sa longue barbe d'argent ; elles lui font un grand salut ; puis d'un ton ineffablement sérieux : « Père, disent-elles, monte donc avec nous ! Tu verras comme c'est amusant ! »

Pauvres mignonnes, quelle amertume de songer qu'elles n'ont point la grâce vivifiante de J.-C. et qu'il n'habite en elles que des âmes sans vie ! car elles sont encore païennes. Mais, Dieu soit mille fois béni ! déjà quelque chose de la simplicité, de la paix, de la joie chrétienne a pénétré ces tombeaux, et transparaît sur ces visages. Déjà elles sont prises dans les filets qui sauvent ceux qui s'y jettent. Déjà elles sont captives de l'Époux qui éternise les beautés passagères de ce monde. Beaucoup n'échapperont plus ! Certes elles ne s'en doutent point ! Oui, jouez, heureuses fillettes ! jouez et chantez dans l'école catholique, sous l'œil de la vierge qui prie ; jouez et chantez, et faites bien l'apprentissage de la joie, car les jeux de l'éternité seront pour vous !

Nous faisons une brève apparition à l'école des garçons païens, et nous terminons par l'hospice. C'est le bouquet ! Vingt-cinq vieilles, de véritables antiquités, des ruines ambulantes, dans une cour ensoleillée. Les heureuses vieilles ! quels prosternements devant l'évêque ! quels voyages laborieux à sa suite à travers les salles ! quelle joie profonde sous la bénédiction finale !

La bénédiction du *Tchou-kiao*, c'est le gage de ce beau paradis qui ne peut être loin d'elles.

Paroisse, collège, orphelinat, école de vierges, écoles païennes, hospice, toutes ces œuvres fleurissent et promettent des fruits sans nombre pour l'avenir. Et dire qu'il y a trente ans, il n'y avait rien ici, absolument rien ! — Merci à Dieu, qui daigne ainsi bénir notre petite Mission !

Kai-tchéou, la côte de miel ! — Longer la côte d'azur dans une goëlette glissant sur les eaux bleues au pied des blanches villas ; contempler la côte d'émeraude et ses pentes vertes et ses vaches pacifiques ; gravir la côte de neige, et du haut des terrasses alpestres voir s'étager les châlets dans la vallée toute blanche, c'est savourer, pensez-vous, la plus douce poésie des féeriques paysages ! Vous vous trompez, pauvres hommes d'Occident ! Vous n'avez pas goûté les douceurs de la côte de miel.

Kai-tchéou, la côte de miel ! Le mot est de Mgr Lécroart. Nous venions de finir le tour des œuvres catholiques. Près de l'église, nous avions vu douze ruches bien vivantes. Les abeilles montaient dans la lumière jusqu'en haut du clocher tout blanc ; et l'air était tout bruissant de la musique de leurs ailes. Nous avions rappelé l'éloge qu'en fait la liturgie dans l'*Exultet*, où l'Église montre sa sympathie pour ces humbles et chastes travailleuses.

Or, tandis qu'on lisait l'Écriture Sainte à table, le cuisinier apporta sur un énorme plat un monceau de rayons de miel frais et dorés, véritablement magnifiques. Monseigneur ne put retenir un « ah ! » d'admiration, et quand le *Deo gratias* eut été donné, il s'écria, en plongeant son couteau dans le gâteau doré : *Kai-tchéou, la côte de miel* !

Et la conversation partit en fusant vers ces comparaisons flatteuses, dont ma tirade du début n'est qu'un écho !

Douce part du bonheur du missionnaire que cette simplicité

inaltérée des conversations, où de graves missionnaires, un supérieur, un évêque, retrouvent la joie naïve et comme enfantine
de leurs jeunes années !

Dimanche 14. — Voici commencée la fatigante mais féconde
tournée de confirmation. Le matin, c'est encore en ville : à la
paroisse de l'ouest ; promenade triomphale à travers les rues :
musique, oriflammes, pétards, tout le tintamarre chinois. Puis,
dans la pauvre grande chapelle-grange, le défilé classique des
enfants recueillis, des femmes avec leurs bébés dans leur giron, des
hommes respectueux...

Sous le torride soleil de midi, retour à la grande paroisse ; le
général vient saluer l'évêque. Dîner, départ pour *Si-li-tchoang*.

C'est un gros village fortifié qui a conservé tout le pittoresque
des mœurs antiques : hallebardes, tromblons, drapeaux de toutes
formes, deux palanquins, peuple immense ; tout le cortège s'avance sur la route poudreuse à la rencontre de Sa Grandeur. En
tête marchent les douze chefs du village. Ils portent les flatteuses
toques de l'empire à plumet rouge, et leur plus beau costume,
c'est-à-dire celui qu'ils auront dans leur cercueil, ample robe de
soie noire chatoyante au soleil.

On rencontre une vieille pagode sordide, éventrée. Par la brèche
du mur, la hideuse idole cuirassée d'écailles rouges et vertes
regarde passer le triomphe de l'évêque catholique. Elle roule
d'énormes yeux farouches ; mais on ne lui donne pas un regard.
Toute la foule s'engouffre dans la cour de la Mission. Monseigneur
s'habille à l'école et se rend en procession à la trop petite chapelle.
A l'intérieur s'entassent les heureux chrétiens ; qu'ils sont
fiers ! qu'ils sont contents ! A l'extérieur tous les païens se
pressent aux portes, percent du doigt les vitres de papier,
regardent, écoutent avidement. Mgr Lécroart prêche de sa voix
retentissante ; il dit : « Chers chrétiens » ; mais ce sont les païens
que vise son discours ; et l'on voit, à leurs prosternements pendant
la procession du retour, qu'il les a atteints.

Deo gratias ! disons-nous le soir en rentrant, épuisés, affamés ; les
vêtements, la bouche et les yeux pleins d'une poussière inexorable.

Mercredi 1ᵉʳ *Mai*. — Après quinze jours de kilomètres parcourus et de villages visités, nous voici à *Ou-tchai* près du *Hoang-ho*, où nous nous apprêtons à passer le grand fleuve pour aller confirmer dans la grande ville de *Tong-ming* et son district.

Le mandarin a envoyé à Mgr Lécroart son grand bateau plat, où doivent prendre place nos trois chars, nos six mules, les deux chevaux, nos bagages, nos catéchistes et nous-mêmes pendant les 3 heures de traversée.

Mais tout le pays, comme je l'ai déjà raconté, est dans la terreur ; une terrible bataille s'est livrée près du fleuve, les brigands ont battu les soldats, ont pris leur colonel et lui ont mangé le cœur!

Le chapitre suivant dira comment ces brigands maudits firent échouer l'expédition apostolique de l'Extrême-Sud. Mgr Lécroart le regretta beaucoup, car jamais un évêque n'avait encore pénétré dans cette partie de la Chine.

Forcément, nous regagnons donc le Nord, en hâte, calfeutrés dans nos chars, sous une pluie battante, à travers la région dévastée et terrorisée par le brigandage.

Après une courte étape à Kai-tchéou, Mgr Lécroart rentre à Ta-ming-fou, fatigué mais joyeux, débordant de reconnaissance envers la Vierge Marie à qui il attribue l'heureux succès de sa tournée épiscopale.

TRAVERSÉE DE LA RIVIÈRE EN BAC

CHAPITRE XVIII

DES BRIGANDS BIEN ÉLEVÉS

Par le P. R. Gaudissart

Étude de mœurs chinoises. — Le billet de brigandage. — « Nous te faisons l'honneur de te voler 3.000 piastres. » — Un geste à la Cyrano. — L'illustre « *Perle du Nord* ». — Chef de police et chef de brigands. — Terrible *Mafia* chinoise. — Volés par les brigands, volés par les gendarmes ! — Pauvre peuple !

Tout le monde, et le mandarin le premier, connaît les noms des brigands, leurs chefs, leurs villages et les maisons qui recèlent leurs larcins. Et ce n'est pas tout : plusieurs jours à l'avance, par une lettre très respectueuse signée du chef, le propriétaire qu'on va voler est averti du moment et de l'importance de l'opération. Aujourd'hui même, j'ai vu, de mes yeux vu, un de ces « billets de brigandage ». Dites que ce n'est pas de la plus exquise politesse.

Sur une grande feuille de papier rouge, tout en haut, je lis : *Tchou-sien-cheng — Monsieur Tchou* ; c'est le nom du propriétaire à qui on fera l'honneur de le voler.

A droite, en jolis caractères proprets, est indiquée la faveur qu'on lui accorde (dans la pensée des brigands, c'est une faveur, on va le voir). Je traduis textuellement : « *Monsieur Tchou est prié de lire cette lettre : Il lui est accordé la permission d'attendre cinq jours avant de donner 500 piastres* (environ 2.000 francs ; la piastre chinoise valait 2 fr. 20 avant la guerre ; elle oscille maintenant entre 4 et 5 francs). *Elles doivent être livrées au village de Si-leang-tchoang. — Signé : Liou, la Perle du Nord, te salue* (1). »

---

1. *Liou* est un nom de famille qui signifie « saule ». *La Perle du nord* est un petit nom.

La « Perle du Nord», tel est le nom du chef des brigands. Le billet est de plus contresigné par son premier officier. Avouez que voilà des brigands bien élevés !

Au jour dit, le paysan désolé apporte ses 500 piastres en souriant, remercie ces Messieurs de l'honneur qu'ils lui font, et leur offre un festin ou quelques desserts en témoignage de sa reconnaissance.

Ce n'est qu'à contre-cœur, si la somme n'est pas livrée au jour fixé, que ces doux bandits recourent à la force. Mais alors, ils sont féroces. Souvent, ils tuent le propriétaire qui les a fait attendre ; tout au moins lui enlèvent-ils ses provisions, ses bêtes, son char ; ils incendient sa maison et enlèvent en otages sa femme et ses enfants.

Liou, la Perle du Nord, chef des brigands dans notre région, en vient rarement à ces extrémités. C'est un honnête voleur qui se pique de générosité.

Récemment un malheureux fermier, taxé à 5000 *tiaos*, arrive au jour fixé, se jette à ses pieds et lui dit :

— Liou *ta-jenn* (grand homme), tu auras tes cinq mille *tiaos* ; j'ai vendu pour cela mes terres et voici les arrhes de la vente (1).

— Comment, dit Liou, tu as dû vendre tes terres ?

— Oui !

— Et à qui ?

— A un tel.

— Allons le voir, conclut le brigand.

Quand ils furent en présence de l'acquéreur, il lui dit :

— Est-il vrai que M. Tchang t'ait vendu ses terres ?

— Oui.

— Où est le *wenn-chou* (contrat de vente) ?

— Le voici.

Le brigand prend le *wenn-chou*, et dit au malheureux vendeur :

— Ami Tchang, je veux bien, pour nourrir mes troupes, taxer les propriétaires qui ont de l'argent dormant dans leurs armoires ;

---

1. En Chine, quand une vente est décidée, l'acheteur remet aussitôt une petite somme au vendeur, par exemple 10 francs si l'objet acheté doit être payé 1.000 francs : ce sont les arrhes de la vente.

mais je ne veux pas qu'on vende ses terres pour me satisfaire. Tiens, ami Tchang ; tes terres sont toujours à toi.

Et, ce disant, d'un geste magnanime, il déchire le *wenn-chou* et en donne les morceaux à M. Tchang (1).

Un jour, la *Perle du Nord* se présente dans un village pour le piller. Ce village comptait quatre riches familles ; les trois premières étaient réputées pour leur générosité envers les pauvres ; la quatrième était moins riche que les autres, mais célèbre pour sa ladrerie. *Liou* taxa fortement cette dernière et épargna les trois autres.

Ces Messieurs les brigands ont aussi un honneur professionnel, auquel ils tiennent à leur façon.

Il y a quelques semaines, une grande alliance se conclut entre les trois bandes de brigands du pays : celle de la Perle du Nord (Tché-li-sud), celle du Chan-tong, et celle du Ho-nan. Or la bande du Ho-nan était commandée par un chef de mauvaises mœurs, *Hei-wong* (le monsieur noir).

— Nous perdons la face, s'écria la Perle du Nord ; nous qui sommes réputés pour l'intégrité de nos mœurs !

Il fit tuer le « Monsieur noir », et un chef plus honnête fut élu à sa place.

Tout récemment à la fin d'une bataille entre soldats et brigands, près du Fleuve Jaune, les soldats réguliers prirent la fuite ; un d'entre eux, sur le point d'être rejoint, jeta son fusil dans une mare et se rendit. On l'amena devant la Perle du Nord, qui lui dit :

— Mon pauvre garçon, quel vilain métier tu exerces là ! Tiens,

---

1. A l'approche des brigands, nos bons villageois, qui souvent ont amassé quelque avoir, enferment leurs pièces sonnantes dans une malle et l'enterrent. Mais la bande de la Perle du Nord possède un efficace moyen de découvrir où gît le trésor : on saisit le propriétaire récalcitrant, on le dépouille de ses vêtements, on le suspend à deux poutres, et on se met à faire circuler sous son épine dorsale une bougie allumée, ou la flamme d'une torchère, en lui posant « la question de confiance ». Le malheureux, pour avare qu'il soit, ne résiste pas à un tel argument, il supplie qu'on le détache et conduit lui-même ses « chauffeurs » à l'introuvable cachette.

voici deux piastres pour retourner dans ta famille et y choisir une profession plus honnête.

C'est évident qu'à son avis la profession de brigand est plus honnête que celle de soldat !

Chose étonnante, jamais les brigands ne s'attaquent aux chrétiens ; jamais le billet de réquisition n'est tombé jusqu'ici sur une famille chrétienne ; mais ce n'est pas du tout scrupule de conscience, respect de ceux qui sont plus honnêtes que les autres ;

UN BRIGAND EXÉCUTÉ ET SON CERCUEIL

c'est simplement la peur. Ils savent que les chrétiens, soutenus s'il le faut par le missionnaire, auraient le courage de porter leur cause devant un tribunal supérieur, à Ta-ming ou même à Tientsin ; et qu'il ne ferait pas bon s'y frotter.

Il y a quelques mois, je reçus une lettre étrange, rédigée en excellent *Wenn-hoa* (langage littéraire) et signée *Liou-pei-u* et *Wang-kien-ie*.

En voici la traduction : « *Chenn-fou,* (1) grand homme, tes très humbles serviteurs demandent comment tu vas, et respectueuse-

---

1. *Chenn fou* est le nom qu'on donne aux missionnaires. Il signifie « Père spirituel ».

ment t'annoncent : Nos troupes n'ont pas assez de nourriture, alors nous avons délibéré et nous avons décidé de t'emprunter 1000 piastres. Si elles ne sont pas payées le 1er de la 2e lune, nous brûlerons toutes les églises de ta religion ; nous te l'annonçons clairement. *Liou–pei–u* et *Wang-kien-ie* te saluent. Le 25 de la 1re lune. »

La lettre était accompagnée de la carte de visite de Wang-kien-ie. Cet homme, ancien chef de la police mandarinale, et actuellement grand marchand de Kai-tchéou, ne m'était pas absolument inconnu. Avec les précautions et par les intermédiaires voulus, je le fis interroger. Il répondit que jamais il n'avait eu pareille pensée, que jamais il n'avait écrit pareille lettre. C'était tout simplement un faux, écrit par ses ennemis, pour le compromettre.

Et la police, me demandez-vous, que fait-elle ? Quand des voleurs annoncent cinq jours à l'avance l'heure et l'endroit de leurs exploits, comment n'arrive-t-on pas à les pincer ?

Évidemment ce serait facile... mais les brigands et soldats-gendarmes sont souvent dans les meilleurs termes : on se prête mutuellement fusils et cartouches, on fait des alliances temporaires contre d'autres bandes rivales de brigands ou de gendarmes. Successivement gendarmes et voleurs pillent les mêmes villages. Plus que des brigands mêmes, les paysans craignent les soldats et se sauvent quand ceux-ci arrivent soi-disant pour les protéger.

Il y a quelques mois, on envoyait à Sien-hsien 600 soldats pour protéger la ville ; ils n'y étaient pas depuis trois jours qu'ils l'avaient mise à sac, bien plus radicalement que ne l'auraient fait les brigands qu'ils devaient écarter. Aussi nos malheureux paysans se gardent-ils bien de recourir aux gendarmes : les villages ou bien essaient de se défendre eux-mêmes, ou bien entrent en pourparler avec les brigands, et achètent la paix, parfois bien chèrement.

Il arrive assez souvent que les gendarmes se font voleurs, et réciproquement.

L'histoire la plus suggestive à ce sujet est celle de la Perle du Nord, *Liou–pei–u* lui-même.

Il était jadis le chef de la police de Kai-tchéou, ce qui n'empêchait pas son jeune frère de commander une bande de pillards. Or, un jour, la police parvint à mettre la main sur un voleur fameux dans toute la contrée ; au cours du procès, celui-ci fournit des preuves irrécusables que Liou-pei-u avait été le complice et le co-partageant de ses opérations les plus lucratives. Là-dessus, par ordre supérieur, le chef de la police de Kai-tchéou fut saisi, et emmené pour être jugé. Or, pendant la route, l'audacieux jeune frère attaqua le convoi avec toute sa bande, tua deux soldats, mit les autres en fuite et délivra son aîné.

— Et maintenant que vais-je devenir ? demanda celui-ci quand on l'eut délié.

— Deviens notre chef, répondirent les brigands.

Et ainsi fut fait.

On prétend que maintenant Liou–pei–u serait heureux d'abandonner sa profession mal famée, mais il ne le peut pas. A un chrétien qui a eu l'audace de le morigéner, il a répondu :

— L'homme qui chevauche sur un tigre, s'il en descend, sera mangé (proverbe chinois). Si j'abandonnais mon nouveau métier, je serais tué par mes hommes !

Et c'est vrai !

Je reviens d'une course apostolique dans l'extrême-sud de notre Mission, où j'ai accompagné Mgr Lécroart dans sa tournée de confirmation. Hélas! toute la région est dans la consternation, désolée par la bande de Liou–pei–u ! Les villages se sont entourés de remparts de terre, ferment leurs portes, veillent le jour et la nuit, puis très souvent, aux sommations des brigands, se livrent d'eux-mêmes, crainte de terribles représailles s'ils résistent.

Monseigneur et moi nous étions arrivés à Ou-tchai, bourg demi-chrétien demi–païen, à 8 kilomètres du Hoang-ho. Nous nous proposions d'aller visiter au delà du fleuve le pauvre district de Tong-ming ; le mandarin nous avait promis pour cela son bateau ; et déjà nous montions en char pour gagner l'endroit de l'embarquement, quand soudain un gendarme à cheval arrive au grand galop, nous présente la carte du mandarin et dit :

— Une grande bataille est engagée entre brigands et soldats

sur les bords du fleuve. Déjà les brigands ont tué notre colonel èt plusieurs soldats. Le mandarin supplie Sa Grandeur de ne pas se risquer à s'approcher davantage du fleuve.

Nous remontâmes donc vers le nord.

Aujourd'hui, arrivé à Kai–tchéou, mon poste central, j'apprends que finalement les soldats ont triomphé, et maintenant, à leur tour, ils pillent les villages que les brigands avaient déjà partiellement rançonnés ; ils enlèvent les bêtes de somme, emportent ce qui reste d'argent ou de provisions de grains, disant :

« Ce sont des objets volés par les brigands, nous voulons les restituer aux vrais propriétaires. »

«On devine dans quelle détresse vivent ces malheureuses populations. De nombreuses familles demandent à devenir chrétiennes, espérant que nous les protégerons. Les parents me supplient du moins de recevoir leurs fils dans mon petit collège, leurs filles dans mon orphelinat, de les baptiser, de les élever dans la religion chrétienne. Je reçois bien quelques-uns de ces petits affamés. Mais hélas ! je me vois obligé de refuser des âmes qui s'offrent au salut, par suite du manque de ressources...

CHAPITRE XIX

AMES CHOISIES — APOSTOLAT POSTHUME

Par le P. P. Jung

Le grand enterrement. — L'image de la Vierge dans une famille païenne. —
Noël. — Le petit Jésus a plus froid que moi. — Soif du baptême. —
« Papa, je monte au ciel. » — Conversion de toute la famille.

Le 14 mars 1917, les 240 élèves du collège de Ta-ming-fou accompagnaient en grande cérémonie à sa dernière demeure un de leur camarades.

Le défunt n'avait que huit ans.

Pour un enfant de cet âge, les funérailles sont fort sommaires en Chine. Même un cercueil est du luxe. Ordinairement on enveloppe le petit cadavre dans une vieille natte ou dans un peu de paille. Un domestique l'emporte, creuse n'importe où une fosse de quelques centimètres de profondeur ; on y enfouit le corps et c'est tout. L'enterrement est fait. Les chiens et les corbeaux se chargent du reste.

Jugez donc de l'étonnement de toute la ville de Ta-ming-fou, lorsque, après une grand'messe et une absoute solennelle, on vit un imposant cortège s'organiser à la porte de la mission catholique.

En tête, le crucifix de procession, avec deux céroféraires, puis, au grand complet, tout le personnel du collège : chrétiens et païens, pas un élève n'aurait voulu manquer, depuis les marmousets de l'école primaire jusqu'aux grands gars (déjà mariés) de l'école française.

Derrière eux, les quatorze enfants de chœur en soutanelle noire et surplis blanc ; puis le clergé. Enfin un cercueil, pas bien grand sans doute, mais beau et solide, suivi des membres de la famille, les femmes en voiture, les autres à pied.

Pendant le trajet, les élèves récitaient en deux chœurs les prières pour les morts, alternant avec quelques morceaux du répertoire de leur musique. Enfin eut lieu la bénédiction solennelle de la tombe.

— Nous n'aurons jamais rien de si beau ! se disaient les plus riches notables et les chefs de famille les plus vénérables.

Qu'était donc le jeune privilégié, objet de tant d'honneurs inusités ?

Il appartenait à une famille païenne. Son père, gros commerçant, avait eu des relations d'affaires, d'abord avec les protestants, puis avec la mission catholique. Au bout de quelque temps, il avait même reçu le baptême chez les protestants, mais avait cessé bientôt de fréquenter le prêche et les offices : à tout ce qu'il voyait et entendait, son esprit avisé opposait trop d'objections.

Peu à peu il se rapprocha de la mission catholique. Il lui confia son deuxième fils et l'aîné de ses neveux ; puis content de l'essai, il mit en 1916 à notre école primaire son troisième fils : c'était notre Tsing-yunn, qui avait alors sept ans.

Dès sa plus tendre jeunesse, cet enfant avait montré des dispositions extraordinaires pour l'étude et, dès ses débuts chez nous, il fut classé parmi les meilleurs élèves.

Au bout de quelques mois, il déclara qu'il voulait apprendre le catéchisme et les prières. Son père consentit.

Dès lors, Tsing-yunn (il n'avait encore que ce nom païen) vint tous les matins à la messe.

— Qui est donc, me disais-je, ce petit garçon qui arrive, exact comme un soldat, à la messe de cinq heures et demie ? En été, passe encore ; mais, en hiver, quand il fait nuit noire, et même à travers la neige, quand pas un seul paroissien de la ville ne pousse la ferveur jusque-là, il est là au premier banc immobile, et pourtant il ne communie jamais !

Je voulus en avoir le cœur net, et je l'interrogeai.

Il savait déjà par cœur tout le Catéchisme et les prières du matin et du soir.

Quand, à cause du temps trop mauvais, on ne lui permettait pas d'aller à la messe, il pleurait, mais ne se décourageait pas. Il installait une image de la Sainte Vierge sur sa table, se mettait à genoux et récitait sa prière. Si on riait de lui, il faisait semblant de ne pas le remarquer.

Vint la nuit de Noël 1916. Ce fut la plus froide de tout l'hiver. Un vent terrible soufflait du nord.

UN ENTERREMENT PAÏEN

A force d'instances, il obtint de son père la permission d'aller dès neuf heures du soir à la mission, pour assister à coup sûr à la messe de minuit.

Mais, lorsque, vers une heure du matin, il rentra à la maison, il dut demander à sa mère de l'aider à se déshabiller. En touchant ses mains, elle poussa un cri, croyant toucher deux glaçons.

— Ce n'est rien ! fit Tsing-yunn ! Tu n'as pas vu cela, toi, maman : le petit Jésus dans la crèche, qui tient comme cela ses deux petites mains. Lui aussi, il a froid ; eh bien ! il ne se plaint pas !

Peu après, il demanda à sa mère de ne pas lui faire de fiançailles. Vous savez qu'en Chine on les fait souvent avant huit ans.

— Et pourquoi pas de fiançailles ?

— C'est que je veux prier. Quand je serai grand, je deviendrai prêtre !

La mère ne comprenait rien à ce langage ultra chrétien. Alors l'enfant l'exhortait à se faire chrétienne, à aller avec lui à l'église, à penser à la mort pour « monter au ciel ».

Tsing-yunn savait donc son catéchisme et ses prières. Il avait écouté toutes les explications du maître que je lui avais donné, et bien des fois il avait étonné celui-ci par la maturité de ses réponses ou de ses questions.

Un dimanche, j'entends timidement frapper à ma porte. C'était lui. Il arrivait accompagné de son maître.

Il me regarde de ses grands yeux purs, et me dit :

— Père, donnez-moi le baptême.

— Mais tu es trop petit.

Je fus un peu embarrassé. Un règlement de la mission défend de baptiser les enfants trop jeunes, tant que leur père n'est pas chrétien. Ce serait, en effet, les exposer à un danger prochain et grave d'apostasie.

Il insista ; mais, à toutes ses supplications je répondais invariablement :

— Tu es trop petit. Ton père n'est pas chrétien ; je ne puis pas te baptiser avant lui.

Il se retira désolé.

Le 4 mars, au retour de sa messe matinale, il se plaignit d'un grand mal d'entrailles. Bientôt la fièvre se déclara, et avec elle la scarlatine. Dès le lendemain, il sembla se rendre compte de la gravité de son mal.

— Papa, dit-il, cette fois-ci, il faudra me faire donner le baptême. Promettez que toute notre famille se fera chrétienne pour obtenir ma guérison.

Son père vint me trouver.

— Venez vite, me dit-il, Tsing-yunn vous réclame et il a déclaré qu'il ne prendrait que les remèdes conseillés ou approuvés par vous.

Je me rendis immédiatement à sa prière.

Dans une petite chambre bien propre, dont la table offrait une image de la Vierge, Tsing-yunn était étendu sur le *Kang* (lit chinois). Ses yeux brillaient de fièvre.

Quand il me vit, un demi-sourire passa sur ses lèvres, et il me dit, montrant dans un petit flacon, le remède qu'il avait refusé :

— Père, faut-il prendre ce remède ?

— Bien sûr ; prends-le vite.

Aussitôt, il vida la bouteille d'un trait. Cette petite scène se renouvela souvent. Quand il ne voulait pas prendre un remède, son père venait me chercher, et il obéissait toujours à ma parole, au grand étonnement des siens.

Le 10 mars, on accourut me chercher :

— Vite, vite, Père ! me dit le messager ; il meurt. Il supplie que vous lui donniez le baptême.

Quand j'arrivai, il agonisait. Ses traits étaient décomposés ; son petit corps, courbé par la douleur, était agité de soubresauts convulsifs. Je vis qu'il pouvait passer en un instant. On m'apporta de l'eau, et je l'ondoyai aussitôt sous le nom de Stanislas.

Dans l'après-midi, quand je revins, il avait recouvré ses sens. Je suppléai les cérémonies du baptême, puis je lui donnai l'Extrême-Onction, et lui promis de lui faire faire le lendemain matin sa première communion.

Quelle joie j'éprouvai de lui apporter le Bon Dieu ! Il communia comme un ange et, quand je voulus l'aider à faire son action de grâces, je n'avais pas achevé la première phrase, qu'il me dit :

— Père, je sais! *Yesou Tsai–sinn–li* (Jésus est dans mon cœur).

Et je me gardai de me mettre en tiers entre le bon Dieu et lui.

Le lendemain, il attendait avec impatience sa deuxième communion. Elle fut ce qu'avait été la première.

Une paix profonde s'ensuivit, si complète qu'il dormit pendant deux heures.

A son réveil, il se mit à parler à ses parents de son bonheur d'être baptisé, d'avoir communié.

— N'est-ce pas maman ? toi aussi tu te feras baptiser, tu seras chrétienne, et toute la famille aussi ?

Pourtant, les douleurs augmentant, il lui échappa une parole d'impatience.

Son père lui rappela son baptême et sa communion. Aussitôt le pauvre petit de demander pardon :

— Faites venir le Père que je puisse me confesser !

Le 13, vers midi, il appela soudain sa mère, et, le visage tout épanoui :

— Maman, je vais partir !

— Où donc, mon petit ?

— Au Ciel !

— Non, non il ne faut pas partir, il ne faut pas t'en aller au Ciel; il faut rester avec nous.

— Non, maman, je m'en vais ; mais il faut tous vous faire baptiser. Comme cela, nous nous reverrons au ciel.

Quelques instants plus tard, un de mes confrères chinois, le P. Tsoei, alla le voir. Il lui apportait une image de l'Ange gardien. Le petit moribond la prit avec joie et la baisa pieusement. Il aimait aussi à baiser une image de sœur Thérèse de l'Enfant Jésus, que je lui avais donnée, et il lui parlait comme s'il la voyait.

A trois heures, je lui fis ma dernière visite.

Voyant que le dénouement fatal approchait, je récitai les prières suprêmes. Puis des affaires pressantes me rappelèrent au collège et je ne pus assister à la fin.

L'agonie, douce, paisible, sans inquiétude, continua jusqu'à la nuit, coupée de temps à autre par un « Je vais au ciel ! » tout rempli d'espérance.

Vers huit heures du soir, il prit la main de son père, et, une dernière fois, d'une voix éteinte :

— Papa, je monte au Ciel !

Et son âme s'échappa.

Les parents, — le père plus encore que la mère — furent inconsolables. N'allaient-ils pas se révolter sous la main qui les éprouvait si durement ? J'eus un instant de crainte : j'avais l'impression très nette d'avoir sauvé l'âme de l'enfant, mais, du même coup, perdu l'espoir de convertir sa famille. C'est en partie pour la consoler que nous fîmes au cher défunt des funérailles si solennelles.

Pendant plusieurs jours, le père fut comme fou de douleur. Il ne faisait que pleurer ; il allait se coucher sur la tombe, collant l'oreille contre terre, écoutant s'il n'entendrait pas un appel de son fils. Durant des mois, il venait me voir souvent, me parlait indéfiniment de lui et cela le calmait.

Un jour, il m'apporta sa Bible. Il avait lu au 2e livre de Samuel (XII, 23) comment David s'était consolé de la mort de son jeune fils : « Maintenant qu'il est mort, pourquoi jeûnerais-je ?... Puis-je encore le faire revenir ?... *J'irai vers lui* ; mais il ne reviendra pas vers moi. »

Ce lui fut un trait de lumière. Il mit fin à ses larmes, se laissa instruire complètement et reçut enfin le baptême à Pâques de 1917. Actuellement son second fils est également baptisé; j'ai baptisé une petite sœur de Stanislas sous le nom de Marie. Le dernier frère de Stanislas, enfant de 9 ans, vient d'être baptisé, et s'est mis tout de suite, avec permission de son père, à la communion quotidienne. Il communie comme un ange ! — Enfin la mère de cette intéressante famille apprend le catéchisme et les prières, et tout le reste de la parenté suit son exemple.

Le jour de l'enterrement, tous les amis de la famille Wang, très influente et très connue dans le pays, étaient venus. Notre église débordait. Un des païens les plus notables ne put s'empêcher de dire à M. Wang après la cérémonie :

— Pour un enfant, faire tant de frais ! que fera-t-on alors pour une grande personne ?

— Enfant ou homme fait, répondit M. Wang, les catholiques ne font pas de différence : *ce sont des âmes* ! Le missionnaire est venu en Chine pour sauver *les âmes.*

Il y a une dizaine de jours, quelques enfants, les uns païens, les autres catéchumènes, jouaient dans la rue près de la mission. A cinq heures, la cloche se mit à sonner pour le salut. Aussitôt les catéchumènes laissent le jeu. Protestations des petits païens :

— Où allez-vous ? demandent-ils.

— A l'église.. C'est la prière.

— Prier ! à quoi bon ? Cela ne vous donnera pas à manger.

— Bien sûr ; mais vous avez donc oublié le petit Tsing-yunn, et le bel enterrement qu'on lui a fait !

CHAPITRE XX

LA JOIE DANS LA SOUFFRANCE

Par le P. P. Jung

Le Fleuve Jaune homicide. — Suzanne Kinn. — Rongée vivante. — La bonne
Koei. — Les vieilles grognardes garde-malades. — Étonnante guérison. —
« Jésus dans mon cœur ! » — Déchéance morale et rechute physique. —
La victoire finale, la mort.

Au commencement de l'année 1916, vivait à Kai-tchéou (extrême-sud du Tché-li) la famille *Cheu*, honnêtes paysans chrétiens
jadis à l'aise et même riches. La terre chinoise, dans les années
normales, nourrit abondamment ceux qui la cultivent. Mais
vienne la sécheresse ou l'inondation, des millions de cultivateurs
tombent aussitôt dans la plus noire misère. C'est ce qui arriva à
la famille Cheu.

Pendant trois années consécutives, le terrible Fleuve Jaune
déborda sur ses champs, ravageant impitoyablement ses moissons.
Les deux premières, on vécut tant bien que mal des économies
patiemment accumulées. Mais, la troisième, ce fut la détresse
complète, sans remède, sans consolation.

Le pauvre père, à bout de forces et de courage, mourut de misère.
La maman, restée seule avec de nombreux bébés, dut se résigner
à mendier. Hélas ! les païens ignorent la belle vertu de charité, et
je voyais les pauvres petits Cheu dont le baptême avait embelli
les mignonnes figures, peu à peu dépérir. L'une des fillettes, de son
nom chinois *Kinn*, Suzanne, âgée de onze ans, émouvait particulièrement ma pitié. Alors comptant sur la Providence, malgré
notre pauvreté, je me décidai à secourir ces infortunés.

Je pris à ma charge la petite Suzanne, et la fis admettre à l'orphelinat.

Ce fut un grand jour que celui de son entrée. La mère ne savait comment me dire sa reconnaissance. Quant à la petite, elle était aussi ravie de joie que si on l'eût introduite en paradis. Ses beaux yeux noirs en amande pétillaient ; son maigre visage flétri par la faim reprenait vie ; ses fines lèvres pâles souriaient ; des flots d'allégresse pénétraient son cœur. Elle courait du réfectoire à la chapelle ; elle pressait les mains des vierges, elle ne savait comment exprimer le contentement qui emplissait son âme.

Les premiers jours, elle sembla revivre ; mais c'était une apparence trompeuse ; elle avait trop souffert ! son sang s'était vicié.

Une enflure bleuâtre lui gonfla d'abord tout le pied droit et bientôt gagna la jambe. Puis il s'ouvrit au milieu une plaie qui répandait un pus mêlé de sang. La gangrène se déclara et s'aggrava si rapidement que je crus prudent de donner l'Extrême-Onction à la pauvre petite.

Pourtant la mort ne vint pas encore. L'innocente créature devait subir un vrai purgatoire avant d'être délivrée. Bientôt le pied gauche fut contaminé à son tour. Une sérosité jaunâtre découlait de ces deux foyers d'infection.

Et les douleurs devinrent intolérables. L'enfant se plaignait, pleurait, criait, se tordait de douleur. Son état devint tel que je trouvai difficilement une garde-malade qui voulût bien se charger de la soigner. L'odeur des plaies et les plaintes continuelles de la victime rebutaient les plus courageuses. Au bout de quelques jours, elles me suppliaient de les décharger d'un office au-dessus de leurs forces.

Que faire ? Je pensai tout à coup à une jeune chrétienne très fervente, appelée Koei, qui, depuis plusieurs années, se dévoue dans l'hospice des vieilles païennes de Kai-tchéou. Au milieu de ces tristes octogénaires, défiantes, égoïstes, superstitieuses, corps délabrés et âmes en loques, la bonne Koei avait fait un rude apprentissage.

Un soir, après ma visite à l'hospice, je l'appelai :

— Koei, lui dis-je, tu connais la petite Kinn ?

— Oui, Père.

J'hésitai un instant avant d'aller plus loin.

Alors elle leva la tête : nos regards se croisèrent et, sans qu'il me fallût dire une parole, elle comprit.

Aussitôt, elle tombe à mes genoux, et joignant les mains :

— Oui, Père, oui, donnez-la moi. Je vous la demande par Jésus : je la soignerai pour Jésus.

— C'est bien ! lui dis-je en me retournant vivement pour lui cacher mon émotion. C'est bien ! soigne-la du mieux qu'il te sera possible pour l'amour de Jésus.

Et, tandis que je m'éloignais, je l'entendis me crier de sa gaie voix d'enfant :

— Envoie-la moi, Père, envoie-la moi tout de suite !

Une heure après, la petite Kinn arrivait à l'hospice portée sur un matelas, gémissant, soupirant, protestant contre ce changement douloureux.

On l'installe sur une couchette, au milieu des païennes. Chose curieuse, nos vieilles grognardes lui font un accueil sympathique. Elles n'ont plus assez d'odorat pour sentir la puanteur, ni assez d'oreilles pour comprendre les plaintes. Leurs pauvres yeux troubles ne distinguent que vaguement l'horreur des plaies.

La petite Kinn, avec son front sans rides, ses fines menottes, ses yeux expressifs, son menu corps douloureux de onze ans, n'est-ce pas la jeunesse qui revient parmi elles... la lointaine et printanière jeunesse qui leur paraît toute belle et toute ensoleillée dans le triste hiver de leurs quatre-vingts ans ? La petite Kinn parmi elles, c'est comme un rayon du chaud Midi qui s'égare dans leur crépuscule. Aussi elles sont contentes. Leurs visages ratatinés se dérident. Elles se souviennent que jadis elles ont soigné des enfants.

Les voilà donc à l'ouvrage. C'est à qui soignera la petite Kinn. Leurs pauvres mains tremblotantes se mettent à laver les plaies. On fait des compresses, on offre des friandises, on cajole. Les voix cassées essaient de rechanter les anciens airs oubliés.

Mais, hélas ! tous les efforts sont vains ; les douleurs sont trop atroces ; Kinn se fâche, maudit ses bienfaitrices, essaie même de frapper les plus rapprochées.

A mon tour, je cherche à calmer la malheureuse fillette.

La sachant accessible aux pensées de la foi, je lui parle de Notre-Seigneur en croix, du mérite de la souffrance bien supportée... Peine perdue ! Kinn ne m'écoute même pas... D'ailleurs, je l'avoue, en considérant ses pieds rongés vivants par le chancre, je me demandais ce que je ferais moi-même en proie à de telles tortures.

Finalement je renonce à la consoler. Je déclare à la bonne Koei qu'il n'y a plus qu'une ressource : attendre la mort qui monte peu à peu dans ce corps en décomposition et demander à Notre-Seigneur que ce soit au plus vite.

J'avais donc perdu absolument tout espoir d'obtenir de Kinn un acte de résignation qui rendît éternellement méritoires ses souffrances terrestres.

Aussi, quel coup de théâtre, quelle stupéfaction, lorsqu'un matin, après ma messe, rendant visite à la malade, je l'entends, d'une voix toute joyeuse, me saluer :

— *Chenn fou hao* ? (Père, vous allez bien ?)

Elle riait de ce bon rire de nos enfants quand nous les visitons. Je la regarde, je regarde Koei.

— Elle est guérie ?... Un miracle ? demandé-je.

— Non, Père ; elle n'est pas guérie : voyez ses pieds.

— Mais alors, elle ne souffre plus ?

Et, m'adressant à Kinn :

— Ça ne te fait plus de mal ?

— En effet, Père ! ça ne me fait plus mal !

Et le gracieux sourire qui épanouissait son visage me prouvait que toute douleur avait disparu, ou du moins était supportée comme si elle n'existait pas.

— Voyons, Kinn, tu dis que ça ne te fait plus mal. Mais tu ne peux pas te lever et tes pieds sont tout noirs.

— Père, ça ne fait plus mal ! *Yesou tsai-sinn-li* (Jésus est dans mon cœur).

Ces syllabes étaient dites simplement mais avec force. Elles étaient comme savourées. « Dieu dans son cœur. » Elle avait donc dit la cause du grand changement.

— Mais, lui dis-je, est-ce que Jésus n'était pas là dans ton cœur auparavant ?

— Oui, Père, il y était ; mais pas comme maintenant. Maintenant, je sens qu'il y est.

Et ses yeux brillants me disaient encore mieux que ses paroles que Jésus était là, en effet, d'une façon nouvelle et qui avait sa répercussion sur le corps.

— Il y est maintenant, continuai-je ; mais comment donc est-il venu ?

Alors, d'un air sérieux, heureux et étonné tout à la fois, Kinn me confia son secret :

— Père, je le lui ai demandé ; alors il y est venu.

— Il suffit donc qu'on le lui demande pour qu'il y vienne ?

— Certainement.

— Suppose que je lui demande de venir dans mon cœur, est-ce qu'il y viendra ?

— Oui, Père ! Demandez-lui de venir dans votre cœur. Il y viendra certainement.

La conversation devenait trop intéressante pour ne pas être continuée.

— Kinn, tu dis que Jésus est dans ton cœur, et que, si je le lui demande, il viendra aussi dans le mien. Mais la catéchiste que voici, est-ce que Jésus est dans son cœur ?

Kinn sourit de la naïveté de ma demande. C'est tout juste si elle ne haussa pas les épaules :

— Il y est, Père.

— Et les païens, eux, est-ce qu'ils ont Jésus dans leur cœur ?

— Oh ! les païens ! C'est le diable qui est dans leur cœur.

Je continuai mes investigations.

— Et les vieilles grand'mamans que voilà, qui est-ce qui est dans leur cœur : Jésus ou le démon ?

La réponse devenait délicate. Avant tout, Kinn voulait rester vraie. Cette préoccupation se lisait dans toute sa physionomie. Mais les grand'mamans n'étaient pas encore toutes baptisées. Pourtant elles aimaient Kinn, et la soignaient bien. Il ne fallait pas être ingrate.

Après un instant d'hésitation :

— Les grand'mamans, dit-elle, je ne sais pas ce qu'il y a dans leur cœur.

J'en restai là, ne voulant pas la fatiguer.

Kinn vécut encore une dizaine de jours.

Son mal empira rapidement. Bientôt les chairs tombèrent par petits lambeaux, puis ce fut le tour des doigts de pieds qui tombèrent un à un. Mais Kinn ne se plaignait plus de rien. Elle communiait tous les jours.

Après une de ces communions, au moment où je me retirais, je l'entendis parler à sa voisine qui avait communié en même temps qu'elle.

A mon retour, je voulus lui reprocher son manque de respect envers le Saint Sacrement.

— Vous avez parlé ensemble immédiatement après votre communion, dis-je à l'autre malade. Ce n'est pas bien. Qu'aviez-vous à vous raconter ?

— Kinn m'a appelée et m'a demandé si j'étais contente. « Contente de quoi ? lui ai-je demandé. — Contente de quoi ! « Jésus est dans ton cœur et tu n'es pas contente? Je suis heureuse, « moi ! »

Je crus un moment avoir trouvé une explication naturelle à ce changement survenu dans l'état de la malade. Peut-être la gangrène était tellement avancée que les tissus environnants devenaient insensibles. L'enfant ne souffrait plus les douleurs aiguës des jours précédents. Elle en était toute heureuse, et croyait revivre. L'action de grâce n'y était pour rien.

J'eus bientôt la preuve que je m'étais trompé.

Un jour, Kinn reçut la visite de sa mère qui l'aimait tendrement. Scène de pleurs ! et voilà que tout à coup Kinn se remet à geindre comme jadis. Elle redevient difficile. Elle ne veut plus quitter sa mère. Ou bien sa mère restera avec elle, ou bien toutes deux quitteront l'hospice ensemble.

La mère d'abord, puis les grand'mamans, puis Koei, tout le monde enfin, cherche à la ramener à d'autres sentiments. Rien n'y fait. Exhortations, remontrances, reproches, tout reste inutile.

Comment sortir de cette situation ? La mère avait encore d'autres enfants à soigner chez elle, et il lui était impossible d'emmener Kinn.

On vint m'avertir de ce qui se passait.

A la visite que je lui fis, Kinn me reçut en pleurant. Il n'était plus question de *Yesou tsai-sinn-li*, ni d'aucune pensée surnaturelle. L'affection naturelle, pour sa mère, avait supplanté tous les autres sentiments.

Je voulus d'abord la prendre en douceur, et lui parler raison. Je lui rappelai son bonheur des jours précédents. Mais vraiment ce n'était plus la même enfant que j'avais devant moi.

Je crus alors devoir prendre un ton sévère et parler d'autorité.

— Kinn, ta mère est obligée de partir. Tu ne peux pas l'accompagner, et tu ne l'accompagneras pas.

Là-dessus, la mère quitta l'appartement. Une crise de colère, de pleurs, de cris de rage, s'en suivit, et, quand je voulus encore l'exhorter, j'obtins d'elle, pour toute réponse, un « Je ne veux plus vous voir ! » catégorique.

Les bonnes vieilles étaient dans la consternation. Seule, Koei n'avait point perdu courage. Je me retirai, lui abandonnant le soin de cette pauvre âme.

J'ignore comment elle s'y prit. Mais, le lendemain, quand je revins, tout était rentré dans l'ordre. La malade, toute calme, mais aussi toute confuse, commença par me demander pardon.

— Père, j'ai mal fait hier, pardonnez-moi !

Puis elle demanda à se confesser. Je lui portai ensuite la sainte communion et, avec Jésus, la joie rentra dans son petit cœur. Ce fut, de nouveau, le beau soleil de Dieu après une journée d'orage.

Pourtant le mal faisait des progrès effrayants. A la place des pieds, il n'y avait plus qu'une masse informe de chairs noirâtres et fétides.

A force de rester couchée, des plaies s'étaient formées sur tout son corps. Mais jamais plus un mot de plainte ne lui échappait. A peine une contraction du visage, et, tout doucement, une recommandation d'aller un peu plus lentement quand on la changeait de place ou qu'on renouvelait les pansements.

Enfin la délivrance arriva.

C'est dans la nuit du 6 février que la Sainte Vierge vint la chercher.

A cause de l'heure avancée et en raison des mœurs chinoises, il me fut impossible d'aller l'assister à ses derniers moments. Mais celles qui eurent ce bonheur restèrent toutes merveilleusement édifiées du spectacle qu'elles avaient eu sous les yeux.

Jusqu'au dernier moment, ce fut non seulement le calme et la résignation, mais une joie extraordinaire au milieu de pareilles souffrances.

Quand elle parlait, c'était pour dire le bonheur de son union avec Jésus. *Yesou tsai–sinn–li*! *Yesou tsai–sinn–li*! répétait-elle à tout moment.

Jusqu'à la fin, elle eut sa pleine connaissance.

Tout à coup, elle prononça tout doucement : « *Yesou ! Yesou ! Yesou !* » puis elle expira dans un sourire.

Son visage alors, qui aurait dû être contracté par la douleur et conserver l'empreinte des longues tortures endurées, reflétait une telle expression de paix et de joie que, d'un accord spontané, on décida de déroger aux coutumes chinoises et de ne pas lui couvrir la figure. On plaça une couronne de fleurs artificielles sur sa tête, et le cercueil fut porté à l'église sans avoir été cloué.

Ce ne fut qu'après l'absoute que l'on me mit au courant de ce détail et on m'engagea à faire soulever le couvercle du cercueil.

Je n'oublierai de ma vie le spectacle que j'eus alors sous les yeux : on aurait dit un ange endormi et souriant à une vision de paradis.

Aussitôt je fis approcher les orphelines et les élèves de l'école normale. Ce fut une exclamation unanime : « Voyez donc comme elle est belle ! »

Enfin, bien à regret, on ferma définitivement le cercueil, et notre chère petite Kinn fut portée à sa dernière demeure.

Puisse notre heure suprême ressembler à la sienne !

———

CHAPITRE XXI

DE LA SORCELLERIE A L'APOSTOLAT

Par le P. L. Tourcher (1)

Le petit sorcier de treize ans, — Guérisons merveilleuses. — Le désenchantement. — Vision mystérieuse. — Un catéchisme tombé du ciel. — Apôtre
et médecin catholique. — Le démon et ses victimes. — Heureux les cœurs
droits !

Maître *Fong* avait treize ans et était encore païen quand son
père tomba malade. La famille recourut aussitôt, non pas à un
médecin, mais à un devin, guérissant par incantations et invocations aux esprits. Le sorcier vint donc, dressa son petit autel
où il établit un diablotin quelconque, brûla de l'encens et fit les
rits prescrits par la magie. Le malade guérit-il ? je ne m'en souviens plus : je sais seulement que son garçon, petit bonhomme de
treize ans, plut extrêmement au sorcier. De fait, sa mine éveillée,
ses yeux noirs tout pensifs et tout profonds, un vrai regard d'hyp-
notiseur, tout cela n'avait rien de vulgaire.

« Si tu veux apprendre mon secret, lui dit le sorcier, je te le
communiquerai », et aussitôt il lui enseigne les incantations vou-
lues, la disposition rituelle des bâtonnets d'encens et le nombre des
prostrations à faire ; et en même temps par une sorte d'initiation,
presque de consécration dépendante de la volonté du maître, il
lui transmet son pouvoir magique.

Le bonhomme écoutait tout, apprenait tout par cœur, faisait
des essais, et avec une joie singulière avait plein succès dans toutes
ses pratiques. Ainsi bien des fois, en présence de nombreuses

---

1. Le P. Louis Tourcher est mort saintement, dans la mission du Tche-li
sud-est, en 1913, âgé de 47 ans, Ces pages avaient été publiées dans la Revue
Chine, Ceylan, Madagascar.

personnes, après avoir brûlé son encens, il s'adressait au *Chenn* (esprit): « Si un tel de tel village est chez lui maintenant, que cette tasse reste en l'air sans soutien. » Et elle restait suspendue ou descendait lentement à terre et toujours sans casse, suivant que le personnage en question était de fait à la maison ou non. Parfois il entendait la réponse comme venant d'à côté de lui, mais jamais il ne vit quelqu'un. Ces faits étaient continuels et publics ; aussi en peu d'années sa célébrité fut-elle très grande, et lui-même devint plus sorcier que son propre initiateur.

Bientôt aussi on l'appela pour les malades : même succès. Point de remède ; mais après les invocations rituelles aux esprits, un acte de commandement : « Je veux que ta fièvre s'en aille ; — je veux que tu puisses manger ; — lève-toi : tu n'as rien ; tu es bien portant, etc. »

Une foule de poitrinaires furent ainsi guéris et toujours subitement. Quelques-uns, me disait ce bon Fong, retombèrent après six mois ou un an, et moururent ; d'autres furent entièrement guéris, et il me donnait leur nom et leur village ; et cela sans ombre de forfanterie et en toute vérité, je crois, car les autres chrétiens dans la suite me confirmèrent ces mêmes faits.

Un grand nombre de maux d'yeux furent pareillement guéris ; surtout cette inflammation microbienne des yeux, si terrible et si répandue ici, disparaissait en quelques instants. — Je lui demandai s'il avait guéri des aveugles de naissance : « Oh ! non, me répondit-il, cela, je ne l'ai jamais pu. » — Je lui demandai pareillement si une jambe cassée était remise en un instant : il me dit qu'il les guérissait, mais pas instantanément.

Autres faits et plus surprenants : un paralytique était depuis trois ans sur son lit : « Lève-toi, je le veux : tu n'as rien... » et l'autre se leva et fut guéri.

A la même époque notre devin se trouva savoir les caractères chinois sans les avoir jamais appris.

Tout cela bien évidemment lui donnait grand renom chez les païens qui l'appelaient le *Chenn vivant* (un « Esprit » caché sous la forme d'un homme). Cela ne nuisait en rien non plus à ses petites finances. Sa famille était fort pauvre et son père ne lui avait rien laissé. Malgré cela, il se trouva en quelques années possesseur d'une soixantaine d'arpents de terre, de quoi vivre aisément et honorablement chez nos paysans. C'était le fruit des dons, soit en argent, soit en nature, témoignages de la reconnaissance des gens guéris par lui. Car quand un médecin ou un sorcier chinois n'a pas de succès dans sa cure, il en est pour ses frais et le malade n'est tenu à rien.

Durant les premières années, cette vie de magicien-médecin plaisait fort à notre jeune Fong. Sa gloriole y trouvait profit, non moins que sa bourse ; en outre il croyait faire une bonne œuvre, en honorant fidèlement les Esprits par toutes ses incantations.

Mais petit à petit, il se fit un désenchantement dans son cœur. La première cause en fut la mort de son père qui mourut de male-mort. « Comment, se dit-il, moi j'honore si fidèlement les Esprits et mon père meurt d'une pareille mort ! ».

Une autre cause de désenchantement, cause qui tient peut-être à la première, fut une profonde tristesse qui l'envahit. Tout lui réussissait, et malgré cela il était, à l'intime de l'âme, dans un état voisin du désespoir. Il se dit alors : « Je fais toujours ce que mon cœur croit être bien, et j'honore les Esprits plus qu'un autre. Alors pourquoi ne suis-je pas tranquille et heureux comme jadis ? »

Peu à peu il en vint à la persuasion absolue que les Esprits qu'il honorait sans cesse, n'étaient pas les vrais esprits. — Du coup il cessa tout acte magique : plus d'encens, plus d'incantations. Il en fut ainsi pendant trois ans ; et malgré cela, ajoutait-il, mon pouvoir guérisseur ne fut jamais plus grand, je commandais à la maladie sans invoquer aucun *Chenn*. C'est alors que je ressuscitai un homme mort depuis trois jours. Il s'agit évidemment d'un cas de catalepsie quelconque, car on sait comme les Chinois usent largement du mot de mort, toute syncope pour eux s'appelant mort.

Pendant ce temps, mais lentement, pas à pas, il en vint à croire à l'existence d'un grand *Chenn*, le vrai celui-là ; et quoiqu'il ne le connût pas, il l'invoquait (c'est bien le cas du *Deus ignotus* « le Dieu inconnu » des Athéniens), et même il s'associa à d'autres païens, dix en tout. Ils s'engageaient à chercher la vraie religion et à s'aider réciproprement.

C'est alors que se manifesta la miséricorde de Dieu à l'égard de cet homme au cœur droit et pur. Il faisait un jour la sieste, quand il vit un grand palais ou plutôt une suite de bâtiments dans une cour, le tout fermé par un grand mur. Il veut entrer, mais ne trouve point de porte. Alors sur le mur d'enceinte lui apparaît un vieillard, habillé d'une façon tout étrange pour lui, et dont il ne voyait que le haut du corps, le buste.

Le vieillard lui dit : « Tu veux entrer, c'est bien : mais il te faut passer par la grand'porte, elle est là-bas au sud » ; et notre dormeur comprit qu'il s'agissait des chrétiens habitant tous au sud du village.

Il se réveille en sursaut, et court droit chez un chrétien, lui disant qu'un mystérieux personnage, habillé plus mystérieusement encore, vient de lui dire de s'adresser à ceux de sa religion.

L'autre de répondre : « Fort bien, viens demain avec moi à Sien-hsien : tu verras une de nos grandes cérémonies chrétiennes ». — Ils y vont ensemble : l'évêque officiait. Stupéfaction de notre visiteur : le personnage qui lui était apparu était là devant lui ; *c'était Monseigneur revêtu des ornements épiscopaux*! Il le regardait, ne pouvant le quitter des yeux. Quand arriva le moment du sermon, Monseigneur exhorta les vieux chrétiens à se faire les propagateurs de leur foi. « C'est vous qui devez amener les catéchumènes ; vous êtes la porte par laquelle ils doivent passer, c'est vous que Dieu a destinés pour cela... » Bref, tout ce que notre Fong avait entendu dans son rêve.

Après la cérémonie, il retourne à Liou-lou, convaincu au fond de l'âme de la vérité du christianisme, mais encore hésitant et tremblant. A la pensée de se déclarer chrétien, un frisson de peur lui paralysait toutes les facultés.

Il resta ainsi plus de deux mois, n'osant pas se déclarer, et d'autre part n'osant pas non plus résister à une poussée intérieure qui le sollicitait. Un jour, c'était encore pendant son sommeil, il voit de nouveau un personnage vêtu de blanc. Ce personnage lui dit : « Tu cherches l'Élixir pour vivre toujours : toi, tu ne l'as pas, et ne peux l'avoir : moi, je l'ai. — Oh ! comme je voudrais l'avoir aussi, moi ! » reprend le dormeur.

Alors le personnage de la vision lui montre un petit livre que notre homme apercevait tout brillant de lumière et enguirlandé de paysages à la chinoise. « Voilà le remède pour vivre toujours. » Et il ouvre le livre. C'était un catéchisme. Il l'ouvre à la page des dix commandements.

Aussitôt le songe s'évanouit, et le petit livre reste aux mains de notre maître Fong.

Qu'est ceci ? pense-t-il ; et il court vite le montrer aux chrétiens qui se contentent de lui répondre : « Mais c'est un catéchisme ». — Notre catéchumène l'apprit par cœur en quelques jours : tout lui paraissait beau et bien, hormis deux points qui heurtaient son esprit, la maternité virginale de la Très Sainte Vierge, et la future résurrection de nos corps ; et il restait hésitant, l'esprit buté à ces deux objections et le cœur surtout n'osant rompre les dernières attaches. Enfin le chrétien qui l'avait une première fois conduit à Sien-hsien, réussit à l'y mener une seconde fois : c'était le jour de la Pentecôte.

« En y allant, me disait notre catéchumène, j'avais une peur extrême de rencontrer sur le chemin quelqu'un de mes amis : car il aurait pu me demander où j'allais et soupçonner mon but ; je n'avançais qu'en me forçant à chaque pas. J'aurais voulu fuir, retourner en arrière, mais je n'osais pas à cause de mon compagnon.

« Arrivé à l'église de la Mission, j'assistai à tous les offices et priai de toute mon âme le Dieu des chrétiens d'avoir pitié de moi. Or ce jour-là mon cœur fut entièrement changé : je croyais tout, et surtout je n'avais plus peur de rien. Le soir en retournant, je n'éprouvais qu'un besoin, celui de dire à tous mes amis que j'étais chrétien, que j'avais trouvé la vraie religion ; et depuis lors jamais je n'ai eu la tentation de rougir du christianisme. »

Quelques mois plus tard il était baptisé ; et il devint vraiment dès lors la porte par où bien des païens entrèrent dans l'église. Le nombre des infidèles directement convaincus et convertis par lui dépasse peut-être les deux cents. Or presque tous ses néophytes à lui avaient un motif de conversion plus pur et plus sincère que la plupart de nos autres nouveaux chrétiens, aussi sont-ils en général beaucoup plus fervents. Leur tenue à l'église dépassait de beaucoup ce que j'ai vu dans les plus belles chrétientés. D'ailleurs s'il y avait quelque délinquant, notre médecin ne craignait pas de lui jeter un regard très calme mais scrutateur, qui redressait aussitôt le paresseux.

Devenu chrétien, notre maître Fong continua la pratique de la médecine : mais du coup ce fut la médecine classique d'après les livres. Il me disait qu'avant tout il recommandait ses malades à la Sainte Vierge ; et que par sa protection, en leur tâtant le pouls il avait vu leur corps comme ouvert devant lui, et pu constater où se trouvait la maladie. S'il guérissait des païens et qu'ils voulussent le remercier en lui apportant des présents, il refusait tout : « Ce n'est pas moi qui t'ai guéri : c'est le Dieu des chrétiens. Adore-le maintenant et remercie-le » ; et aussitôt il leur expliquait les raisons de se convertir, et c'est ainsi qu'il amena bon nombre de païens au christianisme.

Et sa science médicale, me dira-t-on, que valait-elle ? J'avoue que son coup d'œil ou son expérience, pour ne pas dire sa science, m'étonna en deux occasions. Dans le premier cas il s'agissait d'un catéchumène de Liou-lou, malade de la poitrine et auquel le baptême, vu la situation de sa famille entièrement païenne, devait amener toutes sortes de vexations ; aussi hésitait-on à le baptiser un peu vite pour ne pas trop l'exposer. Je demande à notre médecin ce qu'il pense du malade. « Père, me répond-il, ils ont aujourd'hui même fait venir un médecin païen : il promet et garantit une prochaine guérison : quoi qu'il en dise, il se trompe. Baptisez vite le malade, car il sera sûrement mort dans peu de jours. » Je le baptisai donc et le nouveau chrétien mourait la nuit même durant son sommeil.

Dans une autre occasion, il me parlait des soins à prendre dans les maladies d'estomac, et je fus stupéfait, je l'avoue, de l'entendre faire les mêmes recommandations et indiquer les mêmes précautions qu'avait jadis indiquées un médecin d'Europe, spécialiste pourtant dans ces maladies.

Après sa conversion, ce bon maître Fong eut en somme peu à souffrir des autres païens, car il leur rendait et leur avait déjà rendu trop de services, soit comme médecin, soit comme entremetteur. Ce dernier talent est très apprécié en Chine, où sans cesse il faut régler des différends, renouer des relations entre des familles brouillées, refaire la paix, toutes choses qui demandent des journées et des nuits de parlementarisme ; et encore n'aboutissent-elles que s'il se trouve parmi les entremetteurs un homme doué d'une habileté spéciale. Or maître Fong avait ce savoir-faire. L'attaquer sur la religion était chose délicate : comme il ne savait pas rougir de son christianisme, toute parole un peu mordante d'un païen sur ce sujet, recevait incontinent la réplique, réplique calme mais bien appliquée.

Quand se levèrent les Boxeurs, notre nouveau chrétien se préparait à fuir à notre Résidence de Sien-hsien : tous les notables du village vinrent alors lui faire la prostration : « Ne pars pas, nous te protégerons, reste avec nous ». Néanmoins il voulut être avec les autres chrétiens, et vint à notre Résidence. Là vers l'automne, après avoir un jour dit son chapelet sur les remparts de terre, il s'endort. En se réveillant, il dit aux autres chrétiens : « Je viens d'entendre une voix qui m'a dit : Dans trois jours les soldats d'Europe arriveront ici, nous n'avons plus rien à craindre », et il en fut comme il l'avait dit.

Une fois chrétien, il eut aussi un certain pouvoir sur les démons.

Au village de Tsoei-ta un possédé voulait se faire chrétien pour être délivré. Notre maître Fong dit au démon : « Laisse cet homme tranquille d'ici à un mois, car il veut se faire chrétien. » — Il y eut un mois de calme, mais après un mois la possession reprend de plus belle. Et notre chrétien de dire au démon : « Je t'avais défendu de revenir. — Oui, pour un mois, répartit le démon, s'il voulait se faire chrétien : mais il n'en a aucune envie. — Eh bien, maintenant va-t'en, et ne reviens plus jamais. » La possession disparut pour toujours, mais avec elle aussi les désirs de conversion du possédé. Mal lui en prit : peu après il fut atteint de folie et rien ne put le guérir.

A Liou-lou un autre possédé grimaçait devant une foule de païens. Notre chrétien vient à passer et lui dit : « Voyons, dis à tous ces gens-là quelle est la vraie religion », et l'autre de répondre : « C'est la religion chrétienne ; oui, il y a un ciel, un beau ciel » ; et montrant aussitôt du doigt d'anciens Boxeurs : « Ceux-ci sont mes élèves ; j'en ai déjà fait mourir plusieurs. »

Dans un autre cas, Fong demandait au démon : « Pourquoi as-tu possédé cet homme ? — Pour le ruiner. » Il faut savoir de fait que les familles des possédés courent à toutes les pagodes célèbres, font des offrandes aux bonzes, aux idoles vénérées... bref, c'est la ruine, si la famille n'est pas très riche et si cela dure. « Quand il n'aura plus rien, continua le démon, je sais bien comment il cherchera des ressources et comment il amènera les gens à faire le mal.» Et il en fut ainsi. La possession finit avec les derniers biens du possédé, qui, ruiné, prit pour vivre les moyens indiqués par le démon, moyens que même la morale païenne interdit.

Ce bon maître Fong fut jusqu'à la fin de sa vie absolument exemplaire et d'une ferveur qui nous édifia bien des fois. Il vécut environ dix ans après sa conversion, et je ne doute pas que pendant cette période il n'ait acquis d'immenses mérites par son zèle et son esprit de foi. Son exemple fait bien éclater la Providence toute paternelle du bon Dieu, qui jusque dans le paganisme sait aller trouver et éclairer les âmes de bonne volonté.

CHAPITRE XXII

LES POUPÉES VIVANTES

Par le P. M. Cannepin

« J'entends les Chinois qui m'appellent ». — « Just, Just, sauve-nous ! » — La
poupée crie au sermon. — Un bébé rongé vivant par les rats. — Un autre
mangé par les chiens. — Un autre assommé par sa mère. — Charlatan du
bon Dieu pour le salut des bébés chinois. — Le cocher Si-koa. — Baptiser
avec de la salive ? — Laborieux baptême d'un petit fou. — Les berceuses
de poupées vivantes. — Le vaccineur qui inocule la petite vérole. — Pour
deux sous, la poupée vivante ! — Les comptes en Paradis.

Aux petits enfants de France.

N'est-ce pas que vous les aimez, en France, les petits Chinois !

Les grands sont fourbes, menteurs, sournois, c'est entendu !
« Vous partez chez les Chinois, me disait une bonne femme de chez
nous, est-ce possible ? Ils vont vous mettre à la cangue, vous dé-
couper en petits morceaux. » Oui, les grands avec leurs yeux en
amande et leurs tresses d'ébène, servent d'épouvantail aux bonnes
gens de chez nous ! Mais les « *Petits* Chinois » vous les aimez sans
les connaître ; et vous avez raison.

Quand jadis, collecteur de la Ste Enfance, je quêtais dans mon
vieux collège St Joseph de Reims auprès de mes condisciples, j'en
connais qui prélevaient sur leur chocolat pour les petits Chinois ;
d'aucuns tombés aujourd'hui pour la France, au champ d'honneur,
versaient sans regarder toute leur bourse dans nos mains.

Les petits Chinois ! mais ce sont eux souvent qui en échange de
la petite sapèque de cuivre que vous leur envoyez, petits enfants
de France, vous retournent par la poste du bon Dieu, la grâce
insigne de la vocation aux Missions.

Just de Bretenières les entendit un jour : collant son oreille contre terre, il disait à son frère. « Écoute, écoute les voix qui m'appellent. Les Chinois me disent : « Just, Just, sauve-nous ! »

Vous les aimez, mais si vous les aviez vus comme moi vous les aimeriez bien davantage.

Ce qui frappe tout d'abord, c'est le nombre de ces chers petits. Montez en char, venez avec moi à travers le Tsing-fong (1), nous en verrons des milliers et des milliers, les uns accroupis par bandes dans la poussière de la route, les autres portés par leurs mamans et leurs sœurs. Quelle est la petite Chinoise de 6 à 7 ans qui n'a pas sa poupée à bercer ? Aussi pas besoin de poupées en Chine ! Nos chinoises en ont d'articulées qui ouvrent les yeux, et savent crier. Certes oui, qu'elles savent crier, et les missionnaires pendant leur prédication s'en aperçoivent !

Et pas cher la poupée vivante ! Il y en a tant ! Celles des grands bazars de Paris coûtent bien davantage, et elles n'ont pas d'âmes.

Et c'est du matin au soir que les petites mamans jouent à la poupée. Au logis, pas de place pour un berceau où déposer le cher bébé. Un berceau de mousseline bleue et de dentelle, avec la médaille de la Vierge suspendue au chevet, nos Chinois n'en ont pas idée. Comme les petits oiseaux sous l'aile maternelle, les petits Chinois n'ont d'autre berceau que le sein de la maman, d'autre duvet que les habits de leur mère. C'est dans ce nid qu'ils vivent, jouent et grandissent. Presque toujours, Bébé émerge hors du nid ; on voit de loin une petite tache rouge, comme une rose, sur le sein de la maman : c'est son bonnet ; on aperçoit un buste, de petits bras nus qui s'agitent, brunis par le soleil ardent l'été, ou rougis par le froid l'hiver. La maman, sans plus se soucier de son précieux fardeau, les bras pendants, vaque aux soins du ménage, lave, moud le grain, fait la cuisine, et si elle est chrétienne vient aux prières et communie. Bébé est de tous les exercices. Et à la communion, sous la nappe, il sert parfois de reposoir au petit Jésus, quand, pour atteindre la bouche de la mère, le prêtre appuie la main qui porte l'hostie sur la tête de l'enfant.

Tout irait bien pour les enfants, s'ils ne quittaient pas leur

---

1. Le *Tsing-fong* est un district au sud du Tché-li.

berceau mouvant. Mais voici la moisson ! Dès les premiers jours de juin, le soleil devient ardent et mûrit les blés. Plus le temps de jouer à la poupée. Comme enivrée par la vue des gerbes qui ondulent à perte de vue, toute la population, hommes, femmes, enfants, court dans les champs. Et le jour, et la nuit, on moissonne, on vole aussi ; on cueille, on « pince » les épis un par un, on arrache jusqu'aux racines pour le chauffage.

LES POUPÉES VIVANTES

Et pendant ce temps, les petits restent étendus sur le *Kang* (lit en terre) sans aucun soin, sujets à bien des aventures fâcheuses. Tel qu'on m'apportait avait une main et une oreille entièrement mangées par le chien, un autre le nez rongé par les rats, un troisième avait roulé du *Kang* dans le chaudron d'eau bouillante. Avec le manque de soins, les chaleurs torrides de la sixième lune achèvent la moisson de ces petites âmes. Les enfants couchent sur la terre humide, mangent des fruits verts, des pastèques et des melons, et la dysenterie les enlève par centaines, par milliers.

Un bébé mort, cela ne fait pas un bien grand deuil dans la famille. Il y en a tant, et puis, il en viendra d'autres. Le père l'enveloppe dans des chiffons, un peu de paille ; on le fait passer par la chatière qui se trouve sous la porte, pour que son âme ne retrouve plus la route du foyer, et ne revienne pas molester les vivants. Puis, à la tombée de la nuit, ou de grand matin, le père prend son paquet, et armé d'une bêche, il s'en va l'enterrer à fleur de terre, près des murailles de la ville, près d'une pagode, ou sur le bord d'une route. Une heure après, il ne reste plus rien du cher petit, les chiens l'ont déterré, tiré au dehors, et dévoré en compagnie des oiseaux de proie et des corbeaux. Quel est le missionnaire qui n'a pas assisté à pareille scène ? Elle est quotidienne aux environs des grandes villes.

Et ces milliers d'enfants qui meurent chaque année, (je ne parle que du Tsing-fong), n'ont pas la grâce du baptême et ne verront jamais le Paradis.

C'est pour cela qu'il y a sept ans, sans diplôme de la faculté je devins médecin, oui médecin des corps pour sauver les petites âmes, ou mieux « charlatan du bon Dieu. » Quel métier ne faut-il pas faire, en Chine, pour la gloire de Dieu !

Un beau matin, j'avertis mon portier : « Poilu, mon ami, (il a quelques poils au menton,) fais savoir aux gens, quand tu iras au marché, que je sais guérir les dix mille maladies, que je donne les consultations gratuites, et les remèdes par-dessus le marché ! Surtout fais ton plus beau sourire à la clientèle ! »

Des remèdes, j'en avais d'excellents. Depuis longtemps, notre docteur, le P. Wieger, tout absorbé qu'il fût par la composition de ses savants ouvrages, s'était pourtant occupé des petits, et avait composé pour eux des paquets de remèdes, fort appréciés des Chinois. Ils peuvent être mis, sans danger, entre les mains des profanes. Notre docteur fit imprimer au dos de chaque paquet la manière de s'en servir, en caractères rouges les remèdes pour l'usage interne, en vert ceux pour l'usage externe ; pas moyen de s'y tromper et d'empoisonner la clientèle. Mes confrères chinois en médecine ne pourraient pas en dire autant. Que d'homicides ils ont sur la conscience, rien qu'avec les ponctions qu'ils pratiquent à tort et à travers sur tout le corps des patients !

D'excellents remèdes, un peu de boniment, j'avais tout ce qu'il fallait pour réussir dans ma nouvelle profession, et je réussis. Les voisins vinrent d'abord me consulter pour leurs petits malades, je fis des cures merveilleuses ; et bientôt ma réputation franchit les remparts de la ville. Aujourd'hui, c'est de 10 et 15 kilomètres à la ronde qu'on me les apporte.

L'été surtout, c'est une véritable procession ! Ils m'arrivent, souvent portés à la manière que j'ai décrite, ou bien poussés sur des brouettes dans de grandes corbeilles, parfois deux dans le même panier. Je les vois venir couverts d'un lambeau d'étoffe rouge superstitieuse (le rouge éloigne les mauvais esprits), ou un cadenas au cou, qui retient l'âme captive et l'empêche de s'envoler, ou bien encore, si c'est un garçon, il porte des boucles d'oreilles, pour tromper le mauvais génie qui tue les petits garçons.

Si le petit a déjà consulté des médecins chinois, il tire de lui-même sa petite main, et me la tend. C'est aux doigts que l'on voit la gravité du mal ; je regarde toujours sérieusement, et je crois que mes confrères les charlatans chinois n'en voient pas beaucoup plus que moi.

L'état est-il désespéré, ce qui se présente trois ou quatre fois le jour, aux mois de juillet et août : je prends ma petite fiole d'eau et une éponge, remède qui guérit de toutes les maladies, puisqu'il ouvre la porte du paradis, et je la leur verse sur le front avec les paroles sacramentelles qu'ils ne comprennent pas : *Je te baptise au nom du Père, et du Fils et du St-Esprit* ! Avec cela, je donne un remède à prendre, au retour de la visite.

Tel qui m'était venu de bien loin, avec une cruche pour rafraîchir son enfant mourant pendant la route, revint le lendemain avec un bébé sur les bras. Je regardai l'enfant.

— Mais, dis-je, ce n'est pas celui que tu m'as apporté hier ?

— Non, Père, celui-là est mort en route : *chai-la* (mot à mot : je l'ai jeté) ; c'est son petit frère que je vous amène.

Le nouveau petit malade reçut à son tour la précieuse drogue, « l'eau d'éponge », et alla rejoindre son frère.

Les premiers résultats étaient consolants, mais je n'étais pas satisfait. Comment atteindre les petits moribonds fort éloignés de ma résidence ? La Ste Église m'a mis sur les épaules plusieurs centaines de milliers de païens, et que pouvais-je faire à moi tout seul ? Il me fallait des aides.

Mes premiers aides et les plus puissants, ce sont les Saints Anges, et j'invite les bienfaiteurs de la Sainte Enfance à les prier avec moi.

Une année, le 2 octobre, jour de leur fête, j'avais dit ma messe à l'intention de mes petits païens moribonds. Dans la journée, on vint me chercher pour administrer une bonne vieille dans un village. En sortant de chez la malade, un païen courut à moi !

— Père, vite, vite, un remède, mon enfant se meurt !

Le premier remède fut le baptême, et je remerciai les Saints Anges du fond du cœur.

Quelques mois après, je repassai dans le village.

— Et mon petit baptisé ? demandai-je aux gamins de l'endroit.

— *Hao-la, hao-la*, il est guéri, il court !

J'étais plutôt désappointé.

L'année suivante, comme je descendais de char dans la même chrétienté, mes gamins de me dire aussitôt : « Père, il est mort ».

— Qui ça ?

— L'enfant que vous avez baptisé : tombé dans le puits, noyé.

La vierge du village n'aurait pas pu l'ondoyer, et les Saints Anges le savaient.

Après les Saints Anges, j'ai pour aide mon gros cocher qui n'a rien d'angélique dans les formes. Son vrai nom est *Lao-ou* (le vieux n° 5). Moi, je l'appelle *Si-koa* (melon, pastèque) à cause des proportions qu'a prises son ventre au service de la Ste Église.

Mon Si-koa fit jadis un premier baptême peu liturgique. Un jour, seul sur son char, il rencontre une pauvre vieille païenne qui n'avait plus sa connaissance et qui se mourait de froid et de faim au bord de la route. Si-koa cherche de l'eau, mais en vain. Alors, il arrache un peu de coton de son habit ouaté, il crache dessus et mouille le front de la vieille, puis, il dit intrépidement : *Je te baptise...*

Le bon Dieu lui tiendra compte de son action charitable. Depuis lors, Si-koa est le parrain des petits que je baptise dans mes voyages, dans les auberges, ou sur la route. Les païens voyant sa mine débonnaire, s'adressent à lui :

— Est-ce que le Père a des remèdes ?

— Oui, il en a.

- Et Si-koa saute en bas de son char, prend l'enfant qu'on lui tend, le couche sur la limonière, et lui tient la tête pendant que je verse l'eau.

Un jour, nous traversions un village, un gamin de huit à neuf ans gambadait, s'accrochait au char, faisait des contorsions jusque sous les sabots des mules, et je voyais Si-koa qui l'écartait paternellement avec son fouet.

— Père, c'est un petit fou.

— Faut le baptiser, Si-koa !

— Pas commode ici ; en dehors du village, il nous suit.

— Bien !

Après avoir passé la porte, on arrête, et je prends ma fiole. Si-koa fait des amitiés au petit idiot. Mais voilà quelqu'un qui débouche. Pas moyen ! « Quand tu repasseras, dis-je à mon gros cocher, tu achèteras des abricots, et tu les lui donneras, puis tu le baptiseras. » L'expédient ne réussit pas davantage, le gamin prit les abricots et s'échappa.

Une autre fois, nous avions fait halte à l'auberge du même village, en été, et voilà le petit fou qui arrive, plutôt légèrement vêtu. Si-koa dételait ses bêtes ; moi, je cherchais un expédient pour baptiser le gamin.

— Tiens, dis-je à l'aubergiste païen, cet enfant n'a pas sa raison ?

— Il ne l'a jamais eue, Père, il sait manger et boire, et c'est tout!

— Si je lui donnais un remède !

L'aubergiste se mit à me rire au nez : — Le Père pourrait lui donner la raison ?

— Qui sait ? Va me chercher quelqu'un de sa famille, il faut que ses parents consentent. Par précaution, je voulais un témoin.

Quelques instants après, le grand frère arriva, se moqua de ma simplicité tout comme l'aubergiste, mais consentit par curiosité. Il courut après le petit, et l'empoigna à bras le corps. L'enfant gigotait comme un pantin, et il fallait voir la tête des badauds, leur sourire me disait assez leur opinion à mon égard : « Le plus idiot n'est pas celui qu'on pense. »

Les premières gouttes d'eau qui tombèrent du front sur le ventre de mon catéchumène, lui procurèrent une sensation désagréable, il se débattit, des coups de poing par-ci, des coups de pieds par-là, il crachait sur qui en voulait, le diable dans l'eau bénite, quoi ! J'appelai Si-koa à l'aide, et les badauds. On lui prit les pieds, les mains, la tête, et bon gré, mal gré, il fut lavé copieusement. Après quoi, je lui rendis la clef des champs. Depuis, le petit fou continue ses gambades et n'est pas guéri, mais il ne perdra rien pour attendre. Il a son passeport pour entrer chez les anges !

Mes plus zélées collaboratrices sont ensuite les vierges catechistesses. Pour 2118 chrétiens, j'emploie en ce moment dix-huit vierges à catéchiser les femmes et les filles, et entre temps elles tiennent pharmacie et baptisent les petits moribonds.

Dernièrement l'une d'elles vint me trouver :

— Père, il y a une petite de cinq ans qui se meurt ; sa mère, enragée païenne, sait le secret de l'eau de l'éponge et ne veut pas m'apporter son enfant.

J'appelle Si-koa.

— Attelle vite.

Si-koa fit diligence, et je débarquai bientôt dans le village de l'enfant malade. Je fis venir son père : il était catéchumène.

— Ta petite est malade ?

— Elle est guérie, Père.

— Ah ? eh bien ! fais-la venir.

— Mais elle a pris un remède, elle dort !

— Dans ce cas, j'irai la voir.

— Père, c'est trop sale chez nous !

— Cette fois tu ne mens pas, mais çà ne me fait pas peur. Et la vraie raison, tu ne me la donnes pas. C'est ta femme qui ne veut pas ! Tu n'es donc pas maître chez toi ? Va l'exhorter avec l'administrateur, et je vous suis.

Il fallait avant tout éviter de me faire maudire par cette furie. Quand les Chinois sont en colère, ils font défiler dans leurs vilaines imprécations, et vous-même, et vos ancêtres, jusqu'à la quatrième ascendance, et vous ne sortez pas blancs de la filière. Et c'est sur les toits qu'elles maudissent !

L'administrateur revint : « Père, l'enfant n'est pas guérie, elle ne dort pas, elle va mourir. J'ai parlé à la femme, elle n'ose pas s'opposer à vous, elle pleure de rage, vous pouvez venir. »

Je trouvai la petite malade couchée dans la saleté, et se débattant à l'agonie ; je la lavai doucement et la baptisai, pendant que la mère furieuse, mais impuissante, épiait du dehors ce que je faisais.

Une vierge zélée, habile, avenante, peut faire plusieurs centaines de baptêmes dans son année.

Mais qu'est-ce que dix-huit vierges pour des centaines de milliers de païens ?

Aussi, j'entrepris de faire de tous mes chrétiens, hommes, femmes, enfants, des baptiseurs et des apôtres.

Dans la mentalité chinoise, les enfants ne comptent pas : « Ils n'en valent guère la peine », disent-ils ; et c'est de leurs propres enfants qu'ils parlent. Comment les intéresser aux enfants des autres, et qui plus est, des païens ?

Le tout était de leur faire comprendre l'utilité, l'avantage qu'ils retireraient de cet apostolat. Ce ne fut pas l'affaire d'un matin, et c'est encore l'œuvre de chaque mission.

Chaque année, le missionnaire doit faire le tour de toutes ses chrétientés. Il fait venir alors ses chrétiens chez lui, famille par famille, et chacun, grand et petit, vieux ou jeune, subit un examen de catéchisme. J'installe alors sur ma table des images, des médailles, et j'en promets une à qui saura baptiser ; une petite fiole est à côté, avec de l'eau pour les expériences. Puis, je leur fais voir de leurs yeux, sur une image de la Bonne Presse, d'un côté l'enfant baptisé qui s'envole au ciel porté par les anges, de l'autre, le petit païen abandonné des anges qui s'en va tout seul aux limbes. Et pour que cela pénètre aussi dans leurs oreilles, je leur répète à satiété : « Le Jésus qui aime les petits enfants ne vous fermera pas la porte de son Paradis, si vous l'ouvrez à ses préférés. Lui qui a promis de ne pas laisser un verre d'eau sans récompense, que ne donnera-t-il pas pour l'eau du baptême ? »

Je ne prêchai pas en vain. Des chrétiens, des païens même devinrent mes ardents collaborateurs, les petites filles surtout, les petites berceuses de poupées vivantes, m'apportèrent des gerbes de baptêmes. Tel de mes chrétiens, qui avait écouté mes exhortations, les prit à la lettre ; il m'apporta un jour son calepin :

« Voyez, Père, j'écris les noms de tous les petits que je baptise ; à ma mort, je n'aurai sans doute pas grand mérite, mais je tendrai mon calepin au bon Dieu, et nous ferons les comptes. »

J'en fis un médecin ambulant ; à la saison chaude, je l'envoie colporter des remèdes de village en village.

Puis ce fut un médecin païen, un vrai charlatan celui-là, qui dit la bonne aventure aux gens, en examinant les traits de leur visage.

— Père, j'ai fait trente baptêmes d'enfants, dans la dernière épidémie (c'était l'influenza d'automne).

— Et pourquoi baptises-tu ?

— Je sais que c'est beau.

— Et comment fais-tu ?

Je l'examinai. La formule qu'il employait était valide.

Et cet autre médecin, lui aussi païen, mais aujourd'hui catéchumène, dont la spécialité est de vacciner les enfants (1), que de baptêmes ne peut-il pas faire de Tsing-fong à son pays d'origine dans le Chan-tong !

C'est journellement que les gens me font part de leurs conquêtes. Un bon vieux de Li-kia me disait récemment : « J'ai baptisé ma sœur aînée dans un village voisin. » J'envoyai un catéchiste pour m'assurer du fait ; il trouva une vieille octogénaire parfaitement préparée ; elle savait en effet l'acte de contrition et avait mis tous ses diables à la porte.

Et voilà comment je passai bientôt de cinquante baptêmes,

---

1. Comme les médecins chinois ne croient pas aux microbes, ils s'en soucient fort peu et ils inoculent souvent avec le sérum de la petite vérole le germe de bien des maladies. Tel vaccineur repassant un jour dans un village y fut reçu à coups de pierres... Tous les enfants qu'il avait vaccinés étaient morts.

résultat de la première année d'apostolat, à 400, puis à 700 l'année suivante, puis chaque année maintenant, c'est une gerbe de 1200 baptêmes d'enfants moribonds offerts par le Tsing-fong à la Ste Enfance.

Et c'est pour deux sous !
Oui, *deux sous le paradis*. Il est vrai que, de ces poupées vivantes

PETITE BERCEUSE DE POUPÉES VIVANTES

il y en a à tout prix : à deux sous, à cinq sous, à une piastre, à 2 piastres ; cela dépend de leur grandeur et de leur âge.

Celles que l'on jette coûtent tout juste la peine de les ramasser, mais il faut les nourrir : *la poupée mange*. Quand elle aura deux ou trois ans, il faudra d'abord une piastre par mois pour son entretien, puis au fur et à mesure qu'elle grandira, deux piastres. Deux piastres par mois, jusqu'à l'âge de 18 ou 19 ans, c'est une fortune qui suffirait, à elle seule, pour ouvrir une chrétienté, et puisque nous faisons le commerce des âmes, il faut tirer de notre argent les plus grands profits possibles. Aussi je n'engage pas à acheter les toutes petites poupées. J'en ai cependant une à vendre dont voici l'histoire :

J'inscrivais l'an dernier les noms des catéchumènes d'une nouvelle chrétienté. Devant moi, un pauvre diable chargé d'enfants m'énumérait les membres de sa famille. Je croyais les avoir inscrits tous, quand j'aperçus une petite blottie sur sa poitrine.

— Et celle-là, lui dis-je, tu ne la déclares pas ?

— Ce n'est pas à moi, Père ; je l'ai trouvée à la sixième lune dans une pagode. Est-ce que je pouvais la laisser mourir ?

Bel acte de charité pour un Chinois encore païen, d'autant plus que les filles ne comptent pas en Chine, on les tue parfois ! Le plus souvent on s'en défait tout doucement en ne leur donnant pas les soins nécessaires.

Un jour, une de ces petites abandonnées dans la rue fut baptisée trois et quatre fois par mes chrétiens qui passaient, mais personne ne voulut la recueillir. Alors la mère de l'enfant revint, l'assomma et l'enterra.

Et j'entends encore un Européen me dire, sur le bateau qui m'amenait en Chine : « On ne tue pas les enfants en Chine, ce sont des contes inventés par les missionnaires pour extorquer de l'argent ». Qu'il vienne voir !

Il y a ensuite les grandes poupées de 15 à 16 ans : celles-là coûtent moins à la Ste Enfance, car après un an ou deux passés à l'orphelinat, on les marie à des chrétiens. C'est deux piastres et demie par mois la poupée. J'en ai en ce moment dix-huit à vendre. Je ne pourrais vous l'envoyer en chair et en os, mais vous aurez du moins sa photographie, et qui mieux est, ses prières.

Quant aux petits païens que je baptise, il m'est bien plus difficile de prendre leurs photographies. Ce n'est pas que je n'aie souvent des scènes ravissantes à croquer, mais je craindrais d'effaroucher ma clientèle, qui est encore superstitieuse. « Le Père a humé l'âme de mon enfant, » diraient-ils. Ce serait fini ! Adieu la médecine et les baptêmes.

Enfin, à ceux qui regretteraient de ne pouvoir acheter des poupées vivantes, je dirai : « Consolez-vous, la prière, les petits sacrifices, valent tout autant que le sapèque de cuivre. Priez les Sts Anges de guider le fouet de Si-koa, afin qu'il me conduise là où il y a des baptêmes à faire : je baptiserai, croyant avoir sauvé une âme, mais je n'aurai que le petit mérite de la petite éponge ; c'est vous en réalité qui l'aurez sauvée ; c'est sur votre carnet que le bon Dieu aura écrit le nom de l'enfant, et que nous le trouverons plus tard, quand nous ferons nos comptes au Paradis ! »

TABLE DES MATIÈRES

CHAPITRE X

COMMENT ON BATIT UNE ÉGLISE, (P. M. Cannepin).

CHAPITRE XI

UNE GRANDE VILLE QUI S'OUVRE A LA FOI, (P. P. Jung).

CHAPITRE XII

UNE « GRANDE FACE » POUR L'ÉGLISE CATHOLIQUE, (P. P. Mertens).

CHAPITRE XIII

LA CONQUÊTE DE TSING-FONG-LA-MORTE, (P. P. Mertens).

CHAPITRE XIV

ENTRÉE DE L'ÉVÊQUE DANS SON « VILLAGE ÉPISCOPAL », (P. A. Wetterwald).

CHAPITRE XV

L'ÉGLISE CONQUÉRANTE PAR LA LITURGIE, (P. P. Mertens).

CHAPITRE XVI

ÉVÊQUE ET FIDÈLES, (P. P. Mertens).

CHAPITRE XVII

KAI-TCHÉOU, LA CÔTE DE MIEL, (P. P. Mertens).

CHAPITRE XVIII

DES BRIGANDS BIEN ÉLEVÉS, (P. R. Gaudissart).

CHAPITRE XIX

AMES CHOISIES. — APOSTOLAT POSTHUME, (P. P. Jung).

CHAPITRE XX

La joie dans la souffrance, (P. P. Jung).

CHAPITRE XXI

De la sorcellerie a l'apostolat, (P. L. Tourcher).

CHAPITRE XXII

Les poupées vivantes, (P. M. Cannepin).

La Mission du Tché-li sud-est a sa Procure en France :
73, rue des Stations, LILLE.

IMP. DESCLÉE, DE BROUWER ET Cie, 41, RUE DU METZ, LILLE. — 251.